兰州财经大学丝绸之路经济研究文库
兰州财经大学丝绸之路经济研究院中国西北金融研究中心项目（JYYY201509）
兰州财经大学高等教育教学改革研究重点项目（LJZ201802）

丝绸之路经济带与征信体系建设

黄　萍　著

中国财经出版传媒集团
中国财政经济出版社

图书在版编目（CIP）数据

丝绸之路经济带与征信体系建设 / 黄萍著. --北京：中国财政经济出版社，2020.12

（兰州财经大学丝绸之路经济研究文库）

ISBN 978-7-5223-0219-5

Ⅰ.①丝… Ⅱ.①黄… Ⅲ.①丝绸之路-经济带-信用制度-建设-研究 Ⅳ.①F831

中国版本图书馆 CIP 数据核字（2020）第 251318 号

责任编辑：蔡　宾　　　　责任校对：张　凡

封面设计：陈宇琰

SICHOU ZHILU JINGJIDAI YU

ZHENGXIN TIXI JIANSHE

中国财政经济出版社 出版

URL：http：//www.cfeph.cn

E-mail：cfeph@cfeph.cn

社址：北京市海淀区阜成路甲 28 号　邮政编码：100142

营销中心电话：010-88191522　编辑中心电话：010-88190666

天猫网店：中国财政经济出版社旗舰店

网址：https：//zgczjjcbs.tmall.com

北京财经印刷厂印刷　各地新华书店经销

成品尺寸：170mm×240mm　16 开　18 印张　267 000 字

2020 年 12 月第 1 版　2020 年 12 月北京第 1 次印刷

定价：60.00 元

ISBN 978-7-5223-0219-5

（图书出现印装问题，本社负责调换，电话：010-88190548）

本社质量投诉电话：010-88190744

打击盗版举报热线：010-88191661　QQ：2242791300

前　言

2013年9月7日，习近平主席在哈萨克斯坦演讲时提出了丝绸之路经济带建设的思路。2013年11月十八届三中全会提出“推进丝绸之路经济带、海上丝绸之路经济带建设，形成全方位开放新局”，此后“一带一路”升级为国家战略。2015年3月28日国家发展改革委员会、外交部和商务部经国务院授权联合发布了《推动共建丝绸之路经济带和21世纪海上丝绸之路的愿景与行动》，“一带一路”建设的思路更加明晰。“一带一路”倡议以“共商、共建、共享”为原则，以构建人类命运共同体为核心理念，以“五通”为重点内容与路径，赋予了经济全球化新的内涵。近年来，“一带一路”贸易往来不断扩大，投资合作持续深化，跨国经贸合作区加快建设，重大项目建设有序推进，自由贸易区网络逐步成型，国家间、区域和次区域间发展战略深度对接，为世界经济、区域经济发展和民生改善注入了强大活力。然而，丝绸之路经济带沿线地区经济金融环境复杂、地缘政治形势多变、发达经济体与欠发达经济体并存，使这一区域存在着各式各样的矛盾与复杂多变的风险。伴随着征信数据跨境流动的日益普遍，开展丝绸之路经济带征信体系建设，以良好的信用环境促进丝绸之路经济带沿线国家更加繁荣互惠发展，已成为保证各种贸易进行的基础条件。促进丝绸之路经济带征信体系建设具有以下战略意义：

第一，以征信体系建设为导向，保障政策沟通。政策沟通是共建丝绸之路经济带的政治基础，是形成携手共建行动的重要先导。政策沟通体现为沿线各国加强对话磋商，共商发展战略对策，消除政策壁垒屏障，制定区域合作规划措施，通过政策、法律及国际协议为沿线经济发展保驾护航等多方面。通过构建丝绸之路经济带征信体系，可以推动政府之间的诚信协作，建立健全互信合作机制，深化国家之间的政治互信，达成广泛合作新共识，成为共建丝绸之路经济带的重要保障。

第二，以征信体系建设为纽带，优化设施联通。设施联通是共建丝绸之路经济带的优先方向，是形成携手共建行动的重要指引。设施联通是沿线各国在相互尊重国家主权的基础上，以铁路、公路、航运、空间综合信息网络等为核心，共同搭建多元化的基础设施网络。通过构建丝绸之路经济带征信体系，可以有效降低区域间交易成本，促进资源要素跨区域有序流动配置，实现互利合作、共赢发展，对于经济增长、社会进步和区域协调发展具有重要意义。

第三，以征信体系建设为支撑，助力贸易畅通。贸易畅通是共建丝绸之路经济带的重要内容，是形成携手共建行动的努力方向。贸易畅通旨在消减贸易壁垒、降低贸易成本，促进沿线国家贸易合作共赢。通过构建丝绸之路经济带征信体系，可以促进贸易投资自由化、便利化，降低交易成本和营商成本，释放发展潜力，提升沿线各国参与经济全球化的广度与深度。

第四，以征信体系建设为平台，推动资金融通。资金融通是共建丝绸之路经济带的重要支撑，是形成携手共建行动的主要抓手。资金融通是通过相关国家中央银行、商业银行、政策性银行之间的互利合作，扩大双边本币在贸易和投资中的使用规模，引导各类资金参与重点项目建设，降低融资成本，提升抗风险能力，增强区域经济发展国际竞争力。通过构建丝绸之路经济带征信体系，可以促进多边金融机构创新融资模式，拓宽融资渠道，为共建丝绸之路经济带提供全力资金支持。

第五，以征信体系建设为名片，促进民心相通。民心相通是共建丝绸之路经济带的人文基础，是形成携手共建行动的重要前提。民心相通是沿线各国弘扬睦邻友好合作精神，多形式、广领域开展公共外交与文化交流，增进彼此理解，提供合作动力的内在要求。通过构建丝绸之路经济带征信体系，可以增强沿线各国间的信用信息透明度，促进文化交流，增进文化认同感，为共建丝绸之路经济带奠定坚实的民意基础。

“丝绸之路经济带”概念提出后，兰州财经大学积极响应，成立了丝绸之路经济带研究院，并举办了一系列的学术研讨会，组织了相关专题的项目研究。为深入理解《推动共建丝绸之路经济带和21世纪海上丝绸之路的愿景与行动》、加强对丝绸之路经济带上各国及沿线国内地区征信体系建设与发展的研究，我们组织编写了《丝绸之路经济带与征信体系建设》一书，希望本书能够为学术界的研究提供借鉴，能够为丝绸之路经济带的建设提供有价值的参考。

黄　萍

2020年9月于兰州

目 录

第一章 丝绸之路经济带征信体系建设的再审视

第一节 征信体系建设的框架分析

一、征信体系的基本构成

征信体系是指由与征信活动有关的征信法规、征信机构、征信监管、征信标准、征信市场、征信文化与教育等组成的有机体系。征信体系既是推动金融体系有效运行的前提，又是保证金融稳定有序形成的基础。其目的在于建立完善的征信制度，保障信息主体权益，改善社会信用环境，促进征信业健康发展。

一般而言，一个国家的征信体系由一些相互关联的子体系构成，具体如图 1－1 所示。

（一）征信法律法规体系

征信法律法规体系是指引征信体系建设的法律依据，由征信业管理法规与权益保障类法规等构成。征信业管理法规主要就征信机构的市场准入、经

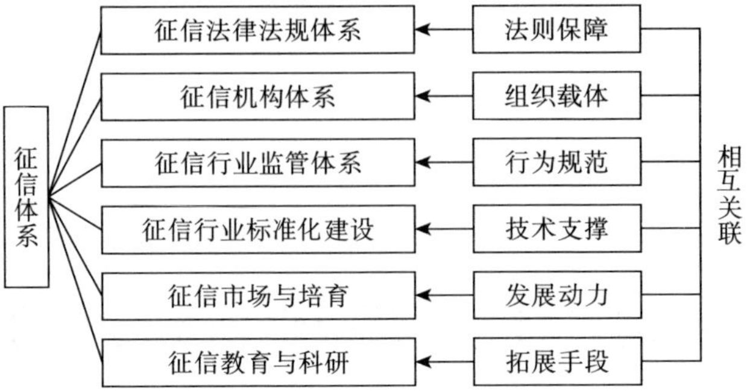

图 1－1　征信体系构成

营内容、从业资格、信息使用以及征信监管部门的监管方式、违规处罚等事项进行规范，其目的是规范机构运营、促进行业发展、保护信息安全与维持社会稳定。权益保障类法规涉及对政务、企业和个人多方面的信用权益保护，主要就界定信息公开范围，明确政府部门、企业信息公开的权责，确定个人信息主体权益内容，保护信息主体权益等事项进行规范，其目的是提高企业信息透明度，保障商业秘密和个人隐私不受侵害。

征信法律法规体系主要负责征信行业法律法规的制定和执行，监管征信行业发展的规范性，维护征信市场的行业准则，督促征信行业自律，从内外部加强对征信业的指导与监督。征信法律法规体系既有基础的征信法律体系，又有专业的征信法律系统。目前，对于征信数据的采集渠道和征信信息的使用方式，大多数国家都通过征信法律法规作出了明确规定。上述做法既为征信体系的良性发展奠定了法律基础，又为征信服务的全面监管提供了法律保障。良好的信用管理环境是信用行业发展的必然要求，更是跨入征信国家的重要考量。图 1－2 为美国信用法律体系。

（二）征信机构体系

征信机构体系既是一国征信体系的有机组成部分，也是征信体系发展水平的显著标志。伴随征信业在全球的快速发展，征信机构也在不断适应市场需求，高效提升征信服务水平，并推动征信体系良性发展。目前，征信机构不但形式多样，而且所提供的征信产品也日益丰富，已经从起初的为客户提

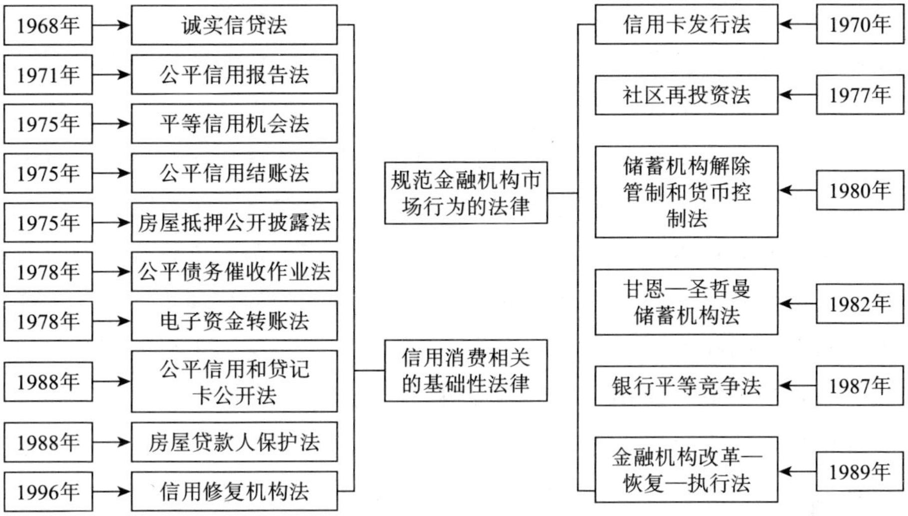

图1-2　美国信用法律体系

供负面信息发展成为高端系列产品组合服务。依据投资主体与征信机构经营目标的不同，征信机构可划分为公共征信机构与商业征信机构。依据业务侧重点的不同，征信机构可划分为以采集、整理与出售征信信息为主业的征信机构（征信数据库强大、出售低端征信产品）与以信用评级为主业的征信机构（依托征信数据作信用评级，出售高端征信产品）。

征信机构是征信市场上非常活跃的参与主体，它们通过多样化的征信服务与同业间的优胜劣汰，推动着征信体系保持活力。作为征信体系的生力军，征信机构提供企业征信、个人征信、财产征信、市场调查与资信评估等征信服务，在征信法规与征信监管的规范下发展壮大。国际上知名的征信机构较多，企业征信机构如美国的邓白氏集团公司、英国的益博睿公司与荷兰的格瑞顿公司等，个人征信机构的典型代表有美国的艾克飞公司与全联公司、英国的益百利公司。

（三）征信行业监管体系

通常，在征信法规不健全、社会诚信环境有待改善的背景下，政府会设立或指定专有部门监管征信业，以达到对主体权益的保护、征信机构的规范、市场秩序的维护与市场发展的推动等征信监管目标要求。除此之外，有别于政府专设监管机构，征信行业自律组织也成为征信监管体系不可或缺的主体，它们借助竞争规则与道德准则对各成员机构加以监督，在维护征信行业有序竞争与持续发展方面发挥着特殊功效。随着征信立法与征信市场的不断完善，征信监管正逐步朝政府监管与行业自律相结合的方向发展。

征信行业监管体系的主要内容有：第一，征信机构的市场准入。对直接关联个人或企业经济效益、银行经营风险与金融安全的征信机构，各国通常采用比较严格的准入管理。第二，征信机构的规范经营。主要监督征信机构对信息数据的采集与使用，并对违规采集、使用数据的行为进行处罚。第三，征信信息的安全性。为避免威胁信息安全，各国都对征信数据库的安全、征信数据的跨境流动等情况严加监管。第四，征信信息的真实性。行政裁决因征信信息失真引起的纠纷，为涉及征信司法纠纷的法律裁定提供援助。

（四）征信行业标准化建设

征信行业标准化建设的目标是建立征信行业标准体系、制定征信技术关键标准、制定征信标准实施机制，促进信用信息共享，规范征信业务活动，推动社会信用体系建设。征信标准有国家标准与行业标准。征信发达国家普遍遵循国际主流的征信标准，少有国家专门制定征信标准，正是国际征信标准的应用有力地助推了此类国家征信系统的建设。编制征信标准，既要优先考虑与国际标准接轨（即“有国标、采国标”），又要适时制定国家标准与行业标准（即要突出行业特色，主动适应市场需求），如图1－3所示。

完善的征信标准体系是征信标准化建设有序发展的基础，是推进一国征信标准化建设的必要条件。征信标准体系包括基础标准、监管标准与主体标准：基础标准主要针对征信数据元、征信术语等的制定；监管标准主要针对机构资质与业务规范等的制定；主体标准包括信息技术标准（主要针对信用信息共享、系统互联互通与信息安全等制定）、业务标准（主要针对规范征信业务流程制定）、服务标准（主要针对征信机构对客户提供信用服务的行为规范制定）与安全标准（主要针对信息安全及其他对当事人构成潜在损害的行为规范制定)。

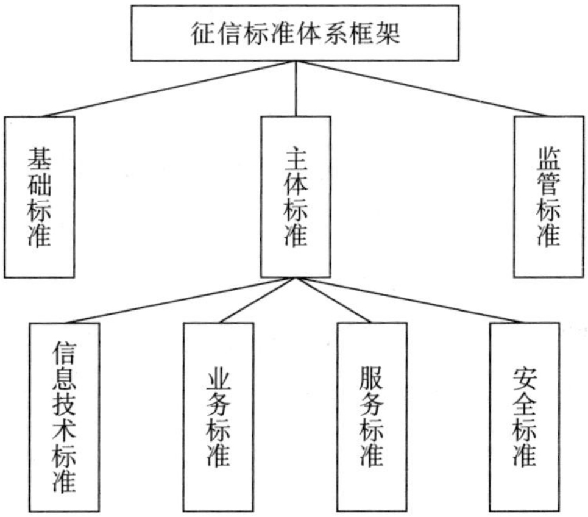

图 1-3 征信标准体系

(五) 征信市场与培育

作为金融市场的有机组成部分，征信市场是建设社会信用体系的有力支撑。其作用主要有：第一，有效揭示风险。金融机构可以借助征信系统，参考信用报告综合评价企业与个人信用状况，灵活运用信贷政策，适时调整信贷范围，降低信用风险发生概率。第二，服务信贷市场。征信市场利用信息共享与风险评估等方式，可以向担保公司、租赁公司等信贷机构提供全面、准确、及时的信用服务。第三，加强金融监管与宏观调控。通过信息数据库，全面反映企业与个人信用状况，并深入分析信贷市场与宏观经济走势。第四，提高社会信用意识。通过征信系统的平台应用与征信产品的广泛使用，完善失信惩戒机制，提高全民信用意识。

征信市场运行机制的有效发挥，既是信用信息在不同征信主体之间有效流通的过程，也是促成市场参与者之间相互协作、互通有无的过程，不但需要通过制度安排促进信用信息的公开与共享，而且需要通过外部监管促进信用信息的合法合规采用，且要注意对信息主体权益的保护。为此，市场培育便成为征信市场发展的动力源泉，可通过在制度上促进信用产品的应用、法制上突出信用记录的强约束，从而构建失信惩戒机制，多维度拓宽征信市场。

（六）征信教育与科研

征信教育与科研旨在培养征信专业人才，创新征信新产品，培育信用文化，营造社会诚信氛围，提高民族诚信素质，夯实市场经济健康发展的社会基础。一国如若缺少质量过硬的征信教育，发达的征信市场便无从谈起，更不会有完善的征信体系。征信行业对从业人员的知识面要求较高，除了具备财务管理、市场营销、经济法、管理学等基础知识外，还应有一定的职业道德和专业素养。因此，征信教育对于征信人才的培育，应注重专业知识与从业道德的结合培养，以期全面提升从业人员的综合素质。

二、征信体系的发展历程

（一）国际征信体系的发展

在国际上，征信体系的建立始于 19 世纪 30 年代，以英国（1830）、美国（1837）等主要发达国家征信机构的相继成立为开端。20 世纪 60 年代，征信体系开始高速发展。第二次世界大战后，伴随着世界经济的逐步复苏，国内外贸易的快速增长，征信业务量的迅速增加，许多国家迈入了信用交易时代。在此背景下，征信体系发展日趋成熟，法律法规体系与商业运营模式日渐完善，从而推动了各国经济的有效发展。

1. 美国征信体系的发展

从提供简单的征信服务到形成完善的征信体系，美国经历了百余年的发展历程。美国于 20 世纪 60 年代进入征信业飞速发展期，在 20 世纪 80 年代中期建立了较为完善的信用法律体系。从 20 世纪 80 年代末至 21 世纪初，随着独立征信公司数量的锐减，美国的征信行业进入整合期。历经百余年的悠久历史变革后，美国征信业呈现出以下态势。第一，数据来源更加广泛。除金融财务数据外，征信体系还广泛纳入电商、社交、电信、互联网等数据。第二，输出统一数据标准。美国征信局协会积极在他国推广其数据标准，以期加速美国征信体系的全球化进程。第三，企业征信与个人征信日趋融合。企业在进行风险评估时，不但考虑企业的基本情况，而且还考察企业内部高管的个人风险。第四，征信应用场景的拓展化。打破一味评估信用风险的藩篱，将应用场景拓展至资产、破产、偿债与收入的预测。第五，向定制化方向发展。第六，向多元化领域扩展。从风险领域扩展到营销与咨询等领域。第七，互联网征信机构业务创新。近年来，互联网征信机构蓬勃发展，其业务也在不断创新求变。

2. 欧洲征信体系的发展

从为商业银行与保险公司等用户提供征信服务到建立较为完善的征信体系，欧洲的征信业以对信息数据的保护为起源。20 世纪 80 年代后，欧洲征信业逐渐兴起。欧洲征信业以拥有最严格的数据保护法律闻名于世，诸如《联邦数据保护法》（德国）、《隐私和数据保护法》（法国）、《数据保护法》（意大利）、《个人数据保护法》（西班牙）等法律法规，都明确了个人信息的调查范围、保存与处理。欧洲征信体系主要有三种类型。其一，私营体制模式，以英国、瑞典为代表。这一模式虽无公共信用登记系统，却有充分竞争的私营机构。其二，公共登记系统模式，以法国与大部分欧洲国家为代表。其三，双重体制模式，以德国为代表。这一模式既有强大的公共信用登记系统，也有强大的私营机构。欧洲征信业的发展，以采用公共模式为典型代表，企业与个人信用信息借助中央信用登记系统进行采集。征信系统由各国中央银行与市场化的征信机构组成，各国中央银行通过采集适度金额以上的银行信贷信息，旨在为中央银行监管与商业银行信贷提供服务。德国、法国、意大利、西班牙、奥地利、葡萄牙与比利时等国多采用这一模式。

（二）我国征信体系的发展

在我国，征信业主要经历了近代时期与改革开放后两个发展时期。征信业在近代虽然已有适度发展，但由于当时条件所限其发展曾经一度中断。直到改革开放后，在新形势有效推动下，征信业才得以再次发展。

1. 近代中国征信业的发展

近代中国征信业的发展，始于 20 世纪 20 年代左右。1921 年，徐沧水先生正式提出设立征信所的议案，后因故未能落实。1932 年 6 月，我国首家征信机构——中国征信所成立，征信业有了适度发展。1945 年 3 月，重庆设立了联合征信所，助力银行开展企业资信调查。我国近代征信业的发展，如表 1-1 所示。

表 1-1　我国近代征信业的发展

时间	代表事件
20 世纪 20 年代前后	1920 年，时任《银行周报》（上海银行公会主办）总编的徐沧水先生筹划成立上海征信所，并在 1921 年召开的银行公会第二届联合会上正式提出了设立征信所的议案。但是，由于人力和物力欠缺、政局动荡等原因，这一项计划未能落地。
1932 年 6 月	1932 年 6 月，上海商业储蓄银行、中国银行、浙江实业银行联合设立中国征信所，即我国首家征信机构，章乃器为第一任董事长。中国征信所实行会员制，发起设立时有 18 家基本会员，到 1935 年 11 月，共有会员 154 家，每天接受的委托调查平均为 20～30 份。中国征信所的主要任务为调查企业的生产经营状况、财产状况、信用状况，并开展催收工作等。1935 年，中国征信所在天津、武汉等地设立分所，1937 年在重庆设立分所。但是，1937 年日本侵华战争爆发后，中国征信所的发展受到重创，业务大幅下降，主要靠出版一些出版物维持生存，这一情况一直持续到新中国成立后才结束。
1944 年	1944 年，重庆的联合票据承兑所发起设立了一个征信机构，这一机构不久联络了四联总处（指中央银行、中国银行、交通银行及中国农民银行成立的四行联合办事处），于 1945 年 3 月由“四行二局一库”（中央银行、中国银行、交通银行、中国农民银行、中央信托局、邮政储金汇业局、中央合作金库）及重庆市银钱业公会发起设立联合征信所，帮助银行对企业进行资信调查。抗日战争胜利后，联合征信所总部由重庆迁往上海。此外，联合征信所陆续在全国设立了多家分支机构，主要承担“四行二局”委托的资信调查业务，并面向全社会提供一般征信服务。

资料来源：依据公开资料整理

2. 改革开放后中国征信业的发展

改革开放后，随着国内信用交易规模的日益增大、金融体制改革的逐渐深化、对外贸易往来的不断增加、社会信用体系建设的深入开展，我国征信业再次起步，依次经历了探索起步、推动完善与规范发展阶段，如表1－2所示。

表1－2　　　　我国现代征信业的发展

阶段	时期	代表事件
探索起步阶段	20世纪80年代—2003年	20世纪80年代后期第一家信用评级机构——上海远东资信评级有限公司成立；1993年专门从事企业征信的新华信国际信息咨询有限公司开始正式对外提供服务；1997年，上海开展企业信贷资信评级；1999年上海资信有限公司成立，开始从事个人征信与企业征信服务；1999年底，银行信贷登记咨询系统上线运行，2002年，实现全国联网查询。
推动完善阶段	2003—2013年	2003年，征信管理局成立；2004年，中国人民银行建成全国集中统一的个人信用信息基础数据库，2005年银行信贷登记咨询系统升级为全国集中统一的企业信用信息基础数据库；2006年3月，中国人民银行征信中心成立；2010年，金融信用信息基础数据库正式对外提供服务；2011年2月，征信系统二代建设工作正式启动。在社会信用体系建设方面，2008年，国务院将中国人民银行征信管理职责调整为管理征信业，并牵头社会信用体系建设部际联席会议；2011年牵头单位中增加了国家发展和改革委员会。
规范发展阶段	2013—至今	2013年3月，《征信业管理条例》正式实施；2015年1月，中国人民银行印发了《关于做好个人征信业务准备工作》，要求8家机构做好个人征信业务的准备工作；2015年12月下发《征信机构监管指引》，提出更为详细的监管细则；2018年1月31日，中国人民银行向百行征信有限公司发放个人征信牌照，首家市场化个人征信机构正式诞生。

资料来源：依据公开资料整理

随着金融科技发展和国家大数据战略的实施，“三个原则”和“五项共识”行为准则的征信各方认同，全球最大征信系统建设的建成，“政府＋市场”双轮驱动征信特色的凸现，“负债数据＋非负债替代数据”征信服务的新突破，这些正推动着我国征信业不断创新发展。

三、征信体系的典型模式

由于受到经济、文化、立法等众多因素的影响，不同国家的征信体系构建模式存在较大差异。市场主导型模式、政府主导型模式与会员制模式，是公认的典型的征信体系模式。三种模式各有特色且差异明显，但世界不同经济体还是求同存异、各取所需，并在各自的征信体系建设中取得了良好效果，如图 1－4 所示。

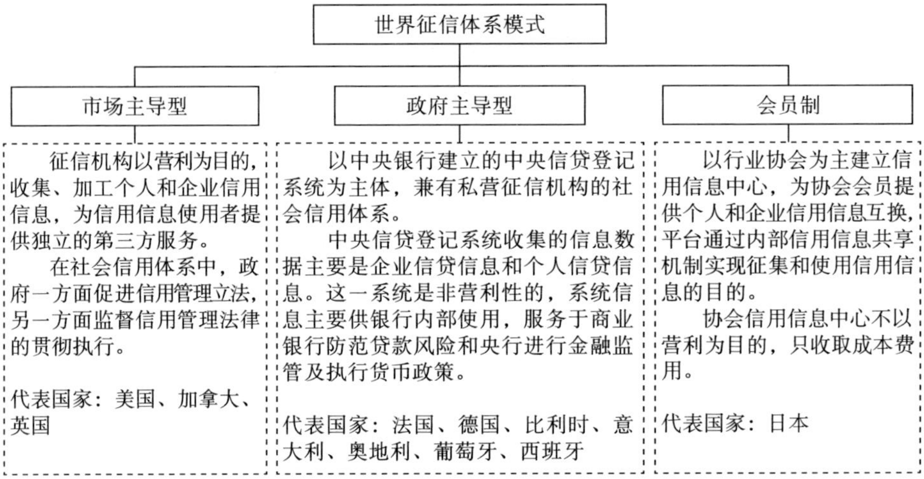

图 1－4　世界征信体系模式图

（一）市场主导型模式

市场主导型模式，也即民营模式，以美国、英国、加拿大与北欧部分国家为典型代表。这一模式是指征信业发展以第三方征信机构为主体，以营利为目标，以市场化运作为机制，以自愿与契约为原则，以政府提供信用法律体系与监管体系为保障，为社会提供有偿商业性征信服务的一种制度安排。在市场主导型模式下，由民间资本投资组建的私营征信机构为主，征信机构追求利润并进行完全市场竞争，它们通过收集并加工企业和个人的信用信息，从而为信用产品使用者提供独立服务，政府则通过信用立法与信用监管为征信业的有效发展提供支持。

市场主导型模式的特点：灵活的运营机制，征信机构间既可公平竞争又可多元合作；丰富的信息收集，即信息维度扩大化与信息覆盖扩展化；多元的征信服务包括基础信息服务、中间变量服务、风险评估服务、风险解决方案、决策支持、外包服务、背景调查、反欺诈服务等；快速的市场响应，以客户需求为导向、建有快速响应机制；潜在的市场分割现象，征信市场分割现状与信息收集多元化需求之间存在悖论；欠缺的金融监管部门服务供给，即社会化征信机构服务供给与金融监管部门服务需求的设计不足。

市场主导型模式的优势：利润最大化经营目标明确，保障机制建设受到充分重视，征信产品对外供给多元化，有效发挥了扩大社会信用规模与拉动经济增长的推动作用。市场主导型模式的劣势：私营征信机构在缺乏行政性手段支持的前提下，短期内难以建成高信息覆盖的征信系统，且容易导致征信系统重复建设现象滋生。

（二）政府主导型模式

政府主导型模式，也即公共模式或中央信贷登记模式，以法国等欧洲国家为典型代表。这一模式是指征信市场以公共征信机构为主体，征信业的运作以政府强制为原则，以防范系统性金融风险与信用风险为目标，为金融监管部门进行信用监管与执行货币政策提供服务的一种制度安排。在政府主导型模式下，以中央银行或金融管理部门建立的中央信贷登记系统为主体，政府出资组建公共征信系统且不以营利为目的，政府部门及所有金融机构受法律或决议等形式的强制要求必须加入公共信用登记系统，政府主要发挥征信管理与征信服务的职责。

政府主导型模式的特点：信息共享的强制性与高效性，通过政府公权力强制信息共享；第三方角色的独立性，第三方摒弃利益交织公平推进信息共享；多元的征信服务，监管服务与征信服务相结合；局限的服务范围与内容，基础信息共享为核心、增值征信服务不足；单一的市场形态，服务效率与服务成本问题亟待解决。

政府主导型模式的优势：社会各部门在政府强制推动下采集信用信息数据，有利于集中快速地建立信息数据库，并发挥出较强的社会效应。政府主导型模式的劣势：在财政投入较大的前提下，政府维护与运营信息数据库的成本较高且难有商业效益。同时，由于信用数据仅向金融机构提供，信用服务范围较窄，不利于失信惩戒机制与风险防范机制的形成。

（三）会员制模式

会员制模式，以日本为典型代表。这一模式是指由银行协会建立非营利的银行会员机构，负责为协会会员提供个人与企业的信息交换平台，并运用内部共享机制采集、使用信用信息的制度安排。在会员制模式下，征信机构不以营利为目的，只收取成本费用，并依据法律法规运作。协会会员既有义务向协会信息中心提供信用信息，又有权利向信息中心寻求信息查询帮助。

会员制的优势：由行业协会牵头建立，有利于行业内会员就市场需求、信息采集等问题协调一致；同时，通过明晰会员权责，可有效提升信用信息数据库质量。会员制的劣势：由于行业协会发展不平衡的客观存在，信用信息提供无法实现全面性与完整性，较难满足征信机构的信用信息需求。信息机构仅对协会会员提供相关信用信息，信用信息的共享范围较窄，经济效益与社会效益较低。

表 1－3 为三种征信模式的具体比较。

表 1－3　　征信体系模式比较

	美国	欧洲	日本
征信模式	市场化征信	公共征信	会员制征信
主导者	市场	政府	行业协会
政府定位	监管者	深度参与征信	政府地位很弱，由行业协会承担监管职责
市场格局	全部是私营征信公司，完全市场经经营	公共征信机构与私营征信公司并存，以公共征信为主	行业协会信用信息中心与私营征信公司并存，个人征信以会员制征信模式为主，企业征信以私营征信公司为主

续表

	美国	欧洲	日本
法律制度	由政府制定完善的信用法律制度	由政府制定，各国法律制度存在差异	以行业协会内部规定为主，政府制定的法律法规较少
征信机构	私营征信公司	中央银行的信用管理局	行业协会信用信息中心
机构性质	私营、营利	官办、非营利	非营利
征信目的	满足各类市场主体的信用需求	为金融机构监管提供决策依据	满足行业协会内部会员单位的信用需求
征信方式	协商自愿	强制呈交	强制呈交
信息来源	银行、行业协会及各类企事业单位	中央银行监管之下的各类金融机构	行业协会所辖的会员单位
信息公开范围	全社会	金融系统内部	行业协会内部
信用环境	开放，公众对信用产品的需求不足	保守，公众对信用产品的需求不足	由传统逐渐转向开放，公众的信用需求不断加强

资料来源：依据公开资料整理

总之，一国对征信模式的选择，会受到经济发展、信用规模、法律制度、征信理念、金融监管、金融机构的竞争程度等多重因素的影响。以上三种模式各有利弊，各国应在注重本国国情、征信业发展需求的基础上对国外经验进行有效借鉴。

四、征信体系的发展方向

（一）大数据征信与信息安全

伴随着互联网金融的高速发展、征信基础设施的不断完善及金融科技的迅速崛起，作为风险控制前置的大数据征信正走向新时代。许多国外大型征信机构也因时而动，迅速改变服务定位并提升数据服务能力。大数据征信是采用大数据征信服务技术，对个人、企业与社会团体进行多元信用评价。在征信实践中，它们除了依托传统授信信息，还通过运用非传统数据，如水、电、煤气、通信、房租等缴费信息，公共数据如缴纳税收与法院判决等信息，与其他数据如社交信息、电子商务信息、支付结算流水信息、公共互联网平台产生的信息、物联网产生的信息等，帮助弱势群体增加其信用评价维度。同时，还通过打造自身征信终端平台，创新大数据征信服务，弥补传统征信之不足，并由法律法规与监管部门对信息主体权益加强保护。大数据征信具有许多优势，如广泛覆盖人群、多元信息维度、应用场景广泛、信用评估全面等，也预示了征信体系发展的新动向。大数据征信技术的创新既为经济金融发展带来了机遇，也为金融信息安全带来了挑战。金融信息安全包括数据安全、运行安全、软件安全和物理安全，是经济、社会稳定的基础。金融信息安全具有保密性、完整性、可用性、真实性、不可抵赖性、可控制性、可追溯性、可靠性与连续性等关键属性。大数据征信既要充分注重大数据对信息安全带来的诸多挑战，如数据应用侵犯客户个人隐私、数据监听威胁国家金融安全、虚假数据导致金融市场异常敏感、法律监管缺失存在风险、层出不穷的互联技术应用、网络安全防控，又要积极采取措施保障信息安全，如完善金融信息安全政策立法、推行信息安全产品评估策略、构建立体和层次化的金融信息安全管理体系等。

大数据征信与传统征信的具体比较，如表 1 -4 所示。

表 1 -4　　大数据征信与传统征信的比较

项目	大数据征信	传统征信
数据来源	线上行为数据	线下借贷与履约行为数据
数据类型	网上交易数据、社交数据及其他互联网服务应用中产生的行为数据等	信贷数据、公共事业缴费数据、罚款数据等
数据内涵	人的性格与心理，借此推断其履约能力	借贷领域的履约可能性
数据格式	大量非结构化数据	结构化数据
信用评价思路	用实时行为反映人相对稳定的性格	用过去的信用记录推断未来的信用
覆盖人群	在互联网上留下足够痕迹的人	有信用记录的人（银行贷款、信用卡、公共事业缴费等）
应用场景	生活中的应用场景（碎片化、生活化）	借贷（金融属性强）

资料来源：谢平，邹传伟．网络借贷与征信［M］．北京：中国金融出版社，2017

（二）信息开放与信息共享

信息开放和信息共享是促进征信业发展的两翼，并有力地推进合作经济的发展。信息开放范围主要有政府与司法部门的公共信息、公开发表的科研信息、公司运营信息、互联网公开信息等，这些信息在金融、医疗与教育等行业应用广泛，并成为打造透明政府、推进商业发展、防范信用风险、推动经济增长、增加就业、维护贸易开展与信贷市场稳定的重要推动力。为此，许多发达国家通过制定阳光法案或信息自由法案，对信息公开进行整体规划，并建立方便通道和给付方式供社会各方运用。信息共享是贸易活动开展与信贷市场发展的基础，信息共享既带来了巨大效益，又促进了市场发展，还成为防范信用风险的有效手段。然而，由于商业秘密和个人隐私等信息的保密性，并非任何数据都适合共享，也促使诸多企业采取加强数据库保护等措施以保障商业秘密。伴随着技术手段的日益升级，信息共享的应用场景已逐渐从营销领域扩展到授信领域。国内外征信机构开展了全面的征信活动，广泛采集正负面信息，诸如水、电、电信缴费等替代性数据不断被应用到授信风险评估活动之中。当然，信息共享也需要制定系列规则加以约束。从全球发展趋势而言，信息开放是大势，信息共享更丰富。

（三）征信合作与数据跨境流动

放眼世界征信市场，征信机构间既激烈竞争又密切合作。它们通过业务、数据、服务、技术、股权等诸多合作形式，既达成了资源互补，又实现了互利双赢。通常，征信机构间会建立征信合作平台，平台的作用是在行业自律、征信立法与行业标准完善等方面，以征信协会等形式营造适合征信行业发展的良好氛围，促进征信业的国际交流与合作、完善征信业的法律环境、对征信标准化建设与征信机构进行自律性管理。可以说，征信合作不但推动了征信市场的有序竞争，而且增强了一国征信行业的国际影响力。伴随着经济全球化的日益加速，征信机构间的跨国跨区域合作日趋频繁，这些在促使经济欠发达国家加快征信体系发展步伐的同时，也为推动征信数据的跨境流动创造了便利条件。不过，直面征信数据的跨境流动问题已上升到国家战略高度且广受关注的现实，各国在发展征信行业之时也应充分关注其“双刃剑”作用：一方面，各国政府积极倡导促进征信数据的跨国流动，以助推贸易经济的发展；另一方面，各国亦谨慎地规范各种制度以加强信息保护，避免出现危及国家安全的情形。

表1-5为当前世界上主要的征信合作平台。

表1-5　国际主要征信合作平台

主要征信合作平台	发布文件/机构名称
国际征信标准委员会	《征信通用原则》
	《〈征信通用原则〉评估办法》
	《中小企业征信通用原则》
区域性征信行业协会	欧洲征信协会
	美国征信协会
	亚太—中东征信协会

资料来源：谢平，邹传伟．网络借贷与征信［M］．北京：中国金融出版社，2017

（四）权益保护与社会责任

近年来，征信体系的作用日渐显现，诸如金融基础设施作用、提升信贷获取性、防范信用风险、助推经济社会发展等。正因如此，许多国家便致力于订立征信法律法规及监管框架，以期打造良好的征信活动法律环境。由于各国在政治经济、文化生活、市场发展、隐私保护等方面存在差异，征信法律法规制度框架与行使主体亦不尽相同。主要发达国家与地区通过专门立法以保障信息主体权益，有些国家专门颁布征信法律，大多国家运用征信立法赋权相关政府部门进行监管。毋庸置疑，权益保护问题受到空前关注。确定信息采集范围与方式、确保征信数据的准确性、规范信息运用行为、赋予信息主体权限、推进异议处理及信用修复机制建设，这些将成为征信主体权益保护制度必然的构成要素。另外，鉴于征信机构所承担的包括经济责任、法律责任与公益责任在内的社会责任实践要求，征信业服务的外部效应增高，未来征信行业应以立足金融与服务社会为出发点，大力拓宽征信服务的应用场景，打造良好的社会信用环境，在促进社会信用体系建设、推动信贷市场发展、实施金融普惠、助推社会和谐等方面完善社会责任。

（五）技术进步与服务创新

伴随着IT技术的不断发展、互联网的广泛推广、移动互联的有效运用、物联网的迅速崛起，数据规模的急剧扩大，大数据时代已悄然来临，诸如此类的新技术正以前所未有的态势向征信领域不断拓展。征信行业应与时俱进地把握行业发展方向，紧扣时代步伐提升行业服务水平，有理有序地推进行业规范发展。总体而言，未来征信领域的技术进步主要体现为：第一，移动互联和物联网的广泛应用；第二，分布式数据库技术的有效支撑，诸如数据库技术进步、分布式开源数据管理体系、大规模并行处理架构体系、数据库云技术等。在新技术日新月异飞速进步之时，全球征信业也面临服务创新的大好发展机遇，主要体现为：征信服务的客群日益广泛；征信服务的内容日趋多元；征信机构的业务日渐转向信息服务；征信机构的专业能力加速提升，诸如大数据处理能力等创新层面尤为明显。总之，征信领域获取的良好业绩与实质进展，技术进步与服务创新是不可或缺的重要因素。征信行业在技术进步的有力推动下，主动创新服务内容、不断拓宽服务客群、逐渐形成细分领域，这些变化昭示着全球征信业正在迈向新时代。

第二节　丝绸之路经济带征信体系建设的战略背景与战略意义

一、丝绸之路经济带征信体系建设的战略背景

（一）“一带一路”重要倡议的创新提出

中国国家主席习近平在出访哈萨克斯坦（2013年9月）、印度尼西亚

（2013年10月）时，相继提出共建“丝绸之路经济带”“21世纪海上丝绸之路”的重要倡议（以下简称“一带一路”）。其后，“一带一路”日益受到国内外各界关注。据2020年1月末的相关数据显示，中国已经与沿线国家签署了200份共建合作文件，涉及亚欧、非洲、拉美、南太等区域的138个国家与30个国际组织（表1-6）。倡议坚持“共商、共建与共享”的准则，本着建造“人类命运共同体”的理念，选定“五通”（政策沟通、道路联通、贸易畅通、货币流通、民心相通）为重要内容与开拓渠道，阐释了经济全球化的新内涵。近年来，“一带一路”沿线国家为有效推动“五通”，在贸易往来扩大化、投资自由化与便利化、跨国经贸合作加速化、自由贸易区网络化、国家间与（次）区域间发展战略深度对接化、重大项目建设有序推进化等进程的不断加速中，正在充分利用已有的双（多）边机制与区域合作平台，全力推进全球新的贸易投资循环，创造“一带一路”包容性、可持续性增长繁荣，构建互联互通新格局。总之，“一带一路”借古论今创新古丝绸之路内涵，稳固沿线国家合作关系，目标一致打造多元共同体。“一带一路”既是中国全方位改革开放的宏大格局，又是中国与周边外交发展的战略框架，还是一项造福沿线各国人民的浩大工程。.

表1-6　与中国签署“一带一路”合作文件的国家与国际组织

地区	国家
非洲（44）	苏丹、南非、塞内加尔、塞拉利昂、科特迪瓦、索马里、喀麦隆、南苏丹、塞舌尔、几内亚、加纳、赞比亚、莫桑比克、加蓬、纳米比亚、毛里塔尼亚、安哥拉、吉布提、埃塞俄比亚、肯尼亚、尼日利亚、乍得、刚果（布）、津巴布韦、阿尔及利亚、坦桑尼亚、布隆迪、佛得角、乌干达、冈比亚、多哥、卢旺达、摩洛哥、马达加斯加、突尼斯、利比亚、埃及、赤道几内亚、利比里亚、莱索托、科摩罗、贝宁、马里、尼日尔
亚洲（37）	韩国、蒙古国、新加坡、东帝汶、马来西亚、缅甸、柬埔寨、越南、老挝、文莱、巴基斯坦、斯里兰卡、孟加拉国、尼泊尔、马尔代夫、阿联酋、科威特、土耳其、卡塔尔、阿曼、黎巴嫩、沙特阿拉伯、巴林、伊朗、伊拉克、阿富汗、阿塞拜疆、格鲁吉亚、亚美尼亚、哈萨克斯坦、吉尔吉斯斯坦、塔吉克斯坦、乌兹别克斯坦、泰国、印度尼西亚、菲律宾、也门

续表

地区	国　家
欧洲（27）	塞浦路斯、俄罗斯、奥地利、希腊、波兰、塞尔维亚、捷克、保加利亚、斯洛伐克、阿尔巴尼亚、克罗地亚、波黑、黑山、爱沙尼亚、立陶宛、斯洛文尼亚、匈牙利、北马其顿、罗马尼亚、拉脱维亚、乌克兰、白俄罗斯、摩尔多瓦、马耳他、葡萄牙、意大利、卢森堡
大洋洲（11）	新西兰、巴布亚新几内亚、萨摩亚、纽埃、斐济、密克罗尼西亚联邦、库克群岛、汤加、瓦努阿图、所罗门群岛、基里巴斯
南美洲（8）	智利、圭亚那、玻利维亚、乌拉圭、委内瑞拉、苏里南、厄瓜多尔、秘鲁
北美洲（11）	哥斯达黎加、巴拿马、萨尔瓦多、多米尼加、特立尼达和多巴哥、安提瓜和巴布达、多米尼克、格林纳达、巴巴多斯、古巴、牙买加

资料来源：依据官方网站资料整理（截至2020年1月底）

（二）丝绸之路经济带重振共建的外在推动

丝绸之路经济带作为“一带一路”的重要构件，意在弘扬古丝绸之路精神，是创新的经济发展区域，有北方“丝绸之路”与南方“丝绸之路”之分。北方“丝绸之路”是指从西安出发经甘肃后从新疆出境，经过中亚、西亚抵达欧洲的线路，中国西北五省区的陕西、甘肃、宁夏、青海与新疆属于这一区域。南方“丝绸之路”是指从成都出发，经云南到腾冲、缅甸与印度的贸易路线，中国西南四省区市的四川、重庆、广西、云南属于这一区域。丝绸之路经济带素有“全球最长、最具发展潜力的经济大走廊”之美誉，东连亚太经济圈、西牵欧洲经济圈，中夹落后的中亚地区，呈“中低两高”的非均衡发展形态。若要成功实现丝绸之路经济带战略，必然要与周边区域合作，促使沿线国家均衡发展。在丝绸之路经济带沿线国家中，中亚由于地处欧亚大陆内部，又紧邻中国边境，故中国与中亚国家间的贸易多以陆路运输为主。南亚与西亚的国家大多临海，故中国同南亚与西亚国家的贸易多以海上运输为主。为此，建立中国与中亚国家的贸易通道并展开经贸合作，以此促进中亚经济繁荣发展，进而推进丝绸之路经济带建设便成为必经环节。

表1-7为丝绸之路经济带的地域划分。

表 1-7　丝绸之路经济带地域划分

所属地域	包含国家
中亚	哈萨克斯坦、塔吉克斯坦、乌兹别克斯坦、吉尔吉斯斯坦、土库曼斯坦
南亚	印度、巴基斯坦、孟加拉国、阿富汗、斯里兰卡、不丹、马尔代夫、尼泊尔
西亚	沙特阿拉伯、伊拉克、伊朗、以色列、土耳其、叙利亚、约旦、黎巴嫩、巴斯、科威特、阿曼、卡塔尔、也门、阿联酋、巴林、塞浦路斯

资料来源：依据官方网站资料整理

（三）“和平、合作、发展、共赢”愿景实现的内在要求

丝绸之路经济带倡议的提出，既是中国改革开放新时期的发展战略，又是国际互利共赢的合作倡议，也预示着中国进入了全方位开放与“引进来”和“走出去”并重的改革开放新时代。但不容忽视的是丝绸之路经济带沿线国家与地区金融环境复杂、地缘政治多变、（欠）发达经济体并存等矛盾问题突出。既要促进经济合作，又要面临信用风险，还要创新合作理念，解决众多切实问题。因此开展丝绸之路经济带征信体系建设，形成国别信用评价报告，成为防范风险的有效手段。众所周知，20 世纪 70 年代，征信数据跨境流动（TDF）概念被经济合作与发展组织提出后，欧盟、美国等已应时而动建立起比较完善的征信数据跨境流动共享机制，以服务于区域与对外经济发展所需。目前，在征信数据跨境流动日渐普遍的背景下，由中国主导的丝绸之路经济带建设，如何让处于两头地带（繁荣的东亚经济圈、发达的欧盟经济圈）与中间广阔区域（经济“凹陷区”）的沿线国家互惠发展并带动经济一体化，良好的信用环境便成为保证各类贸易进行的基础条件。而丝绸之路经济带征信体系建设将极大地促进这一信用环境的良性发展，并激发出丝绸之路经济带巨大的发展潜力。

二、丝绸之路经济带征信体系建设的必要性

（一）促进区域经济发展

共建合作倡议推出后，在合作框架引导下，丝绸之路经济带沿线国家进

一步深化经贸合作关系，中国、新加坡、印度等贸易大国对周边及沿线国家的贸易拉动作用日渐显现。2019 年，中国与沿线 64 国贸易总额达 1,230.7 亿美元，同比增长 18.7%。在共建合作框架指引下，中国不断加大对基础设施建设的支持力度，广大沿线发展中国家分享了世界经济发展的红利。据世界银行研究组分析结果显示，共建合作倡议将使东亚及太平洋国家的 GDP 平均增长 2.6% ~3.9%。近年来，随着中国进口需求的快速增长，在推动国际贸易不断走向繁荣的同时，也进一步促进了沿线国家经济的持续增长。在"和平、合作、发展、共赢"发展理念及基础设施、合作平台建设等推动下，沿线各国在软、硬环境方面的"双提升"，使得经济合作前景更加广阔。

值得注意的是，由于各国经济增长动因不同，加之受其他因素影响，沿线国家经济发展明显分化，贸易优势差异显著存在。与此同时，沿线国家不断深化经济金融合作领域，加快开放服务贸易市场及投资市场，这必然会拉动信用经济呈爆发式增长，同时逆向选择、道德风险等信息不对称下的风险问题便会相伴而生。因此，建立和完善风险预警机制以保障区域经济健康发展成为必然选择。构建有效的征信合作平台，强化安全的征信数据流动，打造完善的跨区域征信体系，创建良好的信用经济环境亦成为重要途径。

（二）扩大区域金融合作

资金融通是共建合作的重要支撑，丝绸之路经济带涉及沿线国家数量较多、（拟）在建基础设施面广、跨国投资量大，跨区域金融合作不可小觑。但是，由于在跨区域金融合作中会增加信息不对称和道德风险的发生，因此依托丝绸之路经济带征信体系的建设以防范风险成为内在要求。首先，要了解金融合作方所在国家的宏观风险，例如政治风险和法律风险。丝绸之路经济带沿线国家众多，政治法律风格各异，要充分了解合作方所在国家的政治法律环境，才能做到"知己知彼，百战不殆"。同时，参与丝绸之路经济带的国家大部分为发展中国家，政权不稳定、政府更替以及国有化特征等要素都要列入征信范围，才能避免法律、政治环境等变化所造成的跨区合作重大影响。其次，还要了解合作具体项目间的微观风险，以期在最大限度内减少合作时的损失。在进行跨区合作时对于信用信息的收集、整理与公示，可降低信息不对称发生的风险，促进资本在丝绸之路经济带沿线国家以及区域中顺畅流动。

2019 年 7 月 20 日，中国对外宣布 11 条金融业对外开放措施（表 1－8），进一步彰显了中国持续优化外资营商环境、扩大金融市场开放、提升金融机构国际竞争力的决心。其中，一大亮点便是明确规定推动信用评级行业进一步对内对外开放，这既是中国扩大开放金融市场的重大举措，又是拓展区域金融合作的重要渠道。国际信用评级机构被引入中国，其评级业务的多样化服务必然会对拓展丝绸之路经济带金融业务渠道产生正向激励。

表 1－8　　2019 年中国推出 11 条金融业对外开放措施

具体措施	重要意义
允许外资机构在华开展信用评级业务时，可以对银行间债券市场和交易所债券市场的所有种类债券评级	有利于满足国际投资者的多样化需求，也有利于促进中国评级行业评级质量改善，对中国金融市场的规范健康发展具有积极意义。
鼓励境外金融机构参与设立、投资入股商业银行理财子公司	有利于引入国际上资产管理行业先进成熟的投资理念、经营策略、激励机制和合规风控体系，进一步丰富金融产品供给，激发市场竞争活力，促进我国银行理财业务健康有序发展。
允许境外资产管理机构与中资银行或保险公司的子公司合资设立由外方控股的理财公司	有利于引进国际先进的资管实践和专业经验，促进资管业及资本市场稳健发展，有利于发挥中外资资产管理机构各自优势，进一步丰富市场主体和业务产品，满足投资者多元化服务需求。同时，现有中资银行和保险公司资管子公司可以与其参股的外方理财公司形成互补，适度错位发展。
允许境外金融机构投资设立、参股养老金管理公司	有利于增加主体类型，增强市场活力，引入成熟养老金管理经验，提升养老金投资管理水平。
支持外资全资设立或参股货币经纪公司	有利于充分发挥外方股东的经营管理优势，提高货币经纪公司经营效率，促进行业有序竞争，提高金融市场的透明度和交易效率。

续表

具体措施	重要意义
人身险外资股比限制从51%提高至100%的过渡期，由原定2021年提前到2020年	有利于吸引更多优质外资保险机构进入中国市场，引入更加先进的经营理念和更加多元化的寿险产品，增强寿险市场活力，为实体经济提供更好的服务。
取消境内保险公司合计持有保险资产管理公司的股份不得低于75%的规定，允许境外投资者持有股份超过25%	有利于吸收借鉴境外优秀保险机构的经验做法，激发国内保险资产管理市场活力，促进提升保险资产管理公司资产管理能力，更好地服务于保险资产的保值增值。
放宽外资保险公司准入条件，取消30年经营年限要求	为具有经营特色和专长但经营年限不足的外国保险公司来华创造了条件，有利于进一步丰富保险市场主体和保险专业服务，促进保险业高质量发展。
将原定于2021年取消证券公司、基金管理公司和期货公司外资股比限制的时点提前到2020年	有利于营造良好的市场生态和营商环境，促进行业服务水平实现跃升，以更优质的金融服务满足实体经济高质量发展和人民对美好生活的需要。
允许外资机构获得银行间债券市场A类主承销牌照	有助于进一步丰富外资机构服务国内实体经济的手段，提升其参与我国经济发展的广度与深度，推进金融供给侧结构性改革；有助于为境内企业发债融资引入更多的境外投资需求，从而为实体经济融通资金、降低成本提供助益，缓解"融资难、融资贵"问题；同时，也有助于向外方分享中国经济发展的成果和机遇，推动经济全球化发展，实现互利共赢。
进一步便利境外机构投资者投资银行间债券市场	有效满足了不同投资者的差异化投资需求。

资料来源：依据中国人民银行网站相关资料整理

（三）拓展金融机构业务渠道

建立多元化投融资体系。通过加强与沿线国家各类金融机构间的合作，扩大双边本币在贸易投资中的运用，指引多样资金在重点项目中的投放，强化对丝绸之路经济带建设的金融支持。但是，由于在国际贸易中投资项目普遍存在资金需求大、投资周期长、跨境资本合作等现实问题，信用问题也便成为贸易双方关注的重点。现阶段，解决信用问题的方式主要有两种：一是由第三方提供担保，如中国出口信用保险公司；二是选择比较安全的结算方式，如信用证结算。这两种方式的缺点也很明显，即需要支付较高的费用。在信用度高的地区，贸易双方会选择更节省费用的结算方式。因此，在丝绸之路经济带创新投融资机制设计中，应推动建设完善财政信用，以较低的资金成本撬动更多的资金投入沿线基础设施建设和项目开发。同时，配合信贷支持政策，国内金融机构应主动创新业务，为沿线国家提供一体化金融服务，通过战略规划咨询、项目策划、投融资顾问、风险管理等专业服务助推企业走向国际市场。而这些企业、银行要想真正地走出去就免不了与其他国家进行信息数据交接、交流，反过来也将为打造多元化的投融资体系作好相应基础准备工作。

发展离岸业务体系、推动人民币跨境结算。中国与东盟、中亚、欧盟经济圈的合作不断加深，不仅增加了人民币作为丝路货币的可能性，还提高了沿线国家对人民币的认可程度。跨境人民币的使用不但可以为国家削减结算风险，还可为沿线国家提供便利的结算方式，规避一定汇率风险。在共建丝绸之路经济带的进程中，中国与中亚、西亚等沿线国家通力合作，为银行间合作创造条件，助推双边本币互换、贸易本币结算发展，人民币国际化地位日益提升。目前人民币跨境结算业务发展空间巨大，如何缩短业务办理时间、避免因流程简化而带来的潜在风险，急需借助征信体系建设助力。有效区分哪些个人、企业、国家能够享用简化业务流程，更需要征信机构专设部门制定合理制度，利用信息数据作为依据，针对不同信用等级，提供便捷服务。

（四）防范区域金融风险

2019 年 4 月 22 日，中国发布《共建“一带一路”倡议：进展、贡献与展望》，报告显示，2013—2018 年间，中国与沿线国家的货物贸易进出口额达 6 万多亿美元，占中国货物贸易总额的近三成；向沿线国家直接投资 900 多亿美元，对外承包工程营业额达 4,000 多亿美元。然而，在沿线国家间贸易不断增加、金融合作互动增进的同时，金融风险也日益突出。在跨区域经贸活动中，金融市场需求正从传统结算向代理、融资、投行等跨行业、跨领域发展，金融相关信息的不对称早已成为丝绸之路经济带建设中发展投融资的一大壁垒。信息获取的及时性、持续性以及可靠性等信息不对称问题会导致诸如融资诈骗、信用卡诈骗、票据诈骗、洗钱等金融风险的发生，恶化区域信用环境，埋下金融危机隐患，影响双（多）边金融安全。因此，在丝绸之路经济带建设过程中，将会带来更严峻的"国家风险"。跨国交易往往与主权国家的信用风险相挂钩，尤其是丝绸之路经济带沿线涉及的众多发展中国家，其共性是经济发展程度较低，经济结构转型尚未完成，对国外资金依赖性较强、负债率较高、偿债能力和履约能力较弱。综上所述，完善征信对话协商机制、加强征信机构间的合作与交流，完善征信监管体系与失信联合惩戒机制，将对促进沿线各国及各主体间建立互信关系，降低交易风险与成本、扩大多边经贸合作、共同防范区域金融风险具有重要的现实意义。

三、丝绸之路经济带征信体系建设的战略意义

（一）以征信体系建设为导向，保障政策沟通

政策沟通是共建丝绸之路经济带的政治基础，是形成携手共建行动的重要先导。政策沟通体现为沿线各国加强对话磋商，共商发展战略对策，消除政策壁垒屏障，制定区域合作规划措施，通过政策、法律及国际协议为沿线经济发展保驾护航等多方面。通过构建丝绸之路经济带征信体系，可以推动政府之间的诚信协作，建立健全互信合作机制，深化国家之间的政治互信，达成广泛合作新共识，成为共建丝绸之路经济带的重要保障。

1. 健全互信合作机制

政策沟通包括经济政策沟通、道路政策沟通、文化政策沟通、贸易政策沟通、货币政策沟通等。政策沟通应在健全互信合作机制的前提下有效展开：一要通过信息规范传递与接受等环节，提升政策的科学性与有效性；二

要通过沟通宣传与解释国家意图，增进国际互信，推进区域合作；三要通过上述沟通，推进其他方面的互联互建。共建合作战略提出以来，中国与中（西）亚沿线国家之间的高层互访增多，互信合作机制日渐畅通，取得了丰硕成果：共建创意核心理念被记入联合国、二十国集团等国际组织的重要文件之中；许多国际组织纷纷通过发表相关宣言或公报发声，或倡议建设丝绸之路经济带或倡议建立全球基础设施互联互通联盟，“人类命运共同体”作为首创的新理念被载入联合国安理会 2344 号决议。

2. 保障政治稳定安全

政策沟通要在保障政治稳定安全的前提下，由各类实施主体具体沟通交流。一是政府间的沟通交流，包括中央政府间、各部委间与地方政府间的政策沟通交流。二是智库间的沟通交流。智库对国别的研究比较深入，国别间的智库沟通交流能够有效推动政策沟通。三是媒体间的沟通交流。国家政策的报道和宣传需要相互努力，政策沟通主体可以借此选择适当的沟通渠道与内容。近年来，丝绸之路经济带沿线国家与地区通过制定共同安全政策，从而促进会员国之间建立共同安全责任，并有效维护安全利益，收效显著：签署共建政府间合作文件的国家和国际组织数字逐年攀升，截至 2020 年 1 月底，中国已同 138 个国家、30 个国际组织签署了 200 份政府间共建合作文件。专业领域对接合作有序推进，系列倡议声明陆续发布，体现出中国与丝绸之路沿线国家间就加强数字丝绸之路建设合作、标准化合作、税收协定合作、国家知识产权务实合作、法治合作、能源合作、农业合作、海上合作等领域取得了实质性成果。

（二）以征信体系建设为纽带，优化设施联通

设施联通是共建丝绸之路经济带的优先方向，是形成携手共建行动的重要指引。设施联通是沿线各国在相互尊重国家主权的基础上，以铁路、公路、航运、空间综合信息网络等为核心，共同搭建多元化的基础设施网络。通过构建丝绸之路经济带征信体系，可以有效降低区域间交易成本，促进资源要素跨区域有序流动配置，实现互利合作、共赢发展，对于经济增长、社会进步和区域协调发展具有重要意义。

1. 加强能源与口岸基础设施建设

第一，加强能源基础设施建设。中国与沿线国家签署了涉及电力、油气、核电、新能源、煤炭等领域的系列合作框架协议与谅解备忘录，共同维护油气管网安全运营，促进国家与地区间的能源资源优化配置。第二，加强口岸基础设施合作。促进港口合作共建，瓜达尔港、哈利法港等进展顺利；提升航空基础设施水平，2019 年中国与 126 个国家（地区）签署双边政府间航空运输协定。

2. 推进交通设施与通信设施建设

第一，推进交通设施建设。陆上依托国际大通道，区（洲）际铁路网络建设取得重大进展，六大经济走廊获得实质进展；海上以重点港口为节点，共建安全高效的运输大通道。第二，推进通信设施建设。签订丝路光缆合作协议，信息丝绸之路畅通。完善空中（卫星）信息通道，拓展信息合作。

（三）以征信体系建设为支撑，助力贸易畅通

贸易畅通是共建丝绸之路经济带的重要内容，是形成携手共建行动的努力方向。贸易畅通旨在消减贸易壁垒、降低贸易成本，促进沿线国家贸易合作共赢。通过构建丝绸之路经济带征信体系，可以促进贸易投资自由化与便利化，降低交易成本和营商成本，释放发展潜力，提升沿线各国参与经济全球化的广度与深度。

1. 不断提升贸易投资效率

第一，海关检验（疫）合作深化。中国与沿线国家签署 100 余项合作文件，50 余样农产品食品获得检疫准入。推进与沿线国家的农产品“绿色通道”建设，缩短农产品通关时间。第二，拓宽外资准入领域。设立自由贸易试验区，探索自由贸易港建设。第三，建设自由贸易区网络体系。与东盟、新加坡等国家和地区签署自由贸易协定，与欧亚经济联盟签署经贸合作协定。

2. 持续扩大贸易规模

贸易规模持续扩大，助力沿线国家贸易畅通，呈现向好趋势。数据显示，2013—2019 年，中国与沿线国家贸易总额超过 7.8 万亿美元，占中国外

贸总额的三成，贸易进出口额不断提升。2019 年，中国对沿线 56 国非金融直接投资额达 150.4 亿美元，占同期总额的 13.6%。在沿线 62 国承包工程新签合同额达 1,548.9 亿美元，占同期总额的 59.6%。中国对沿线国家的贸易投资持续扩大。

3. 加快贸易方式创新

第一，跨境电子商务范围不断扩大。据 2018 年中国海关数据显示，跨境电子商务零售出口额达 84.8 亿美元，同比增长 67.0%；进口额达 118.7 亿美元，同比增长 39.8%；进出口额同比增长五成。第二，丝路电商合作成为新亮点。中国增加 22 个跨境电子商务综合试验区。跨境电商与物流企业合作，并应用大数据技术，集内容电商与社交电商特性于一身的短视频电商成为跨境电商的新亮点。

（四）以征信体系建设为平台，推动资金融通

资金融通是共建丝绸之路经济带的重要支撑，是形成携手共建行动的主要抓手。资金融通是通过相关国家中央银行、商业银行、政策性银行之间的互利合作，扩大双边本币在贸易和投资中的使用规模，引导各类资金参与重点项目建设，降低融资成本，提升抗风险能力，增强区域经济发展国际竞争力。通过构建丝绸之路经济带征信体系，可以促进多边金融机构创新投融资模式，拓宽融资渠道，为共建丝绸之路经济带全力提供资金支持。

1. 多边金融合作支撑作用显现

第一，核定融资指引原则。与沿线 27 国核定了《"一带一路" 融资指导原则》，突显对沿线国家实体经济发展的金融支持。第二，开展多边合作融资。截至 2018 年年底，中国人民银行开展的合作融资已对 70 多个国家和地区投资 100 余项目。第三，建立银联体与多边金融合作机制。中国—中东欧（阿拉伯国家、中非金融合作）银联体相继成立，建立首个多边金融合作机制。

2. 不断提升金融机构合作水平

第一，充分发挥政策性保险机构的作用。中国信保积极支持沿线国家基础设施（产业）建设，截至 2018 年年末，中国信保对沿线国家出口和投资

额超 6,000 亿美元。第二，代理关系广泛建立。截至 2019 年年底，中、农、工、建四大银行与沿线国家建立了广泛的代理行关系，尽显吸收存款、公司融资、金融产品、贸易代理、信托等独特的业务优势。德国商业银行与中国工商银行签订合作谅解备忘录。

3. 日趋完善金融市场体系

沿线国家在互利共赢的金融合作进程中，不断创新金融产品，拓宽共建行动的融资渠道。第一，提升银行间债券市场的对外开放程度。截至 2018 年年底，发行熊猫债 2,000 多亿人民币、“债券通”绿色金融债券 20 亿人民币、绿色金融债 30 亿人民币。第二，推进证券（期货）交易所间的合作。成立中欧国际交易所。上海证券交易所与哈萨克斯坦阿斯塔纳国际金融中心共建阿斯塔纳国际交易所。

4. 深化金融互联互通

第一，普设分支机构。截至 2019 年年底，11 家中资银行在 29 个沿线国家设立 79 家一级机构。第二，建立双边本币互换安排。2019 年，中国与沿线 21 国建立双边本币互换安排，与沿线 7 国建立人民币清算安排，与沿线 35 国的金融监管当局签订合作文件。人民币跨境支付系统覆盖沿线 60 多个国家。

（五）以征信体系建设为名片，促进民心相通

民心相通是共建丝绸之路经济带的人文基础，是形成携手共建行动的重要前提。民心相通是沿线各国弘扬睦邻友好合作精神，多形式、广领域开展公共外交与文化交流，增进彼此理解，提供合作动力的内在要求。通过构建丝绸之路经济带征信体系，可以增强沿线各国间的信用信息透明度，促进文化交流，增进文化认同感，为共建丝绸之路经济带奠定坚实的民意基础。

1. 深化人文交流

丝绸之路经济带的文化交流采用双向形式，旨在形成沿线国家与民众认可的人文格局。这一格局的形成是一个渐进的过程，是通过中国与沿线国家多元化的文化合作与交流逐步展开的：第一，互办交流节展，如艺术节、电影节、音乐节、文物展、互译互播等；第二，打造文化交流品牌，如“丝路

之旅”“中非文化聚焦”等；第三，设立文化节或文化中心，如丝绸之路（敦煌）国际文化博览会、丝绸之路国际艺术节、海上丝绸之路国际艺术节等，设立17个中国文化中心；第四，缔结友好城市，如已与140余国及国际组织签订合作协议，与沿线60余国共建1,000余对友好城市；第五，加强合作平台建设，如多国共签文化遗产合作文件，“丝绸之路：长安—天山廊道的路网”成功申遗，有序推进新闻合作联盟建设。人文交流可以实现各国民众之间信用信息的互联互通，从而便利各国文化项目的交流。而文化交流又会促进各国彼此了解传统文化，从而使民心相通的桥梁建立更加稳固。

2. 助力旅游发展

据相关调查抽样显示，东南亚以及南亚国家在民心相通方面文化交流占72%、经济投资占70%、旅游攻略占60%，受到了最大的认可（徐绍华，2017）。不难发现，旅游业使沿线各国人民在深入了解中国大好河山与人文遗迹之时，也进一步加强了相互了解。自2013年开始，中国与沿线国家建立了诸如中国—东盟、中国—中东欧等多边文化旅游合作机制，促进了文化旅游相结合。创建诸多旅游合作机制，与50多国签订互免签证协议。据2018年相关数据显示，出境游达1.5亿人次，来华游客达3,054万人次，客源来自俄罗斯、缅甸、越南、蒙古国、马来西亚、菲律宾、新加坡等国。基于互联机制的不断健全，丝绸之路经济带沿线国家间的旅游合作正在逐步扩大。

3. 推进科教合作

近年来，丝绸之路经济带沿线与中国的科教合作稳步推进、成果丰富。设立“丝绸之路”中国政府奖学金，与20多国签订高等教育学历（位）互认协议。香港、澳门特别行政区分设共建“一带一路”相关奖学金。在沿线54国设有153个孔子学院、149个孔子课堂。中国科学院在沿线国家设立硕士、博士生奖学金和科技培训班，已培训5,000多人次。组建丝路国际智库网络等智库联盟。在英国、日本、韩国、新加坡、哈萨克斯坦等国建立研究机构，举办了多形式的论坛和研讨会。建立中外高校合作中心，如研究中心、合作发展学院、联合培训中心等，培养国际化专业人才。加强中外媒体合作，如举办媒体论坛、合作拍片、联合采访等，既提升了国际传播力，又传递了共建信息。

第二章 丝绸之路经济带沿线国家典型区域征信体系建设与发展

第一节 丝绸之路经济带核心区典型国家征信体系建设与发展

一、哈萨克斯坦征信体系建设与发展

（一）哈萨克斯坦征信体系建设与发展的历史机遇

1. “丝绸之路”核心区带动征信体系建设

2013 年 9 月 7 日，中共中央总书记、国家主席习近平成功地对哈萨克斯坦进行了首次国事访问，并且发表以“弘扬人民友谊，共创美好未来”为主题的重要演讲。习近平主席在纳扎尔巴耶夫大学演讲时提出了“共同建设‘丝绸之路经济带’”的愿景，得到了哈萨克斯坦的积极响应，这也是“一带一路”第一次在公开场合被提及。“一带一路”首次提出即在哈萨克斯坦，而哈萨克斯坦更是构建“丝绸之路经济带”的重要力量，国家三部委联合发布的《推动共建“丝绸之路经济带”和 21 世纪“海上丝绸之路”的愿

景和行动》更是将包含哈萨克斯坦在内的中亚地区作为推动丝绸之路经济带建设的关键区域。截至2019年年初，“一带一路”倡议覆盖71个国家和地区以及中国31个省（直辖市、自治区），涉及65%的世界人口，约占世界GDP的三分之一，以及全球所有商品和服务的四分之一左右。丝绸之路经济带在规模和影响力上，占据全球经济的重要位置。

哈萨克斯坦是丝绸之路经济带在地理位置上与中国接壤的国家，也是古代丝绸之路通向欧洲的第一个国家，具有战略支撑点的重要意义。作为丝绸之路经济带核心区的典型国家，在经济发展方面，哈萨克斯坦从20世纪90年代政治动荡引起的经济衰退的格局，到如今经济的迅猛发展离不开丝绸之路经济带的影响。这主要表现在以丰富的自然资源为优势的能源合作，具有地理位置优势的交通运输合作以及引进外资的发展战略。在国际地位方面，哈萨克斯坦积极参与“一带一路”倡议，在推动自身经济增长的同时，可以在国际上增加话语权，增加国际贸易合作，增加国际事务参与度，有效增强自身国际地位。丝绸之路经济带在给哈萨克斯坦带来机遇的同时，也给这一国家的征信体系建设带来机遇。在搭乘“一带一路”顺风车的同时，会促进跨国贸易合作、跨国投资等，建立健全完善征信体系可以在日常交易中节约成本，还可以在投资或者贸易中降低信用风险。“一带一路”带来的经济发展可以促进哈萨克斯坦在经济发展中更好地发挥自己的优势行业，也可以弥补自身在发展中的短板，有效地促进经济更好更快的发展，带动国家的经济繁荣以及往来贸易的频繁，可以有效助推征信体系的建设。

2. 信用经济阶段助推征信体系建设

从哈萨克斯坦经济发展历史来看，其经济与发达国家相比，发展相对落后，经济发展主要以能源开采为主，导致产业结构内部失衡，单纯依赖资源开发的单一经济结构增大经济的脆弱性，容易造成对境外工业制成品的进口依赖，国家经济安全存在隐患。哈萨克斯坦迫切需要改变经济结构单一引起的不利局势。因此，哈萨克斯坦自独立以来在经济领域进行了一系列翻天覆地的改革措施，在中亚五国中第一个实施了由计划经济体制（历史原因）向自由市场经济体制的改革和转型，其GDP是整个中亚五国的一半以上，对外开放程度和质量也得到显著提升。经济体制的变革，使得哈萨克斯坦的经济活动变得日益频繁，信用相关的金融产品的需求逐渐增加，推动着征信业的发展。因为良好的信用氛围需要健全的征信体系去支撑，而经济金融活动在良好的环境中发展可以有效降低风险以防止金融危机的爆发。

截至2017年年底，哈萨克斯坦人均GDP在5,000至15,000美元之间来回波动。这说明哈萨克斯坦经济处于信用经济阶段，即信用经济在哈斯克斯坦的经济活动中扮演着越来越重要的角色，人们对以信用为基础的融资需求不断增加。哈萨克斯坦GDP总量在全球来看，位于前50之列。哈萨克斯坦经济的持续快速发展急切需要征信服务，特别是政府主导改变经济机构、提升经济增长质量和效益促进了征信业的发展。从哈萨克斯坦的金融活动来看，人们对防范信用风险的意识不断增强。

3. 过高的不良贷款率增加征信需求

哈萨克斯坦2010—2016年的银行不良贷款率远高于世界水平（图2－1），说明在哈萨克斯坦存在的信用风险偏高，从而影响整个国家经济的发展。为防止不良贷款的滋生，建立完善的征信系统是很有必要的，这样不仅可以降低信贷过程中潜在的信用风险，而且还可以降低信贷的交易成本，加快信贷效率，从而更好地为哈萨克斯坦经济发展增砖添瓦、保驾护航。

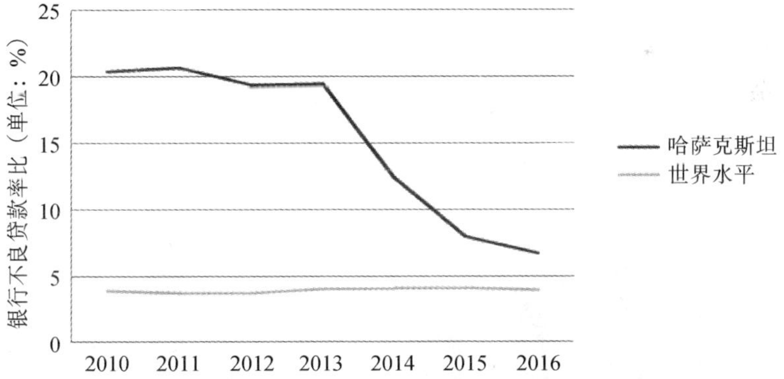

图2－1　哈萨克斯坦不良贷款率

数据来源：世界银行官网

图2－1反映的是银行不良贷款与贷款总额之间的比率，称为不良贷款率。从图2－1可以明显地看出哈萨克斯坦的不良贷款率远远高于全球的平均水平，2010—2013年不良贷款率在20%徘徊，严重影响国家经济的发展，

虽然近两年不良贷款率有显著下降，但仍然高于世界水平。为防止在信贷过程中降低信用风险，健全完善的征信系统，为申请信贷的自然人或者法人提供准确、可行的信用报告，给银行或者其他信贷金融机构提供参考，从而有效地避免信用风险。再者，完善的征信体系可以规范公民的价值观，让个人或企业更加重视自己的信用，即加强了信用主体的信用意识。这是因为在健全的征信体系中，自身良好的信用可以为其带来杠杆效用，比如更加快速低成本地申请信贷，提升自身形象等。而不好的信用会使信用主体在日常生活或者日常经营中处处受限，直接造成损失。

4. 境外国家投资增加了征信需求

1992—2016 年，据世界银行官方统计，世界各国对哈萨克斯坦的投资超过 68 亿美元，这一国家吸引 FDI（外国直接投资引资）累计 2,000 亿美元。其吸引的资金主要用于投资基础设施建设，提高医疗教育水平，提升中小企业竞争力等。哈萨克斯坦政府也努力增加与国际往来，加强国际间的合作。哈萨克斯坦法律对外来投资不设限制，国内政治经济形势基本稳定，货币汇率波动较小，这些因素使得哈萨克斯坦的投资环境受到了外来投资者的青睐。

图 2 -2 表示外国直接投资的净流入，虽然这一指标在 2010—2016 年间有所波动，但总体投资形势依然可观。近两年哈萨克斯坦经济发展前景比较明朗，虽然受原油价格的影响，但经济走势依然坚挺，再加上政府积极引导外国资金流入，预计今后的外国投资依然会增加。

图 2 -2　境外国家对哈萨克斯坦的投资

数据来源：世界银行官网

图 2－3 反映的是在哈萨克斯坦和世界水平下，外国投资占 GDP 的百分比。很明显哈萨克斯坦的外国投资占 GDP 的百分比是高于世界平均水平的，这说明外国投资对哈斯塔斯坦的经济发展是比较重要的。

图 2－3　外国直接投资净流入占 GDP 的百分比

数据来源：世界银行官网

外国投资或者信贷不免存在潜在的信用风险，为了更好地吸引外资，建立健全完善的征信系统可以为投资降低信用风险。在一些外国投资中，存在着一些担忧信用风险所带来的损失的投资者。如果建立了健全的征信体系，可以出具准确、可行的信用报告供投资者参考，这样可以在很大程度上降低信用风险，而且可以更好地了解投资对象的发展情况，提高投资决策效率，降低交易成本或者投资风险。随着境外直接投资的不断增加，征信合作对提高投资对象信息透明度，有效了解投资对象信用状况，降低双方投资风险有重要意义。境外投资者的存在加大了哈萨克斯坦征信体的需求，唯有建立健全的征信系统，才可以吸引更多的投资者，更好地发展哈萨克斯坦的经济。

5. 良好的外部征信环境

哈萨克斯坦独立后，制定了全方位的对外战略，与世界大国保持友好合作。同时，哈萨克斯坦积极参与各类国际组织，提出自己的国际合作倡议和设想。哈萨克斯坦全方位对外战略的实施，展示了哈萨克斯坦的国家形象，提高了哈萨克斯坦的国际地位。

受 20 世纪 80 年代信贷危机和 2008 年美国次贷危机的影响，人们逐渐意识到信用在经济、生活、金融领域的重要性。资本论中信用理论提到："资本主义信用是资本积聚和积累的强大因素，是资本聚集强有力的杠杆。信用制度会助长过度投机的产生，加快资本主义危机的到来。”完善的征信体系可以有效地降低信用风险所带来的损失，进而防范或者降低金融危机发生的概率。因此各国建立严格的征信体系，筛选信用不良的个人或者法人，可以起到警示作用。全球的征信发展有目共睹，德国公共征信主导模式、美国市场化模式、日本行业协会模式在全球生根发芽，而这些模式错综交叉形成的各类征信模式在各个国家不同程度地建立起来。当前，征信数据跨境合作流动频繁，征信合作诉求愈发强烈，OECD（经济合作与发展组织）、欧洲、美国都建立了征信信息数据跨国家共享的征信体系，服务区域及对外经济发展。哈萨克斯坦不管是在“一带一路”贸易还是在全球其他贸易交易中，其跨国征信的需求，都需要征信业的支持。各国征信业逐渐完善，可以促进哈萨克斯坦为对外部合作与贸易加强自身的征信体系建设。

（二）哈萨克斯坦征信体系建设与发展面临的挑战

1. 哈萨克斯坦自身征信环境带来的不利影响

世界三大评级机构之一的标普认为，哈萨克斯坦金融行业发展政策以及环境不够宽松、法律法规不够完善、国民社会信用意识比较淡薄、信用风险意识欠缺。在重视信用意识的国家有利于建设征信体系，表现在征信对象更加配合信用采集、减少采集成本，民众更加保护自身的征信，社会秩序良好。哈萨克斯坦是一个发展中国家，公共教育支出占 GDP 的 2.7% 左右，低于 4.7% 的世界平均水平，这也制约着国家对民众信用意识的培养。虽然教育与信用意识没有直接关系，但是从总体来看高学历人群更趋向于保护自己的信用。征信机构和国家相关部门应该致力于对征信系统的消费者进行宣传教育计划，增强哈萨克斯坦民众的信用意识，以期达到征信业健康持续发展的目的。

21 世纪前，哈萨克斯坦的经济发展比较缓慢。后经历一段经济发展的黄金期。从 2007 年开始受次贷危机影响，经济出现了衰退现象，经济出现负增长。哈萨克斯坦是一个发展中国家，其经济以石油、天然气、采矿、煤炭和农牧业为主，其中金融市场相对落后，以信用为基础的金融信贷也相对发展缓慢。

图 2－4 反映的是金融机构提供的信贷占 GDP 的比率。可以很明显地看出，哈萨克斯坦信贷占 GDP 的百分比与世界平均水平相差比较大。世界平均水平是哈萨克斯坦的 4 倍左右，并且在平稳中稍有上升，而哈萨克斯坦水平却在相对平稳中出现上下波动。这说明，哈萨克斯坦的金融信贷相对比较落后，没有充分发挥出金融服务实体经济的作用。

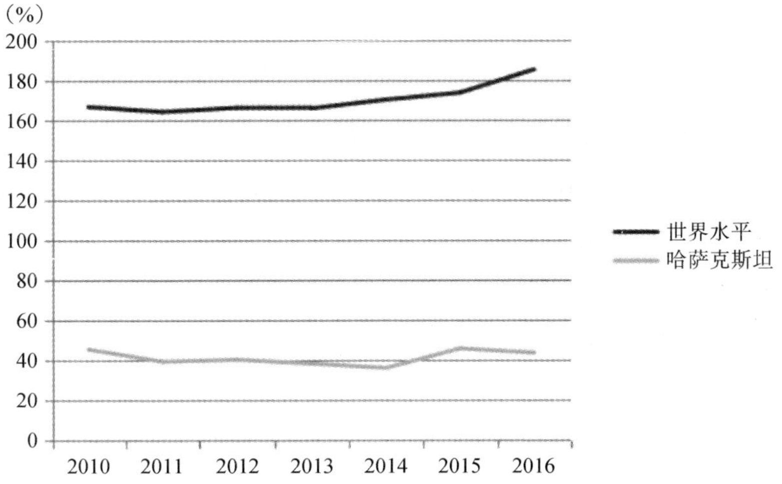

图 2－4　金融部门提供的信贷占 GDP 的比率

数据来源：世界银行官网

哈萨克斯坦本身的经济发展和经济结构制约着征信体系的建设，因为较少的信贷需求对征信系统发展的推动较慢。根据西方经济学理论，在其他条件不变的情况下，生产水平往往由需求决定，需求决定市场的走向。信贷和征信体系建设是相互促进关系，繁荣的信贷会推动征信系统的构建，完善的征信体系又会促进信贷行业的蓬勃发展。哈萨克斯坦金融信贷发展的落后在一定程度上阻碍着征信体系的建设。

2. 哈萨克斯坦征信体系建设任重而道远

截至目前，哈萨克斯坦的征信体系建设尚处于初级发展阶段，与欧美、日本等国家相比，其征信体系仍处于摸索期，尤其因为经济发展、历史原因等造成的不良贷款率极高，公众信用意识欠缺等。哈萨克斯坦应该立足于本国征信的实际情况，借鉴发达国家经验，加快完善相关法律制度、信息采集、技术研发、信用产品推广等，在区域内推动征信体系建设；建立有效的监管机制，赋予监管部门足够的监管资源和职权，做到对征信业健康发展、对潜在金融风险把控的有效保障。随着各国征信体系的逐步建立、健全，征信业在国际贸易往来、境外投资等方面的作用越来越重要。哈萨克斯坦应该密切关注国外征信业发展，加强国际交流，吸取先进国家的宝贵经验。

（三）哈萨克斯坦征信体系建设与发展取得的成绩

哈萨克斯坦征信建设与发展总体处于初步发展阶段，逐渐形成了由政府部门监管的公共征信机构和民营征信机构共同发展的征信体系。同时，政府在征信体系的建设发展过程中制定了有关征信的法律法规，创建了征信系统，并对采集的征信数据进行比较严格的监督和管理。

1. 征信法律法规建设

哈萨克斯坦政府于 2004 年颁布了法律，从国家政府层面上赋予了征信体系建设重要地位。哈萨克斯坦中央银行金融市场和相关金融监管部门颁布了《关于信息提供者提供信息的条件和要求、信息记录主体同意向征信机构提供信息的批准程序、提供信用报告的许可程序条件和规程》，对信息调查的行为方式作了规范和最低要求，从构建征信体系战略方向同具体细节两个方面指引着哈萨克斯坦建立征信体系，为良好和快速地发展经济保驾护航（表 2－1）。

表 2－1　　哈萨克斯坦的征信法律法规

序号	征信体系法律法规的名称	颁布或制定法律法规的机构名称	颁布时间
1	《关于哈萨克斯坦和国家征信机构建设和信用记录的共和国法》	哈萨克斯坦政府	2004 年 7 月
2	《关于信息提供者提供信息的条件和要求、信息记录主体同意向征信机构提供信息的批准程序、提供信用报告的许可程序条件和规程》	金融市场和金融监管机构署	2004 年 8 月

续表

序号	征信体系法律法规的名称	颁布或制定法律法规的机构名称	颁布时间
3	《信用记录形成及其应用系统的参与者活动的电子化安排、保障体系安排、确定对电子设备及数据库维护和存放地点的最低要求》	金融市场和金融监管机构署	2008 年 7 月

资料来源：依据公开资料整理

此外，2015 年 12 月 1 日哈萨克斯坦总统签署了关于对提供金融服务和组织金融活动的二级商业银行和哈萨克斯坦中央银行不良贷款和银行资产法的若干条进行补充与修改的法案。这一法案基本上弥补了哈萨克斯坦在征信体系中惩罚机制的缺失，进一步加强了征信体系法规的建设。

哈萨克斯坦法律法规在征信数据调查、征集、入档、管理方面都作了明确的规范以及最低要求，对个人隐私也进行了保护，对征信系统所需要的技术操作也作出了最低要求，基本上满足了征信活动的正常开展。

2. 征信市场建设

哈萨克斯坦征信市场包括征信对象（个人或者企业）、征信服务产品、征信机构，其中征信机构包含政府部门公共征信和民间私营征信两种形式。

（1）征信机构。一是公共征信机构。公共征信机构主要由哈萨克斯坦中央银行组建，机构名为国立征信局，其中哈萨克斯坦中央银行持股 75%。其主要业务包括整理和搜集信用记录、为个人或企业出具信用报告；辅助业务有销售特别的相关文献以及材料信息、提供个人或企业的征信报告以及进行个人或企业的信用评级、进行征信市场分析和统计分析、出售或者向外租赁采集信用信息的技术保障系统。二是商业化征信机构。商业化征信机构有第一征信局和中亚征信局。其主要业务有信用信息的集中搜集、记录和分析处理，编制个人或企业的信用记录，协助银行和贷款人分析客户法律、经济和声誉方面的风险；为贷款人和贷款项目提供可靠、准确的信用报告。

（2）征信对象。征信对象包括银行等金融机构、销售信贷产品或提供付款延期服务的个体经营者或企业公司、根据信息提供合同享有权利的其他人员、信用记录的主体以及哈萨克斯坦中央银行。

（3）征信业及产品。主要征信服务产品包括信用记录、出具信用报告以及咨询服务；辅助服务产品有征信系统相关的专业软件、相关的专业文献等征信信息材料以及征信市场分析研究等。哈萨克斯坦征信市场业务可以用图2－5进行概括。

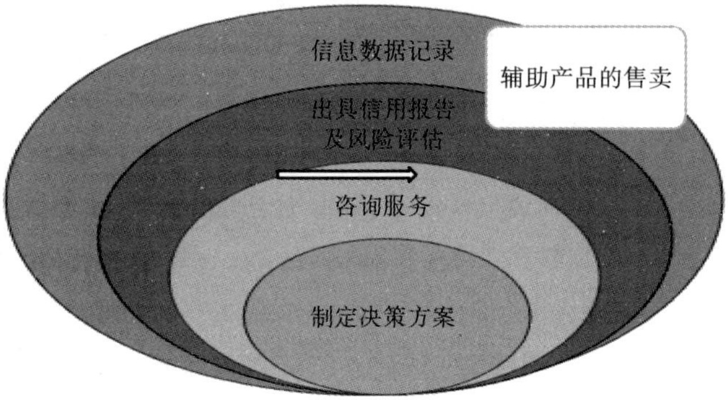

图2－5　信息采集图

信息采集和记录是整个征信行业的基础，对采集的个人或者法人的信用信息数据，运用特定的内部评级方法或者科学的计算方法来评估征信对象的风险，进而出具信用报告以供信贷机构、投资机构、贸易方来作决策。有些有资质的征信机构可以为客户提供相应的咨询服务，更有甚者可以依据其所掌握的各项信息（不仅包含信用信息），为客户制定可行的解决方案。

3. 征信管理建设

总体来说，哈萨克斯坦对征信业的监管比较严格和完善，这也缘于其受到2008年全球金融危机的影响。2008年金融危机后，亚洲各国开始对本国的金融风险越来越重视，政府对金融业的干预也越来越多，开始重视金融行业监管和征信业发展。哈萨克斯坦中央银行负责监督、管理以及调控征信机构的正常业务活动和信用信息搜集和整理，有权从自然人和法人获取在权利范围内所需要的信息。其监督管理范围包括根据征信法律，制定商业化征信业务活动方面的法规、颁发征信机构营业资格许可证、监督征信机构依照法律法规合法有序地开展业务、惩治和奖励征信机构及主管人员、审查个人或者企业关于征信机构业务和建立信用记录信息程序的有关申请。

4. 征信宣传教育建设

哈萨克斯坦征信宣传教育近些年来具有一定的成效。2008 年以来由于不良贷款的攀升，哈萨克斯坦政府一直致力于解决这一问题。从民众方面来看，征信宣传教育具有正面宣传和反面宣传，正面宣传归结于国家出具的各项法规政策等，反面宣传归功于哈萨克斯坦建立的失信惩罚机制。从对征信公司的教育宣传来讲，要求其征信活动规范化，严格依照出台的征信法律法规行事，切实保护好信息主体的隐私，保障信息主体权益。

5. 征信文化建设

征信文化是征信业发展成果的重要积淀，属于征信业发展的上层领域。良好的信用意识是征信体系建设的目标。哈萨克斯坦民众的信用意识以及对征信体系建设的意愿比较强烈。由哈萨克斯坦中央银行建立的自然人和法人的信用信息记录及其应用系统除了为金融机构出具信用报告外，还提供信用主体的信用评级报告、市场研究及创新型相关征信产品。

在民众意识方面，哈萨克斯坦公民身份证、护照正面都有其独特的 12 位数字编码，相当于国内的身份证号，企业和公司也有相应的编码，当人们用身份证或者护照缴纳税款、罚款、办理银行信贷业务以及进行相应的信用活动时，这些记录都会被征信机构搜集和整理记录在自然人或者法人的信用记录里面。

二、乌兹别克斯坦征信体系建设与发展

（一）乌兹别克斯坦征信体系建设与发展的历史机遇

1. 经贸合作的深化催生了新的征信需求

中国自提出共建丝绸之路经济带重要倡议以来，得到乌兹别克斯坦的积极响应，双方于 2014 年签订了《中华人民共和国和乌兹别克斯坦共和国联合宣言》。其后，两国通过友好合作，使得双方经贸往来进一步加深。据相关数据显示，2016 年中国与乌兹别克斯坦贸易总额高达 36.14 亿美元，其中乌兹别克斯坦的出口额达 16.07 亿美元，进口额达 20.09 亿美元，中国成为

乌兹别克斯坦第二大贸易国。同时，乌兹别克斯坦国内经济也迎来了新增长。2014 年，乌兹别克斯坦人均 GDP 达到 2,050 美元，人均 GDP 首次超过 2,000 美元而迈入信用经济时代。近年来，随着互联网、大数据和零售行业的快速发展以及经贸合作的不断深化，乌兹别克斯坦国内传统金融领域的信用信息服务、新兴电子商务领域的信用信息服务以及信用经济时代背景下的信用信息服务，不断受到经济开放背景下征信市场有效发展的冲击，也催生了新的征信需求。

2. 区域合作的加强助推了跨境征信平台建设

由中国倡导共建的丝绸之路经济带坚持“共商、共建、共享”的原则与周边国家开展双边合作，并积极与东盟、欧盟、上海合作组织进行区域合作与战略对接。在推进丝绸之路经济带伙伴关系网络和区域多边合作机制的建设进程中，以确保实现丝绸之路经济带地缘战略目标，并与各国共发展、同进步，构建真正意义上的命运共同体。征信是一个国家和地区经济社会发展的有力保障，乌兹别克斯坦要想实现国内经济实现稳定增长，加强征信体系建设必不可少。在共建丝绸之路经济带倡议的协作下，乌兹别克斯坦征信体系建设取得显著成效：2016 年 6 月 8 日，中乌共同签署《关于反洗钱和反恐怖融资信息进行交流与合作谅解备忘录》；在区域合作方面，顺应征信业对外开放的发展趋势，乌兹别克斯坦向德国等征信发展较成熟的国家学习，并借鉴他国经验，大力发展国内信用信息产业，征信共识、征信条约的达成也倒逼乌兹别克斯坦加快其征信立法及征信体系建设的步伐，以进一步提升其国际地位，并获取与周边各国谈判中的规则制定权。

3. 互联网的快速发展支持了征信体系建设

中亚五国自 1992 年实现独立以来，在社会经济各领域基本沿袭了苏联的模式，科技体制也不例外。乌兹别克斯坦在农业、冶金、航空和天文领域发展较快，与苏联模式结合奠定了坚实的科技基础。在共建丝绸之路经济带倡议推动下，乌兹别克斯坦国内引入现代电信网络，主要由中国的华为技术有限公司负责光纤通信网络重要部件的生产和数据收集整理存储中心的建立。这一项目的实施吸引了国际资本的流入，为乌兹别克斯坦的经济发展创造了有利条件。除此之外，华为公司继续在信息技术与移动通信技术方面加大资金投入，抓住乌兹别克斯坦境外资金流入的有利时机，积极参与乌国国内通信建设。华为公司主要对乌兹别克斯坦国内移动运营商、企业客户和生产销售移动设备、智能手机的企业提供服务。截至 2016 年，华为在乌兹别克斯坦开展业务 16 年。伴随着互联网的快速发展，乌兹别克斯坦通过引进云计算、开发宽带技术、构建数字化发展中心以确保乌国城市化进程，其中不但涉及教育、医疗和商务等领域，而且催生了电子教育、电子医疗和电子商务的发展与应用。互联网的发展促使云计算等先进技术与传统征信结合起来形成电子征信平台。为使客户切实体验科学技术带来的便利，征信电子平台的创建和构建将更加注重用户体验，注重征信产品的创新、产品质量的提升，把握客户特征，有针对性地制定营销方案。电子征信的发展既有利于企业和个人互相掌握彼此的征信状况，又有利于完善互联网金融的发展和征信体系的建立。

（二）乌兹别克斯坦征信体系建设与发展面临的挑战

1. 经济发展差异导致信用信息共享程度低

一方面，虽然乌兹别克斯坦国内政局稳定、宏观经济平稳上行、主权信用较好，但其经济与沿线国家相比差距较大，经济发展相对封闭，经济制度落后，导致区域合作、金融合作的基础薄弱，从而抑制着经济协调发展的步伐，区域政策协调的难度也随之增加。另一方面，丝路沿线各国有的注重市场对接、加强对外协作，有的只着眼于眼前利益、重视消除贫困，其发展需求各不相同。各国发展目标上的差距必然会阻碍区域的协调发展，很难确定统一的征信标准，从而增加了乌兹别克斯坦征信体系建设的难度。

2. 金融发展滞后制约着跨境征信的实现

乌兹别克斯坦虽然在金融领域的发展取得了一定成果，但也存在服务水平低等问题，主要表现为四方面。一是金融基础设施不够完善。完善的金融基础设施有利于促进区域金融合作，为金融服务实体经济发展提供有力保障。然而，乌兹别克斯坦民众目前很少使用信用卡、汇票、本票、支票、电子转账等金融工具，在金融合作方面无法实现互联互通。二是金融经营管理体制不够灵活。乌兹别克斯坦国内金融机构发展动力不足，资金流动性弱，金融管理封闭僵化；而中国主张发展开放型的金融机构经营管理模式，积极参与国际竞争，资金流动频繁。现有的金融经营管理体制严重阻碍了中国—中亚进一步深化金融合作。三是金融服务水平质量不够高。近年来，由于乌兹别克斯坦与丝路沿线国家在经济发展水平上存在较大差别，且在政治体制、法律标准、文化教育、语言与风俗等方面各不相同，导致信用信息语言、衡量标准、体现形式等方面不甚统一，从而制约了乌兹别克斯坦征信开放的步伐。

3. 信息保护过度

自2008年全球金融危机爆发以来，许多国家积极总结经验教训，并将信用信息基础建设纳入重点建设范围。各国为占据信息主权优势，提高其在经济活动中的国际竞争力，一方面借助国际信用信息渠道从他国获取较多的信用信息数据，另一方面又积极防范本国信用数据的跨境流动。乌兹别克斯坦国内金融管理体系本就相对封闭，又在一定程度上实行信息封锁、限制数据流动，不利于乌兹别克斯坦征信体系的建设。

（三）乌兹别克斯坦征信体系建设与发展取得的成绩

1. 征信法律法规建设

中亚国家除土库曼斯坦外都以专门法律建立了征信制度。哈萨克斯坦的征信制度被称为《哈萨克斯坦共和国信用记录法》、吉尔吉斯斯坦的征信制度称为《吉尔吉斯共和国信用信息交换法》、塔吉克斯坦的征信制度称为《塔吉克斯坦共和国信用记录法》，乌兹别克斯坦的征信制度称为《乌兹别克斯坦共和国信用信息交换法》。中亚五国中乌兹别克斯坦的征信制度的法律体系最完善，除《乌兹别克斯坦共和国信用信息交换法》外，还有相关政府令和中央银行的部门规章。2012年3月17日，乌兹别克斯坦共和国内阁颁布《实施〈乌兹别克斯坦共和国信用信息交换法〉措施》的政府令，旨在进一步完善信用记录交换制度、加强金融纪律、降低信贷交易风险，对商业银行和非银行贷款机构的服务效率也提出了新要求。其次，乌兹别克斯坦中央银行为完善信用制度体系还制定了有关的部门规章，包括《征信机构执行机关建议人选要求条例》（乌兹别克斯坦中央银行董事会 2011 年 12 月 10 日第 37/10 号决议）、《征信机构内部审计和年度报告要求条例》（乌兹别克斯坦中央银行董事会 2011 年 12 月 10 日第 37/9 号决议）、《征信机构保障安全和信息保护硬件和软件要求条例》（乌兹别克斯坦中央银行董事会 2012 年 1 月 14 日第 1/2 号决议）、乌兹别克斯坦央行董事会 2011 年 12 月 20 日制定《征信机构与向征信机构提供信用信息的机关和组织之间交换信用信息条例》（第 38/5 号决议）、乌兹别克斯坦央行董事会 2012 年 1 月 14 日制定《征信机构与信用信息使用者和信用信息提供者之间信用信息交换以及信用报告提供程序条例》（第 1/1 号决议）、2012 年 1 月 14 日制定《信贷组织向国家信用信息登记机关和征信机构提供信用信息程序条例》（第 1/4 号决议）。

2. 征信市场建设

乌兹别克斯坦国内各征信机构扬长避短，充分发挥其优势，创新征信产品，提升征信服务水平，形成了竞争有序、差异化发展且互补的市场结构。乌兹别克斯坦信用报告应用场景范围扩大到各个领域。横向来看，应用场景从金融部门扩展到生活部门，包括租房、汽车租赁、签证申请、婚恋、医疗、分期付款购物等场景；纵向来看，由单一信用风险评估向详细风险评估转变，预测资产变动状况、债务偿还状况和收入预测状况，信用服务水平得到提高。简单的评分产品已不能满足民众的日常生活，信用数据应用和工具对接服务被广泛应用。信用信息来源更加快捷精准多样，信用信息收集处理传播更加有效，有利于帮助企业实现精准营销。从信息主体柜台查询信用报告逐步发展为通过互联网页面、移动终端或自助终端查询的局面。

3. 征信管理建设

自 2007 年美国次贷危机以来，乌兹别克斯坦采取了一系列措施对征信市场进行管理，但其征信体系仍存在信用评级市场管理较为松散等问题，也因此对乌兹别克斯坦征信管理提出了更高要求。相关部门积极采取措施，明确管理思路，首先从国家层面对征信进行管控，出台征信管理法律、办法与条例，搭建多方面、多层次的法律体系，作为相关部门监管的依据、原则和尺度，形成统一的市场准入原则。为进一步规范征信管理，政府制定了部门规章监管征信活动，明确制定操作细则，让个人了解政府和企业征信管理的模式，明确征信管理目的以及相关的法律责任。为维护国家信息主权，吸引多元化的外资投入，增加与外企合作的机会，确立信用基准，乌兹别克斯坦邀请花旗银行作为政府顾问启动申请程序，准备向国际信用评级机构申请信用评级，促进直接投资的增加，通过国际金融市场筹得生产生活所需的大额资金。

4. 征信宣传与教育建设

乌兹别克斯坦高度重视培育和提高公众的信用意识，其信用主体，包括企业和个人，保持着强有力的信用观念，始终关注和重视自己的信用状况。然而不同群体的生活经验和知识水平存在差异，对金融知识的需求也不尽相同。因此，金融教育部门为制订有效的教育计划采用了问卷调查方式以调查客户的财务需求。在人才培养和储备方面，乌兹别克斯坦将逐步完善专业培训和业余培训的双元化教育模式，尽快完成信用报告行业所需人才的培养，拥有自己的信用专业人才。在选择征信宣传教育方法时，征信宣传被纳入学生课堂，利用视频教学、演讲比赛等方式宣传征信知识。为企业员工提供有关个人财务预算，开展征信讲座，并现场解答员工的咨询。信用报告行业也积极开展职业教育和职业培训。关于社会信用报告的各种专题讨论会，涉及信用报告的许多网络公共论坛，是进行信用培训的良好途径。

5. 征信文化建设

乌兹别克斯坦的信用文化建设丰富多样。相关部门组织广大信用机构员工通过商务竞赛、撰写演唱信用歌曲等营造浓厚的信用文化氛围。在整个行业中，从业人员认真学习的文化氛围浓厚；组织信用书籍的编制，使不同领域、不同层次的民众能够学习信用文化；其次充分利用第三方平台，如社交平台等大力宣传信用文化，信用信息服务窗口电子显示屏幕及时滚动信用信息理念，进一步加深公众对信用文化的理解和认识。以上征信文化建设方式，将信用文化转化为大众思想，从而使公众自觉认同和实践信用文化。

第二节　丝绸之路经济带重点区典型国家征信体系建设与发展

一、印度征信体系建设与发展

（一）印度征信体系建设与发展的历史机遇

1. 贸易合作促进了中印互信

印度位于南亚，国土面积 289 万平方公里，国内人口约 12.76 亿，在全球经济增长中发挥了较大作用。在共建丝绸之路经济带的倡议下，中印双方贸易日渐紧密，中国成为印度第一贸易大国。中印自 1950 年 4 月 1 日正式建交以来，双方关系总体向好并健康稳定发展。20 世纪 60 年代，两国虽然出现过关系紧张的局面。为了避免贸易摩擦，双方于 1994 年签署《避免双重征税协定和两国银行合作谅解备忘录》。自 21 世纪以来，两国经贸合作日渐频繁，领导人互访增多，并建立了战略合作关系。为确定在新领域的合作，促进战略合作关系健康持续发展，两国领导人于 2014 年 9 月达成了《中华人民共和国和印度共和国关于构建更加紧密的发展伙伴关系的联合声明》。同时，双方通过论坛、研讨会等形式就经贸合作问题展开讨论，制定了解决方案，进一步增强了两国的互信。

2. 资金融通拓展了征信合作

丝绸之路经济带的建设主张实现“五通”，即政策沟通、设施联通、贸易畅通、资金融通、民心相通。其中货币流通是指利用新的金融方法深化区域金融合作。在推动丝绸之路经济带建设的进程中，财政资源配置既是沿线国家发展的动力与支撑，也是沿线国家实现互利共赢的前提与保障。中国为了建设国际通用信用信息机制，积极与南亚国家进行金融合作，加强信贷部门之间的交流与合作，收集信用信息，构建信用信息数据库，建立信用交流机制，及时披露各国信用信息数据，积极避免信息不对称问题的出现，促进沿线国家（地区）在信用服务方式、信息安全保障等方面加强交流合作，也助推了印度征信体系的建立。近年来，在中国与沿线国家经贸关系密切发展的推动下，发展信用信息市场、加强信用机构监督、完善信用评级、建立信用标准等信用问题日益受到关注。印度信用管理部门也在信息安全保障、信用信息服务、信用产品开发等方面积极推动创新，推动印度信用信息系统的建立。

（二）印度征信体系建设与发展面临的挑战

1. 信息采集成本高

发达国家数据搜集处理系统先进，可以通过相关渠道采集发展中国家数据并输送回本国形成数据库，并且经过集中筛选、处理后的数据会被再次反馈到数据来源国家。一些发展较为落后的国家依赖发达国家的先进技术，没有从根本上解决信用信息数据来源问题，导致“信息富有国”与“信息匮乏国”之间两极分化严重，难以形成统一的数据处理平台，造成信用信息共享困难。丝绸之路经济带战略的实施虽然会加强发达国家与发展中国家的交流与合作，对征信业有一定的推动作用，然而，由于印度经济发展相对落后，基础设施建设不够完善，且数据处理能力弱、数据流动受限、信息获取困难，既影响了其与沿线国家征信合作的进展，又增加了与沿线国家间经贸合作的风险成本。

2. 国内发展相对落后

丝绸之路经济带周边国家经济发展前景广阔，各国国内自然条件优势明显，不仅拥有丰富的矿产资源，还具备明显的战略优势。中国丝绸之路经济带战略提出后，有些国家的国际地位受到了冲击。为巩固其地位，这些国家通过签订跨太平洋伙伴关系协议（TPP）、《欧亚经济联盟条约》等以提升其国际事务话语权。印度与沿线国家的合作也不可避免地受到上述国家之间博弈的影响，在与世界各国就经济事务建立全面战略合作伙伴关系、与沿线国家实现“五通”的进程中，困难重重。

3. 财政金融体系不稳定

印度国内的银行分为计划内银行和计划外银行，计划内银行包括国内商业银行和合作银行，商业银行又分为国有银行和其他商业银行。计划外银行由政府管理，享受政府支持，同时受政府监督。但是，近年来印度计划内银行不良贷款率上升，2016 年不良贷款总额高达 35,000 亿卢比。为避免不良贷款率影响国家货币政策的实施，国家实施紧缩性货币政策，督促银行减少贷款发放，商业银行盈利能力也因此而下降。同时，银行将贷款分为个人部门和公共部门，公共领域与个人领域的贷款差距较大，使得印度不良贷款率飙升，公共部门的坏账已超过了股票的总市值，国内金融市场极不稳定。

（三）印度征信体系建设与发展取得的成绩

1. 征信法规建设

在信用信息保护方面，印度颁布印度国家银行法和印度国家银行法案，严格保护借款人的信用信息。印度储备银行规定在征求借款人同意的情况下可对信用信息进行共享。2005 年颁发的《信用信息公司管理条例》（以下简称《条例》）放宽了这一限制，《条例》认为应该将征信监管的重点放在信息披露方面，认为监管会应确保财务信息的安全，降低金融风险，增加金融体系稳定性。《条例》在信用使用方面还作了如下规定：第一，为保护信用主体权益，信用信息公司不得将未经信用主体同意的数据透露给其他人；第二，某些用户不得将收到的信用信息透露给任何其他人；第三，除非法律允许或要求，否则信用信息公司或特定用户不得出于任何其他目的披露收到的信用信息。此外，信用信息有权拒绝除法院授权、法院以外的访问，违反此规定将被罚款，最高金额为 100,000 卢比。为确保第三方评级的客观性与专业性，1999 年由印度证券监督管理委员会制定颁布《信用评级机构管理条例》，后续经多次修订逐步形成由法律和监管规则组成的评级和监督体系。

2. 征信市场建设

印度采用政府主导的模式来建立信用体系并实施监督。在征信市场建设方面：2000 年，由印度财政部联合印度储备银行成立了信用信息有限公司，简称 CIBIL。CIBIL 的建立标志着印度征信体系建设的开端。CIBIL 由两个数据系统组成，包括商业数据系统和消费者信用数据系统。2005 年《信用信息公司管理条例》只负责对管理和咨询公司信用信息进行管理，而 CIBIL 与

《条例》的最大区别是包括银行信用信息数据。2009 年印度开放征信市场，Equifax，Experian 和 Highmark 3 家信用信息服务公司进入印度市场。印度储备银行还准备成立大量信贷中央信息库（CRILC），用来收集银行、非金融机构 5,000 万及以上信贷信息，以减少信息不对称性带来的风险。此外，建立印度资产证券化和重组中央存管（CERSAI），金融资产交易、抵押契约有关的行为要遵循 CERSAI 相关规定。借款人在借款时需提供信用报告，各部门要提高信用服务质量，升级信用风险预测模型与工具，降低信用风险。

3. 征信管理建设

首先，针对数据收集整理，所有类型的银行和金融机构（主要是指存款类金融机构）都要在规定时间内报告贷款余额超过 1,000 万卢比、不良贷款超过 250 万卢比的借款人信息。《信用信息公司管理条例》还对信息收集作了以下规定：一是有关信贷机构要提供贷款、预付款、信用卡等贷款产品的金额和贷款用途；二是要加载信贷业务的担保信息；三是要记载信贷机构的有关承诺；四是要记载信用评估；五是与贷款相关的其他信息。

其次，针对数据共享机制管理，各金融机构采用会员制，坚持互惠互利原则，以方便使用 CIBIL 提供的信用报告，明确权利和义务保证数据收集和分享的准确性。2015 年 1 月 15 日政府规定，所有信用公司必须成为印度储备银行的会员，并向其提交当前和历史数据，由其对信息进行维护。印度储备银行也向银行等信贷提供者发布了系列监管文件，CIBIL 也在监管范围内，用于批准和监督信用信息公司的设立、运营和撤销。

再次，针对信用评级机构监督进行改革，实施注册管理系统，根据其特点和重要性分类管理，以提高评级质量来防范利益冲突。为体现评级的公平性和客观性，从业务发展与人事管理两方面建立冲突预防机制。在业务角度方面严令禁止竞争行为；在人事管理方面，审查退休人员、轮换分析师，加强信息披露。此外，禁止使用评级过程中的非公开信息，如禁止非公开信息的不正当传播、非公开信息交易以及评级结果的早期传播。

4. 征信宣传教育建设

首先，创新宣传载体，增强宣传效果。印度在电视广播、政府网站、有影响力的报纸和杂志和个人信用知识项目上开设了信用知识宣传窗口。许多网站在征信宣传和报道方面也开展了多重联系，使信用知识得到广泛宣传。其次，增加形式多样的信用信息与趣味宣传材料内容。在宣传活动过程中循环播放《征信宣传片》；通过报刊开设征信基本知识专栏提高公众对信用报告基本知识的了解；结合区域人文，收集诚信故事，编写招聘故事小册子等，进一步增强宣传特色；扩大宣传范围，涉及学校、社区、酒店、商场等重要生活场所，提升公众的信用意识。

5. 征信文化建设

2020 年 1 月 14 日，国外媒体报道，印度为使消费者能够自主访问并共享自己的金融数据，欲推出一套名为“财务账户聚合平台”的系统。这一系统上的数据由银行等金融机构提供，受印度央行监管。这一举措将对百万人开放信贷市场，有利于印度人从新的途径访问并获取自己的金融数据，但同时又存在数据安全等问题。印度国内民众整体文化程度不同，征信文化的建设尤为重要。征信文化是一个循环往复的过程，在坚持传统文化的同时也要积极创新，创新文化建设路径，使信息文化建设有序推进。印度在建设信用文化方面积极努力：首先，科学地定位和构建信用文化目标体系。这有利于提高信用管理效率，使信用文化成为文化产业发展的引擎。鼓励创业人员创业，促进征信业科学健康发展。基于员工的文化认同和团队执行，严格遵循信用管理和信用报告制度。创新信用文化载体，开展信用实践活动，以提高员工信用素质。扩大信用管理与服务的范围，促进信用管理，完善管理制度。其次，培养员工对工作和国家的使命感，营造诚信范围，将征信文化根植于实践过程中。积极探索征信文化传播的新渠道：借鉴国外征信文化建设的先进经验，探索教育机制，开展文化侦察活动，构建独具印度特色的文化体系。

二、俄罗斯征信体系建设与发展

（一）俄罗斯征信体系建设与发展的历史机遇

1. 中俄经贸合作使征信需求增加

自 2013 年实施丝绸之路经济带战略以来，中国对外贸易投资总额飙升。

俄罗斯积极响应共建丝绸之路经济带倡议，中俄两国于2015年5月签署了《关于建设丝绸之路经济带和建设欧亚经济联盟的联合声明》，双方经贸合作得到了有力保障。此外，中国继续完善两国之间的货币兑换制度。为实现中俄两国经济发展、改善人民生活的目标，中俄应抓住历史最好时机，积极与沿线国家合作，将丝绸之路经济带作为两国经贸合作和征信合作的新契机。

2. 产业结构优化需要良好的征信环境

2014年原油价格急剧下跌使俄罗斯经济陷入严重危机，此后，优化产业结构成为俄罗斯高度重视的问题。第三产业因其具有高利润空间、高附加值、技术密集型等特征而受到重视，重点发展第三产业及提高其在三大产业中的比重成为俄罗斯产业结构调整的重心。这一举措不仅可以加快国家经济发展的速度，还可以使外国直接投资获得更多的利润和更好的发展前景。因此，俄罗斯企业创新转型升级的重要性日渐突出，企业后期发展也应不断提高创新意识，从劳动密集型向技术密集型转变。政府也应加大对高附加值产业的投入，尽快实现共建丝绸之路经济带背景下的产业结构优化，以期产业优化后双（多）边贸易能在良好的征信环境下得到良好发展。

3. 金融合作稳步发展助推征信合作

中国作为俄罗斯第一贸易大国，2010年将俄罗斯卢布作为中俄贸易的结算货币，2011年将黑龙江省绥芬河市作为卢布试点城市，2014年与俄罗斯签署1,500亿元人民币的中俄双边协议。近年来，在上海合作组织、金砖国家合作的背景下，中国国家开发银行与俄罗斯金融机构就多个领域的重点项目签署了合作协议，为项目提供全方位融资服务。2014年年底，国家开发银行对俄罗斯基础设施、汽油、林业等进行投资，并建立了双边合作机制。国内商业银行也积极与俄罗斯合作，在俄罗斯境内设立分支机构，采用信用证、银行保函等国际结算工具，并加强在中长期贷款、银团贷款、银行卡等领域的合作。俄罗斯外贸银行、通信银行等金融机构在北京设立分行。国内四大国有银行也在莫斯科设立分行，助推中俄金融合作，双方征信合作势在必行。

（二）俄罗斯征信体系建设与发展面临的挑战

1. 区域经济发展不协调

丝绸之路经济带与亚太经济圈经济发展不相协调。为了实现本国经济发展和追求更高的利润，每个国家对国际合作都有不同的要求。经济发展水平相对较低的国家，需要更多的投资来建设更多的基础设施，如道路和房屋；更多的发展中国家关注贸易保护，以保护其新兴产业不受“一带一路”的破坏，自身的贸易发展不受影响；而发达国家的重点是加强与各个国家的合作。因此，当合作国家众多时，由于各个国家的财务水平相差很远，各自的标准要求不同，因此，在贸易交流中需要推动共同产业链的发展。

2. 政治因素导致的金融安全问题突出

金融合作理念是丝绸之路经济带战略精神的体现，各国在参与金融合作的过程中会面临更为复杂的风险，这会降低各国的风险承受能力，风险承受能力的变化会影响一个国家政治、经济的稳定性。政治因素作为影响金融稳定的重要因素备受关注：国际关系复杂，在沿线各国的经济合作中难免存在非法走私、恶意竞争等事件；其次，沿线国家还处于经济发展初期和过渡期，政治因素会影响国家金融合作，加大区域合作难度，无法形成统一标准，不利于征信合作平台的建立。

3. 法律环境不稳定

俄罗斯的法律环境存在一定的不稳定因素：一方面，俄罗斯政府担心外国投资对国内企业的影响；另一方面，一些工商业利益集团对于俄罗斯政府的政策制定等方面干预较多，使得国内法律政策变化较多，也加剧了其法律环境的不稳定性。所以，就俄罗斯不确定的法律环境而言，很难为信用信息系统的建设提供相对稳定的环境，这种不确定性给征信体系建设带来了较大的风险。

（三）俄罗斯征信体系建设与发展取得的成绩

1. 征信法规建设

近年来，俄罗斯经济不断发展，在此基础上，俄罗斯征信业也随之建立。俄罗斯国内征信起步较晚，自 2003 年征信体系建立以来取得了较大突破。2005 年，俄罗斯将征信建设上升到国家层面，同年颁布《联邦信用记录法》《俄罗斯联邦信息、信息化和信息保护法》《俄罗斯联邦个人信息数据法》。一方面，俄罗斯为保障各类信用主体的权益，颁布《联邦信用记录法》加强立法保护。为防止信息滥用、保障信息安全，俄罗斯借鉴美国、欧盟、日本等国家或地区颁布《俄罗斯联邦个人信息数据法》（如表 2－2 所示）。另一方面，俄罗斯征信业由单一模式向多元化保护模式转变：对于信用活动，需经信息主体同意，后由法律授权的金融市场监督机构批准方可进行；对于信息采集，必须经信息主体同意或授权同意，当信息主体有权向采集单位提出异议申请，并有权知晓异议处置结果。

表 2－2　征信业发达国家（地区）信用信息主体权益保护立法情况比较

	俄罗斯	美国	欧盟	日本
立法形式	专门立法	专门立法	分散式立法	分散式立法
法律法规	《联邦信用记录法》《俄罗斯联邦个人信息数据法》等	《公平信用保护法》	英国《消费信贷法》、德国《德国联邦数据保护法》	个人信息保护法
立法特点	注重征得信息主体同意	平衡保护立法模式，注重信用信息服务业的发展和个人主体权益保护的平衡	严格保护立法模式，注重保护个人隐私	自律保护立法模式，注重强化行业自律
征信模式	中央银行负责建立信用记录，中央目录系统并对外开放	私营征信机构为主，采取完全市场化运作	中央银行主导的公共征信与私营征信并存模式	行业协会主导模式
监管模式	单一部门	多部门	针对不同发展模式确定不同监管部门	多部门
数据跨境流动规定	除特殊情形外，仅可向作出保证的对个人信息数据、主体权利予以适当保护的国家移交个人征信数据	法律未规定数据直接跨境流通问题	个人数据不得流入欧盟认为没有达到数据保护完备的国家	无国际数据流通特别条款

资料来源：根据相关网站资料整理

2. 征信市场建设

俄罗斯采用政府主导型征信模式，主要由中央银行牵头，多方参股。为获取信用信息数据，中央银行在《联邦信用记录法》基础上建立目录系统，强制获取各信用主体相关数据，揭示与管控金融市场、信贷市场的问题与风险，有利于俄罗斯央行和银行监管部门及时进行管控。2005 年，俄罗斯国内商业银行与科瑞富公司（CRIF）、环联公司发起成立国家信用局（NBCH），这一机构作为俄罗斯国内唯一一家标准信息中心，收集整理了包括 1, 500 家信贷公司近 1 亿条信用信息，且保存了 1, 500 家公司完整的信贷决策信息和解决方案，在债权人进行风险管理、风险预测及分析过程中发挥了重大作用。2013 年，由俄罗斯信用评级公司、中国大公国际资信评估有限公司与美国伊根—琼斯评级公司共同发起建立了世界信用评级集团。集团总部位于香港，作为非主权新型国际评级组织，对现有评级机构带来了挑战。2014 年，穆迪、标普、惠誉等国际信用评级机构对俄罗斯的评级降低，俄罗斯境外资金流入减少，俄罗斯认为这是西方国家的“制裁”和“要挟”。为此，2015 年年初俄罗斯境内国有银行、保险公司、基金等金融机构组建国家信用评级机构服务于俄罗斯本土，并计划进军国际市场。

3. 征信管理建设

1995 年，俄罗斯银行开展征信业务。2014 年，为保障信用信息安全，俄罗斯在借鉴德国的基础上颁布了两部征信法律。2015 年，俄罗斯将人民币纳入国际外汇储备。中国金融机构积极在俄罗斯境内成立分支机构，开展诸如证券自营、代客交易与托管等业务。工商银行作为俄罗斯最大的中资银行，牵头在俄罗斯境内发放银团贷款，与中国银联合作在俄罗斯发行了首张人民币银行卡。为应对在中俄信贷合作过程中利率频发变动带来的风险，中俄合作构建完善的风险监控体系，加强利率定价合理性评估，实行差别化利率管理。2015 年年初，俄罗斯境内国有银行、保险公司、基金等金融机构组建国家信用评级机构提供本土化服务。

4. 征信宣传教育建设

俄罗斯国内相关部门在开展征信宣传活动时，采取的措施有：首先，扩大宣传范围。向政府机关宣传相关信用信息体系，邀请俄罗斯政府领导对信用信息系统进行督导，向金融办、工商局和中小企业及质监局等单位展示俄罗斯央行信用信息体系的应用成果，以引起相关部门的重视。其次，将企业作为主要宣传对象。主要针对传统金融机构、小额信贷公司、融资租赁公司等金融机构，普及平台构成、业务范围和作用发挥，鼓励企业积极参与征信宣传，在获得征信宣传活动资金支持的同时，鼓励企业成为征信传播主体。再次，针对特殊群体采取不同宣传方式。面对青少年群体，俄罗斯积极鼓励高校开设征信相关课程，让青少年感受信誉带来的财富。相关部门积极与高校合作，以讲座、视频等形式树立广大师生的征信意识。

5. 征信文化建设

信用文化建设可提升交易者的自律性，并减少信息不对称问题的产生。良好的信用文化可以增强群众的信用意识，为建立信用信息系统创造良好的环境。面对完善信用信息系统的新问题，社会各主体都应自觉参与到社会信用文化建设中。首先，各级政府部门要给予信用宣传足够的重视。具体而言，从出版、培训、宣传、教育等各个方面开始，到社会行业和地区的各个层面，俄罗斯相关部门积极鼓励群众提升信用意识，提升信用观念，普及信用文化。其次，俄罗斯高度重视信用教育，不仅在大学校园加强信用教育，成人教育和职业教育也被视为征信文化建设的重点渠道，在金融学院建立信用教育管理等专业，开设相关课程。对信贷人员进行定期教育培训，加快信用报告行业人才队伍建设。

第三节　丝绸之路经济带拓展区典型国家征信体系建设与发展

一、南非征信体系建设与发展

（一）南非征信体系建设与发展的历史机遇

1. 打造“一带一路”重要节点国家的推动

南非是“一带一路”海上丝绸之路的另一个端点，是重要的节点国家。

中国与南非的贸易合作已有 20 多年，在最近 8 年，中国成为南非最大贸易国家，其进出市场主要面向中国。中国提倡的“一带一路”愿景，使得南非国家成为重要获益国之一。在与南非开展贸易以来，中国与南非之间的贸易和投资接近直线式增长，贸易额从 1994 年的 18 亿兰特增加到 2016 年的 2,990 亿兰特，再到 2017 年的 3,180 亿兰特。中国企业对南非的金融、矿业、家用电器、交通和机械、电信、工程、建筑、能源、房地产和农业等领域进行了大量投资。南非矿产、原油等自然资源丰富，是非洲经济体中规模最大、发展速度最快的国家。其发达的基础设施建设、广泛的通信覆盖面、相对较发达的服务业使得南非经济成为非洲南部地区的先锋。在南非经济结构中，进出口贸易在整个经济中的占比较高。图 2 – 6 为南非进出口商品和服务占南非 GDP 的比例。

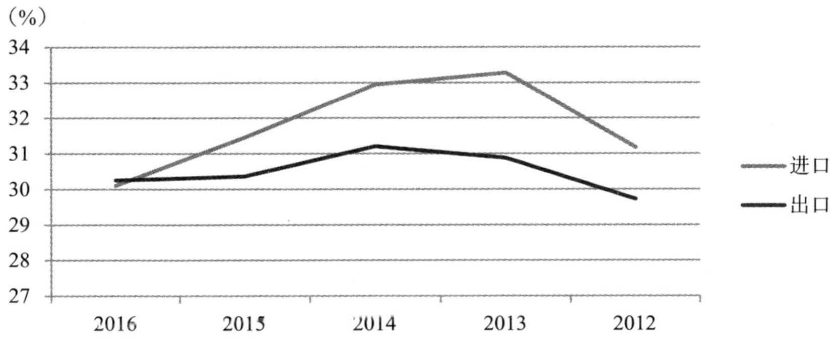

图 2 – 6　南非进出口占 GDP 的比例

数据来源：世界银行官网

南非经济进出口商品和服务占总收入的比例基本在 30% 以上，而中国在 2012—2016 年间进出口商品和服务占 GDP 的比例基本在 20% 左右（上下波动不大）。丝绸之路经济带为南非提供良好的贸易平台、融资平台等，而贸易交易、贸易融资等业务需要健全的征信来保障。“一带一路”的倡议使得南非贸易进一步增加，为规避外贸违约风险，识别合作贸易双方信用信息的市场需求与日俱增，从而推动了在侧重贸易历史数据基础上的征信体系建设。

2. 投资南非政策有益于跨国征信

南非经济近些年增长缓慢，甚至在 2009 年出现负增长，经济发展动力不足。受全球宏观经济的影响，南非的黄金、铂金、铁矿和煤矿等支柱性产业生产下滑，制造业低迷。由于全世界经济恢复速度比较缓慢，大宗商品价格低迷，欧洲美国等发达国家和地区以及中国新兴市场在南非的进口需求低下是南非无法掌控的外部结构性因素。受美联储加息影响，南非外国直接投资流入额低于流出额，外国直接投资萎缩，融资环境恶化，成本升高（表2－3）。

表2－3　　外国直接投资金额　　单位：亿美元

年份	2014	2015	2016
FDI流入额	57.92	15.21	22.5
FDI流出额	76.93	55.14	33.45

数据来源：世界银行官网

为应对这种不利的经济走势，南非政府审时度势实施诸多措施，加大经济改革力度，希望改变经济低迷的局势。南非政府提出了投资南非计划，以改善投资环境。首先，政府为有意到南非投资的国外企业推出一站式服务，减少烦琐程序，加快审批和注册速度。其次，着力解决劳工问题，缓解劳资紧张关系。此外，南非政府还反复表示增加基础设施建设投资、加快制造业产业发展、增加出口原材料附加值、提高社会福利和民生支出、带动消费和生产等措施的重要性。在吸引外资方面南非大力发挥其基础设施良好、矿产资源丰富、投资政策优惠等优势。南非政府逐渐采取开放式的经济、财政以及货币政策，依法治理经济，立足非洲并融入全球国际化战略，使得南非国际经济社会地位获得长足提高，进而为更多资本流入南非打下了坚实的基础。

这些逆经济周期的经济措施和先天优势可以有效地推动南非征信体系建设，尤其是在企业方面的建设。境外投资者将企业的信用报告和风险评估作为重要的参考之一，这带来了南非企业征信业发展的春天。总之，吸引并引进境外投资需要征信机构提供业务和产品，征信业的发展反过来可吸引境外投资者的投资。

3. 良好的外部条件的积累助推征信发展

经历了20世纪20年代的经济大萧条、20世纪80年代美国金融信贷危机、2008年全球金融危机等的洗礼，全球各国渐渐意识到与征信业相关的服务对经济以及金融运行的内生稳定机制发挥着不可估量的作用。征信业发展的管理理念、技术要求、监督管理、机制安排在一些发达国家逐渐建立起来。监管征信业发展的相关法律规定在各国也陆续出台，确保征信业健康良好的发展。第二次世界大战之后，随着世界经济的平稳增长，征信和信用管理行业也得到了迅速的发展。1960年以后全球各国普遍进入了经济快速发展期，国际贸易合作愈加紧密，贸易规模也与日俱增，交易范围越来越广泛。随之而来的国际贸易市场需求也逐渐显现出来，这标志着信用交易时代的到来。在此基础上征信行业快速发展，在经济发展比较好的国家征信体系建设逐渐走向完善，形成了监管有效的法规体系，对国家之间以及内部贸易和资本流动的正常秩序保驾护航。在各国日益重视征信体系建设的形势下，南非应根据本国的国情，借鉴其他国家征信业的经验，运用到本国征信体系建设中。一方面，良好的征信体系可以有效降低金融风险，促进南非经济良好稳定的发展；另一方面，健全的征信体系可以吸引外资促进国际贸易，让本国经济充分融入全球经济，发挥自身优势，补偿短板。

（二）南非征信体系建设与发展面临的挑战

1. 经济增长缓慢制约征信体系发展

南非由于历史原因，黑人和白人的贫富差距较大，社会阶层固化，绝大多数的社会资源聚集在白人手中，消退了社会发展的动力。如图2-7所示，南非经济增长缓慢，GDP增长率从2011年以后基本在2%以内。经济增长缓慢导致人们对经济发展失去信心，从而对投资、消费比较谨慎小心。借款机构也对放款谨慎，使得信贷大幅减少，这使得推动征信业发展的动力变弱。信贷和征信体系建设是相互促进关系，繁荣的信贷会推动征信系统的构建，良好的信贷又反过来推进信贷的发展。南非金融信贷需求的减少在一定程度上阻碍了征信体系的建设，从而制约着征信体系的建设。

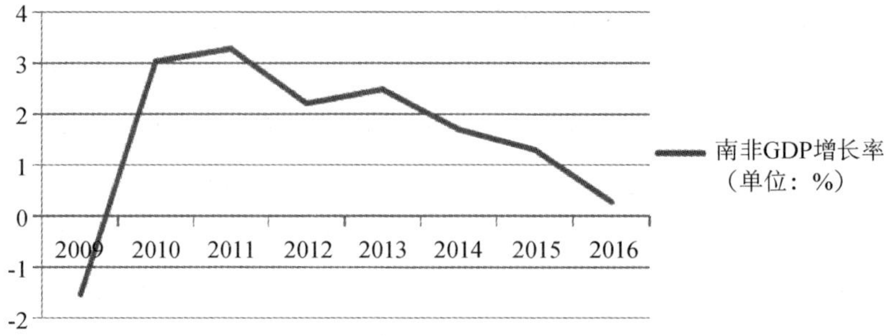

图 2－7　南非 GDP 增长率

数据来源：世界银行官网

2. 贫富差距增加征信难度

据世界银行的数据统计，南非 10% 的最高收入人群，拥有超过南非收入总额 50% 的财富。参考表 2－4 世界银行收录的南非基尼系数。

表 2－4　　南非基尼系数

年份	2006	2008	2011
基尼系数（GIN）	0.648	0.63	0.634

根据联合国有关部门规定，基尼系数的评判标准，如表 2－5 所示：

表 2－5　　基尼系数表

<0.2	收入绝对公平
0.2—0.3	收入比较公平
0.3—0.4	收入相对合理
0.4—0.5	收入差距较大
0.5 >	收入差距悬殊

南非由于历史原因，白人和黑人之间的贫富差距巨大。贫富差距带来了两个层次的金融市场，高层次的是面向收入较高群体的金融市场，这一市场可以提供便捷的金融服务和产品。低层次的是面向收入较低群体的金融市场，这一市场提供额度较小、利率相对较高的金融产品。这意味着相关机构在进行信用采集时需要多层次的标准、多层次的评估模型。尤其小额信贷市

场具有信贷金额较小、数量较多，面向的人口更杂等特点，为信用信息采集增加了难度。两个金融市场在征信体系建设相关制度和征信行业标准制定上存在较大差异，各自的征信体系系统框架和技术水平也有所不同，突出表现在采集信用数据的范围、信贷业务类型划分、采集的数据项、频率和信用报告形式和设计等方面。因此，征信市场的黑白二元性，在横向上为征信机构增加了征信的业务量，在纵向上加深了征信难度。

3. 征信业发展任重道远

南非征信业真正发展的历史比较短，不论是其市场基础还是监管、法律体系与发达国家健全的征信市场相比，都存在明显的差距。从南非的征信机构来看，大多数是其他国家的分支机构或是连锁机构，而本国征信机构实力较弱，在业务范围、产品研发、征信技术、内部控制风险等方面，仍然存在巨大的改进空间，这直接和间接地影响着征信业的健康发展。从征信行业的信用产品和服务来看，现有的征信产品与发达的国家相比形式较为单一，产品创新能力不足，并不能完全覆盖南非多层次的信贷需求。从征信业的需求程度来看，个人和企业对征信的需求还未达到发达国家的水平，需求范围较小，与征信在全社会中普及的美好愿景仍具有较大的差距。从民众的信用意识来看，南非经济落后、教育不普及等因素使得民众的信用意识有待于提高。综合来看，征信市场在供需两方面都存在不足的情况，而且还有供需脱节的现象，使得南非征信体系建设缺少了动力，建设速度放缓。

（三）南非征信体系建设与发展取得的成绩

南非征信业的发展已有一百多年的历史，最早的征信机构是在南非落户生根的境外征信机构。南非的征信体系建设历时比较长，南非国情以及经济结构决定了南非征信体系的特殊之处。截至目前，南非的征信体系建设从法律、市场发展、监督监管、文化教育等方面都取得了不错的成绩。

1. 征信法规建设

2005 年年底南非共和国议会通过了《国家信用法》，时任总统塔博・姆武耶卢瓦・姆贝基于 2006 年 3 月 10 日签署生效，并且分阶段来实施。这部法律是现阶段南非有关规范消费者信用的最新的法律。《国家信用法》的宗旨是促进构建一个公正、公平、公开并为更多人服务的信用体系，以保护消费者获得公平信贷的权利；除此之外，创立一个可以为全南非人民服务的信用体系，对不同的信用业务和不同的征信机构要一视同仁；积极提倡、鼓励公民诚信履约，防范过度信贷引发的金融泡沫；保障征信主体的权利免受征信机构或者授信机构的不合法对待；规范信用交易程序、利息和收费标准；提高征信业的服务水平、开展新的征信业务、严格监督和规范征信机构经营；预防过度负债并规定保护消费者的债务重组、消费者法院等救济机制。由于《国家信用法》的全面实施，1968 年的《高利贷法》和 1980 年的《信用合同法》被废止。

2. 征信市场建设

由于历史原因南非征信体系在个人信用意识、教育宣传方面滞后。整体来看，民营的征信机构在南非征信市场上占主导作用。征信体系的运作在授信者、征信机构、贷款机构、商业银行等金融机构之间建立了信用信息共享体系。

（1）征信机构的基本格局。南非征信市场存在着公共征信机构、商业私营征信机构、行业协会并存的格局。

一是公共征信机构。南非政府于 2002 年建立了国家贷款登记中心，要求所有注册的信贷机构要向国家贷款中心报备信贷信息，而且国家贷款委员会与消费者信用协会签署了信用信息共享协议。从形式上来看，南非政府建立的南非贷款登记中心数据库归南非信用管理委员会所有。南非的公共征信机构无论从基础的信用信息征集，还是日常运营操作和维护方面都有依托私营征信机构。

二是私营征信机构。南非征信体系虽然是公共征信机构、商业私营机构、行业协会并存的格局，但是从市场规模、影响力来看，占主导地位的是商业私营征信机构。南非私营征信机构是市场化、商业化经营的企业，其信用产品包含信用卡、个人贷款、不动产抵押贷款、项目融资和各类信用信息产生相关的服务或产品。目前，较大的私营征信机构有 Experian 公司、TransUnion ITC 公司、Creditinform 公司和 MLCB 公司等，规模较大的征信机构基本都有自己的信用信息数据库，同时还与其他征信机构协定信息共享。除此之外，南非还有专门服务于小额贷款业务的征信机构，例如成立于1994年且在当地影响力较大的Compuscan公司，主要通过其已有的信用信息数据库对企业（个人）提供信用评估等业务，尤其在资金规模较小的小额贷款信用征信服务、风险测评等方面优势明显。同时，Compuscan公司还提供信用查询、贷款管理、信用评估、征信培训等服务。

三是行业协会征信机构。南非通过会员制模式进行信息数据共享，有效防止信用信息垄断。主要的行业协会征信机构有信用局协会、消费者信贷联合会、信用信息调查委员会等。信用局协会是南非最具有代表性的征信局，其业务范围基本涵盖所有征信机构的活动，而且还会与政府一同商讨征信出现的问题和未来发展方向等。这一征信局提供给消费者和企业的信用数据，除了南非征信相关法律法规规定的之外，所有数据都是由借款机构主动提供的，这些机构涵盖银行、保险公司、制造业和通信业等机构。消费者信贷联合会是主要涉及有关消费者信贷信息数据的共享协会，可以更好地规范资源互联互通和信息交换共享等。对有关信用信息数据的使用，消费者信贷联合会作了较为严格规定，未提交数据的征信机构就不能使用其所在征信局的信息数据库。九成以上潜在借款机构都是消费者联合会的成员，联合会的会员提供了自身所拥有的数据，因此便可以使其他会员所提供的数据，这对其有很大的裨益，因此联合会的会员都愿意将自己拥有的数据提交给协会。有时候会出现某些会员几个月未提交数据的情况，联合会便撤销其使用共享数据的权利。联合会对每一会员都严格执行这一标准。南非截至2019年年底有5,930万人口，信贷记录也是庞大的，而且90%的借贷记录都会通过各个借款机构收录到联合会的共享数据系统里。信用信息调查委员会协会于2004年2月成立，是由相关征信机构、征信机构用户、消费者相关协会和有关商业协会共同发起创立的，协会规定各个会员将拥有的资源共享。协会的信用信息调查委员会是这一组织维护日常运营的机关，由协会依法成立的理事委员会作为权力机关。委员会和理事会的成员共同依据南非国家法律法规制定并实施了自治行为准测，用来规范征信机构业务程序、保护个人和法人的合法权利，保护信用信息不被泄露。另外，与其他国家不同的是，南非的信用信息调查协会还有管理监督的职能，补充了政府监管的局限性，充当一个承担异议处理的非官方民间机构的角色。

（2）征信机构的信息范围。据世界银行统计，南非征信信息深度指数（1 = 低至 8 = 高）近些年一直为 7，高于世界水平（5）。南非征信所涉及的信用信息数据搜集范围和涉及领域比较广泛。被征信机构收集信用信息的机构有信用卡发放的机构，商账追收机构，通信公司（电信和移动公司），担保机构，服装、家具、家庭用品和珠宝手饰等零售机构，抵押贷款机构，提供教育和房屋等各类贷款的金融机构以及小额信贷机构等。这些可以被采集有效的信用数据的机构或公司与征信服务机构签署长期信用信息共享或者买卖协议。南非征信机构主要是以市场作为导向，私人民营资本投资的征信机构为主，政府不予投资，政府也未对企业进入征信业作任何限制，而是交由市场机制自行发展。商业化的征信机构以利益为导向，其生死存亡完全取决于市场的优胜劣汰，运行规范和管理机制交由市场决定，完全依靠行业的自我管理和自我调整形成具体的运营细节。而南非政府主要负责提供立法以维护机构正常运作和监管信用管理体系的有序运转。

（3）征信市场的二元特征。由于历史上长期存在的种族隔离政策，南非的白色人种与有色人种拥有的经济资源差距悬殊，社会财富更集中于白人手中。因为历史遗留的原因，南非经济呈现二元性的特征，导致征信业的发展具有二元性的特点。一方面是针对经济收入中上的阶层和其他金融机构提供丰富的金融服务和产品，另一方面是低收入阶层基本没有机会享受银行的金融服务。因此南非金融市场出现了小额信贷机构来服务南非低收入人群。南非的小额信贷是指为低收入消费者，提供无担保、小额度（小于 10,000 兰特币）的现金贷款。从事此类业务的机构主要有小额贷款公司，甚至还有一些非营利组织。截至 2018 年，南非信贷消费超过 300 万亿美元并且有 1,500 多家注册的小额信贷机构，甚至有超过 7,000 个小额贷款分支机构遍布在南非的各个省市。小额信贷市场也促进了许多针对小额贷款的征信公司出现，其中影响最大的是英国的 Compuscan 公司。

3. 征信管理建设

南非有统一的法律法规和指定的监管机构对征信市场总体进行监管。

（1）国家层面的监督管理机构。南非信用管理系统由南非信用监督管理委员会统一监督和管理主导。南非政府依据《国家信用法》成立的信用监督管理委员会设立理事会，理事会由少于11名成员组成，在此基础上设立主席和副主席各1名。南非法律规定了国家信用监督管理委员会理事任职资格以及防止征信主体和征信机构的冲突措施并且定时要给政府国家贸易部和工业部报告工作。

南非信用监督管理委员会监管内容主要包含以下四个方面：一是保障信用市场的正常运营，特别是保障南非历史原因造成的弱势群体、收入较低的民众和地理环境偏远群体开展信用业务的机会，使金融服务带来的益处落户到千家万户。计算南非征信机构在总的市场所占比例、征信主体所产生的市场行为，征信机构之间的市场竞争、整个征信体系的市场结构、自然人以及法人某段时期内的信用信息情况、信贷客户的负债规模和评估的负债范围之外的影响以及与征信相关的其他影响，并将这些事项定期向国家政府报告，如贸易部和工业部等。二是国家信用监督管理委员会对征信机构、债务咨询机构、授信机构依法登记入册。同时，向登记的机构发放登记证书，并进行资格审查、保存这些机构的相关信息，并向公众提供信息查询服务。三是对授信机构、征信机构和债务咨询机构或者企业存在矛盾争议的当事人进行调节，且对提出的争议行为进行核查、调查违反法规的行为并进行处罚；而对于市场秩序以及竞争性的纠纷需要提交国家竞争管理委员会，比较严重的案件交办法院、处埋司法交办的事务等。四是研究和教育宣传的作用。对本国有关的征信和信息管理的法律法规进行讲解和宣传教育。及时对委员会发布的相关事项、强制性与非强制性的法律条文、执法程序进行解读和通知。对征信机构定期进行阶段性审计，创建消费者信用人口规模统计模型，把握和预测征信业未来发展的趋势和动态。调查和评估弱势群体对征信行业和信用市场的需求以及信用业行业相关政策的实施状况。监管信用保险方面的开拓发展、调查和解决消费客户群体存在争议性的事项，涉及消费者信用事项的其他国家立法向国家贸易与工业部负责人报告。

（2）民间自发成立的监督管理机构。与其他国家征信监督管理体系不同的是，南非征信监管模式在民间自发地形成了监管机构。由各个征信机构、金融公司以及相关消费者组织共同发起创立的信用信息调查协会，既是类似于行业协会间信息共享的征信机构，也是征信市场的民间监管机构。信用信息调查协会对消费者的有关异议和投诉处理遵循公平、公正、保密的基本原则。个人或法人可以对征信机构及其用户违反《国家信用法》和相关法律的行为以及本人没有不良信用且已恢复名誉的失误行为作为异议提出或者诉讼。异议处理程序遵循以下环节：消费者对征信机构提出异议申请，接受申请的征信机构要在20日内解决异议投诉；20日后异议未得到解决或未得到满意的结果，消费者可以向信用信息调查协会提出申请；协会经审查且确定属于其管辖范围后，进行调查并监督对争议作出和解处理或裁定，如果对裁定不满意的，提出异议者可以向当地法院提起诉讼。

4. 征信宣传教育建设

南非征信体系在构建初期，对消费者和公众的宣传教育方面很是欠缺。南非民众不明白征信体系的运作，不了解征信带来的益处，对信用意识重视程度不高。消费者不了解自身的权利以及如何参与征信体系并发挥积极作用，不了解如何保护自己的合法权益，由于征信机构的负面信息而对征信服务存在误解。因为征信局会公示信用不良黑名单，消费者协会、南非工会委员会和南非政党要求南非政府对征信机构作出规范或者限制，删除一些征集机构保留的某些信用信息数据，严重影响了征信体系的构建。近些年南非政府意识到了消费者的信用意识不足以及征信教育宣传滞后所带来不利影响，因此征信机构和相关部门致力于对征信系统的消费者宣传教育计划的实施，以期达到征信业的健康持续发展，从而为南非经济发展更好地服务。一般情况下，征信教育由国家信用监督管理委员会依据《国家信用法》进行法律和知识宣传。在民众宣传教育方面，委员会通过执法程序通知、非强制性法律条文释义对公众进行积极的引导，旨在确立正确的信用意识和自我信用保护、个人隐私防范等。对征信机构等的教育宣传，国家信用监督管理委员会通过对征信企业进行阶段性审计，及时发现可能不利于征信业发展的市场行为，协调征信机构之间联动的工作模式、防范征信机构违反信用法开展自身业务，规范授信机构各程序和业务的标准。

5. 征信文化建设

征信文化是多年来在征信体系下对征信对象、法规、行为抽象沉淀出来的精神财富，可以很好地引导征信市场的秩序。征信文化充分展现了人在活动中的价值观念、征信态度、思维方式、生活习惯和态度，是征信业健康发展的有力保障。在征信从业人员方面，依照《南非征信法》，征信从业人员遵守公平、公正的基本准则，诚信友善、爱岗敬业、勇于创新，形成行业自律的征信环境；切实维护征信人的利益，保护征信主体的个人隐私。在征信个人方面，在失信黑名单机制下，形成了“守信光荣，失信耻辱”的理念。

二、德国征信体系建设与发展

（一）德国征信体系建设与发展的历史机遇

1. 共建丝绸之路经济带的发展机遇

德国工业和制造业极其发达，在欧盟内部，德国的综合实力、地位和影响力最强。德国经济发展不仅仅是欧洲第一，更是世界经济四大经济体之一，而且在整个西方板块中也属佼佼者。同样德国在欧盟外的经济优势同样突出，其在全球范围具有强大的经济辐射力，具有示范引领作用。德国贸易进出口频繁，2016 年总出口达到 1.604 万亿美元，占全世界出口的 7.7% 以上；2016 年进口额达 1.327 万亿美元，占全世界总进口的 6.5%。德国是一个以工业为主导的制造业大国，德国产业的显著特点是机械制造业和汽车业所占比重大，出口的产品具有高科技、可持续性、附加值高等特点，产品种类比较少而且还集中在工业行业。但是德国的自然资源相比较匮乏，农业比较落后，许多工业原料都依赖进口。德国参与“一带一路”不仅可以发挥其经济优势，而且也可以弥补其短板。自中国提出丝绸之路经济带共建倡议后，德国是最先支持这一倡议的欧洲发达国家，并紧接着加入亚洲基础设施投资银行（简称亚投行），并且成为大股东之一。“一带一路”建设既会放大德国已有的经济优势，又会促进其征信业尤其是跨国征信的发展。

2. 现有良好的征信业发展基础

德国很早就开始发展和重视征信业的建设，是第一个建立公共性质，即由国家政府牵头建立的征信机构，覆盖面广。19 世纪末到 20 世纪 20 年代末，世界资本主义快速发展，产生了大量的工业企业，吸引了大量的投资者，由此产生了大量征信需求。紧接着受经济大萧条的影响，短时间内大量企业倒闭。德国政府为防范金融危机，降低金融风险，对金融行业进行有效监管，建立了国家信贷登记中心，产生了由公共征信机构主导、三种征信模式并存的格局。从此，德国形成了相当规模的征信市场，建立了征信管理体系，成立了信用信息数据库，为征信业的发展奠定了良好的基础。德国的社会信用体系建设也卓有成效，征信在社会信用体系中的地位也越来越重要，其应用的广度和深度日益延伸，为征信业发展提供源源不断的动力和基本保障。

3. 征信环境给征信建设带来便捷

德国征信机构不仅有着公共征信机构所涉及的个人、企业与政府事业单位的征信记录，而且还有私营征信机构的征信记录，正面信用信息和负面信用信息尽收囊中，其涉及面广、渗透性强。在德国，信贷形式的融资活动贯穿生活和经营的方方面面，规范的信用也被越来越多的政府机构、企业个人所重视。无论是人们的经济行为还是日常生活，基本上没有企业和个人不受信用的制约，经济活动中的个人或者企业行为会受到法规伦理的约束。违反规范和信用违约的企业和个人在金融市场和经济生活中难以获得长远发展，而拥有不良信用记录的个人在信用消费、信贷、应聘等诸多方面会受到较大的限制。因此德国公民都极其重视自身的信用，会极力维护自身的信用，这种重视信用并且维护信用的意识在很大程度上推动了征信业的发展。此外，政府对征信立法、建立公共征信机构、对征信市场的监督管理对征信业的发展也有着不可估量的作用。在征信业监管方面，除了制度和相关部门外，德国政府征信管理委员会和法院也起到对征信监管的作用，而且德国民间自行成立的行业协会也对会员起到监督和引导的职能。正是德国公民和企业强烈的信用意识，使得各征信的信用主体更加配合征信机构对其信用信息的采集，这在很大程度上加快了征信业信息采集的效率，并且减少了采集成本。政府积极引导和直接或间接的监督使得征信业得到了健康的发展。

（二）德国征信体系建设与发展所面临的挑战

1. 保护企业商业机密和保护个人隐私的制度约束

欧洲的西方国家都比较注重个人隐私，但是征信机构的征信信息数据库需要个人或企业的基本信息和历史信息，这与个人隐私保护相互矛盾，因此也需要法律法规对信息采集及采集过程作出相应的限制。20 世纪 90 年代，修订后的《联邦数据保护法》对信息的采集、使用作出了明确的规定。德国法律允许搜集正面信息，在商业公共征信机构采集相关历史行为信息方面作出了严格的规范，要求采集的信息必须与信用活动存在直接关系，其中以采集历史信贷履约行为为主，而其他有关个人收入、资产（偿债能力）等基本信息需要严格的程序才能加入信息数据库。但是在信用风险度量中，个人收入和资产也是要考虑的重要因素，会严重影响对消费者的信用评估。

在信息征集方面，正面信息的征集要得到个人的书面同意才会被允许，但是征信信息一般并不是由征信机构直接向消费者采集，而是由第三方金融机构通过其历史业务收集信息。因此为了规范信息采集以免隐私泄露等，商业银行及其他金融机构运行自身业务时，都会让客户签订书面形式的将相关信息共享于其他机构的协议，让客户以签名的方式确认是否同意采集。在信息使用方面，数据隐私保护相关法律法规明确规定，征信机构数据库中的相关信息数据仅可用于征信业务中，而且对不同主体的使用范围也作出了限定。信托机构、商业银行及其旗下的信用卡部门可以从商业和公共征信机构获取客户的信用历史行为正负面数据；但是，电信公司、贸易公司、保险机构以及邮汇贸易公司仅可以获取负面信息；而商账追收相关公司只能从有关征信公司获得像人名、住址等基本信息。虽然健全严格的数据保护法可以有效地保护个人隐私、保护公民的信息安全，但是也在一定程度上限制着征信业更广、更加有深度地发展。

2. 由公共征信主导的征信市场制约着私营征信机构的发展

首先，公共征信系统由金融监管机构设立，而金融监管机构又由政府管辖，从而此类征信机构主要以为政府监管金融市场和稳定市场波动为目的。德国公共征信系统由于本国法律的对等原则，其系统的信息数据被金融机构使用，旨在为防范信用风险而进行的信息互联互通，属于征信体系最后保障的层面；其次，私营征信机构为适应市场需求，而为社会提供更广泛的征信需求服务，其采集的信用信息覆盖面更加全面，涉及领域更加广泛，发掘程度更为深刻。私营征信机构的信用产品和服务（主要指信用报告）强调为需求者提供商业化、个性化、特定性的服务。因此，公共征信和私营征信是可以并存的，甚至是相互依存的，这两类征信机构原则上来说是不可以相互代替的。

德国监管部门对信用数据公开流程的管控是比较规范和严格的，对公共征信数据库中的信用信息在运用流程和运用目的方面都有相应的规定。这也是德国私营征信机构不活跃的根本原因，即商业化的民间征信机构发展不理想与市场需求的分流以及征信流程严格有关。商业金融机构是信用评估报告在征信市场上的主要需求者，在现有情形下，市场主体在公共征信下可以得到基本的满足。在公共征信机构比较全面发展的情形下，民间的私营征信机构发展受到制约。但是对于征信市场而言，私营征信可以满足特定需求并且能够更快速地捕捉市场的走势，这是公共征信机构所不能替代的。私营征信机构对征信业务服务的拓展和创新具有决定性作用。因此，过分依赖公共征信系统不利于征信业的扩展。

3. 国家信贷登记中心的数据范围和设立目的有待扩充

德国在建立国家信贷登记中心之时，因为受当时技术水平的制约在采集信用信息时有一个最低的限额，低于这个限额将不会被记录到国家信贷登记中心。德国作为当前对此额度限制最高的国家，限额为 300 万德国马克（约 160 万美元），比其他国家都要高出许多。而像拉丁美洲的较多国家并没有实行这种最低额度限制，其贷款数量无论多少，均由国家信贷中心按等级入册。德国监管部门对公共征信信息数据入库作了明确的最低限制，实施这一措施的目的是为了更好地接受央行监管部门的监管，另一方面是为了减轻数据库系统的负重，从而可以为其他商业金融机构提供高质量的信息数据。随着信息管理技术的不断发展，建立满足多层次、全方面的数据库将成为现实，可以更加快捷、高效、准确地提供相应的征信服务。

德国公共征信机构设立的起因是在经历经济大萧条之后，为防范和降低金融风险、有效地监管金融活动。但现代征信业不仅仅是发挥监管金融业和控制风险的职能，更多的是发挥出具信用报告、评估信用风险的功能。德国征信业应该开阔视野，充分挖掘征信业的潜能，充分发挥其中的潜力，只有这样征信业的功能和建设才能相互促进，才能让征信业发展更上一层楼。

（三）德国征信体系取得的成绩

德国的征信体系建设比较完善，其信用经济高度发达，以信用为基础的金融活动更是数不胜数。德国的征信体系建设是由国家政府部门牵头和出资的，组建了涵盖整个德国的信用信息数据库，即国家信贷登记中心，而且形成了全国范围的信息收入调查系统，构成了范围广、渗透强的征信体系。征信系统收录的信息主要供商业银行内部使用，服务于商业银行防范贷款风险和央行金融监管与货币政策决策。其中监督和管理机构是非营利性质的，直属于德国中央银行（德意志联邦银行）。

1. 征信法律法规建设

德国的征信法规体系建设相比之下建立时间比较早，系统地规范了信用数据信息搜集、整理的基本要求，保证了个人隐私不被泄露；在监管等方面也都有法律法规保障。具体情况见表 2－6。

表 2－6　　德国有关征信的法律法规

法律名称	类型	具体规定
《商典法》	规范信息公开的法律	创立企业或公司必须在当地法院以公开的形式，即依据审查的结果、公证信息进行商业注册登记，载入商业登记簿。其登记内容包含公司法律形式、法人代表、工商注册编号、公司住址、注册资本、营业活动范围、主要股东等。登记簿是公开的。
《联邦数据据保护法》《信息和电信服务法》《欧盟数据保护指南》《商业通用准则》	保护个人隐私相关的法律法规	对个人数据的搜集、整理、管理、传播各个方面都有严格的规定。征信机构必须依法公正、合理地搜集企业或者个人的信用资料。信用主体有权利了解征信机构对本身信用资料的登记情况。在数据采集、整理、加工、存档的过程中，工作人员必须对其保密，只有法律允许的范围内或经客户的要求下，征信公司才可以提供信用数据或者数据信用报告。禁止在信用报告中公开消费者的消费习惯、生活方式、银行存款、收入情况和超过法定记录期限和领域的公共记录的负面信息。

续表

法律名称	类型	具体规定
《反不道德支付法》	规范追收债务款项程序的法律	客户在收到账单30天后，或者催款账单上规定付款截止日30日后仍未付款的，债权人可以加收超过银行贷款利率5%的滞纳金。如若客户收到三次催账警告仍置之不理的，债权人可以向法院申请强制执行。
《信贷法》	有关加强信用监督的法律	德意志联邦银行和联邦服务监管局负责对商业银行和其他金融机构进行监督和管理。德意志银行是唯一具有对银行和金融机构进行数据信息统计权利的机构，金融机构必须每月向联邦报送包括信贷业务相关的各类数据统计报告。而且德意志联邦政府通过建立信贷登记系统信息共享制来控制银行内部的信用风险。
《破产法》	有关破产的规定	企业破产前必须向所在管辖的法院提出申请。只有符合破产条例规定的企业，经过当地法院审核批准后才可以进入破产程序。所有破产企业或者消费个人都将被录入相应的数据库。无能力偿还的消费者则可以到地方法院作出代替宣誓的保证。但是，任何作出此项保证的消费者在3年之内无权获得银行贷款以及进行分期付款等信用消费的资格。

资料来源：根据公开网站资料整理

德国作为欧盟成员国，一些欧盟法律也适用于德国。例如，1998年颁布的《个人数据保护法》，其立法目的是对个人权利和隐私的保护，避免个人信息数据在征信过程中受到侵犯，为维护个人权利和隐私提供法律依据，保障监管机构有法可依。1998年10月生效的《欧盟隐私保护指导意见》，其立法宗旨和原则是在保护个人权利和隐私和开放数据之间取得平衡，规范对个人隐私的保护。欧盟法令规定，需经过当事人明确同意，才能披露其有关健康、宗教信仰、哲学信仰、种族、民族等个人信息。同时，对数据征集作出如下规定：一是数据收集者必须保证数据收集和录入过程具有合法性；二是数据的搜集、录入整理必须以正确的方式进行；三是数据必须是准确的，必须定时定期予以更新；四是删除错误或不完整以及不在期限内的数据。

健全的法律法规是征信体系良好发展的基本保障，唯有完善的法律法规才可以保证征信各个环节的正常运行。在德国现存的法律法规中，有关信用管理的法律法规分散在商法、民法、数据保护法等多部法律法规中，而没有一部专门的信用管理法。

2. 征信市场体系建设

德国的征信市场存在由政府出资和主导的公共征信系统、商业化的私营征信服务系统、民间组织的行业协会共存的格局，涵盖了目前全球最普遍的三种征信模式。德国征信业起步早，发展比较完善，产生了很多新型信用产品和信用服务，不管是在横向上还是纵向上都取得了良好的成绩。

（1）各类征信机构齐头并进。

第一，公共征信系统的构建。德国是公共信贷登记系统的起源地，1934年德国建立了全球首家公共征信机构。德国公共征信系统主要包括德意志联邦银行（德国中央银行）成立的信贷中心系统以及工商部门登记信息、法院登记记录、地方法院公开的债务人员名单等行政、司法部门的信息数据系统。德国中央银行建立信用信息局并搭建全国数据库。在德国，公共信用信息征信系统通过法律或决议的形式，强制要求央行监管的银行或其他金融机构必须向公共登记信用系统报备其客户的信用信息。这种强制性的征信模式，使公共征信系统涵盖了全国的金融机构。德国对公共征信机构所收纳的信息数据的使用具有严格的规定。依据征信法规的规定，数据的提供和使用实现对等的原则，这意味着只有为公共征信系统提供数据的机构才有资格使用系统内其他的信息数据。事实上，公共信用登记机构的信息数据提供者一般为金融机构，因此公共征信数据库的信息只能被银行或者其他金融机构所使用。德国中央银行信贷登记系统上的信用信息数据供二级商业银行和其他金融机构内部使用，在使用的范围和程序上有着不同程度的明确规定。但是工商登记信息、法院收录的破产记录以及债务人员名单均对外公布并可以随时查询。公共征信机构提供的信息数据是私营征信机构信息的重要来源之一，可对德国中央银行监管金融市场部门组建的公共信息数据库以一定的流程和规定期限和次数申请调取信息数据，而且获取信贷方历史行为数据是不收取费用的。

第二，私营征信系统的构建。20 世纪 90 年代，德国私营征信机构有了较大发展，产生了私营商业化的征信机构，德国征信市场体系进一步得到完善。私营征信服务系统是德国征信体系的主体，根据其业务需要建立自然人与法人的信用数据库，并提供信用报告等相关信用服务。其服务对象有商业银行、保险公司、贸易公司、邮购公司和其他金融机构等，其采集的信息覆盖范围广、信息来源渠道多、信息数据比较全面，使得其征信服务范围更广。由于没有行业准入限制与较高的行业壁垒，德国私营征信业呈现垄断之势。德国商业化的民营征信机构主要有 SCHUFA、Creditreform、Buergel，其业务包括征信信息调查与征信对象评估。民营征信机构通过采集个人或法人的基本信息和信用信息，并用特定的计算模型和科学方法加以分析评估，最终向客户提供信用报告和评估信用风险。其中，以 SCHUFA 公司的经营范围最为广泛、规模最大、受认可程度最高。SCHUFA 在德国征信业实力最强，是依照法律法规建立的以信用业务为主的私营商业化征信和信用管理服务机构，是德国民众信用数据信息存储和查询以及评估的民营信用企业，也是唯一拥有银行信用信息的服务企业。它有 7.97 亿条服务伙伴的各种原始和实时动态的数据，其中包括 520 万家公司和各种小微企业。在基于经济价值和遵守法规政策的前提下，评估项目各方的实际支付行为、偿债能力和企业当前的经营和经济状况。SCHUFA 公司于 1927 年成立于德国柏林，起初是一家以个人征信业务为主的征信服务机构。SCHUFA 公司占领了德国个人信用市场的九成以上，拥有德国最大的个人信用信息库，其数据库中拥有超过 6,600 万条个人信用记录。SCHUFA 还是德国截至 2016 年唯一一家拥有银行信用信息的征信服务机构，在信息确定、身份识别、信用评级、数据分析等方面都发挥着不可低估的作用。SCHUFA 坚持互惠互利的双赢原则、公平竞争机制和严格保密制度，其企业文化的核心是在任何业务活动中，始终遵循保护贷款人各项权益的原则，同时也维护借贷人的合理负债水平；重诚信，促成信用交易的达成，使守信者利益最大化，防止不良信用行为的发生，以保障完善的信用体系，维护良好的经济社会秩序，促进德国经济平稳发展。

第三，行业协会征信的构建。行业协会为其会员提供了一个信息共享平台，行业协会收集的信息仅限内部使用，是相对封闭的。以行业协会为主体的会员制模式补充了以上两种模式的不足，提高了信息数据的收集效率，摆脱了各金融领域对信用信息的垄断，使得征信的广度有了全面的提高。例如，德国的信贷信用保护协会，德国的各个金融机构均是协会成员，所有会员机构用户的不良信息都会被记录在协会资料库中。而有过不良信贷记录的客户在以后的生活和经营中会遇到诸多的困难，如向银行申请贷款时会遭到拒绝或者面临更高的利率，想用分期支付的方式购买一些大件商品时也会被商家拒绝。再比如信用保险保护协会，由协会自身建立信用信息系统，通过内部信用信息共享机制实现征集和运用信息数据的目的。

（2）多样性的信用服务业务。在德国征信体系下，除了国家信贷登记中心提供专业的基本信息和信用信息的业务外，还有各类商业化的征信机构提供资产调查与评估、信用评级、信用保险、资产保理、商账追收等业务。

第一，资信调查与评估。资信调查与评估是信用风险管理中最基本、最普遍的业务，也是其他征信服务的基础。征信机构搜集自然人或者法人的信用有关的所有信息，并运用特定的计算方法加以分析和评估。提供的信用服务产品主要有个人或者企业信用报告、信用风险指数、信用风险损失等。Creditreform、Buergel、SCHUFA 公司都提供此类业务。

第二，信用保险。信用保险是以个人或者企业的信用风险为保险标的责任的财产性保险业务，是保障投保个人或企业的应收账款和债权不因信用风险而造成非必要的损失。信用保险按照地域划分，大体分为国内贸易信用保险和国外贸易信用保险。出口信用保险由政府政策性信用保险和私营商业化信用保险组成。承担政策性出口信用保险的有裕利安宜信用保险公司（Euler Hermes）。德国贸易领域的信用保险大多是私营商业化信用保险公司，有 Atradius 和 Coface 公司等。

第三，商账追收。商账追收业务是指商账追收公司受客户委托，代理客户以合法的自有方式，从事催债和账款追收的业务，类似我国的民营收账公司。其收费方式是以追收账款的金额按比例提取佣金。在德国从事商账追收业务的公司超过 650 家，大多数是商账追收协会的成员。

第四，资产保理。资产保理业务是指保理商以低于债权人的应收账款或者其他类证券的面额购买客户的债务（信用风险已经转移），然后保理商再去收账，收益就是总面额减去客户所得金额。资产保理与商账追收最大的不同是保理业务是一种债权转让的交易，保理商以立即付款的方式购买客户的债权，因此客户可以及时收取资金。保理商虽然从中可以赚钱收益，但是相应地要承担债务风险，因而在购买应收账款时要对债务人的信用情况进行全面调查。德国从事保理业务的公司超过 20 家，而且基本上都是保理商协会的成员。

第五，评分服务。评分服务是指根据不同的客户要求设置相应的评分系统，对消费者的信用信息进行全方位综合评分，当客户要求查询消费者信用资料时，系统会根据已有的信用信息自动产生消费者的信用评分。很显然，系统参考对象的信用信息种类越多，来源渠道越广泛，其信息就越全面，形成的评分就越准确。评分服务不仅可以使信用信息使用者更加有效、方便地使用征信信息，而且可以提高信息使用者的决策效率。SCHUFA 公司于 1997 年开始此类业务，并且业务的发展良好。SCHUFA 将个人的信用评分划分为 0 至 100 分，包含了个人身份的基本信息、住址、信贷记录、银行账户信息、保险信息、住房、电话和网络缴费情况、犯罪与个人不良记录等。

随着德国征信体系的不断完善，征信服务业务开始从横向、纵向广泛、深入地发展，征信公司面临着激烈的市场竞争，混合经营模式成为一种必要发展趋势。每个征信机构的业务范围从单一的资信调查延伸到信用评级、信用保险、商账追收、资产保理业务、评分服务等，而且信用增值服务随市场发展其需求不断显现。德国规模较大的私营征信公司均提供个人或企业的信用报告和信用风险评估业务，而且信用保险公司更是提供从信用咨询、信用保险到商账追收和资产保理等全方位的信用服务。德国征信市场可以用图 2－8 进行简单概括。

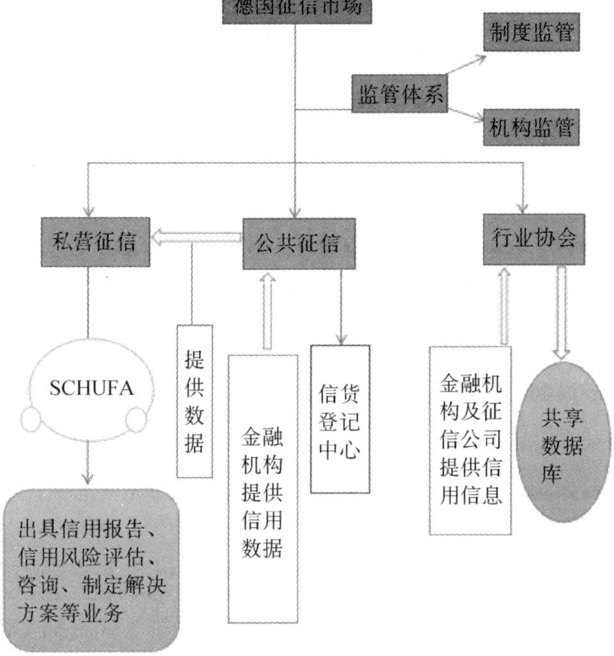

图 2-8　德国征信体系

3. 征信管理建设

（1）从横向上看各个模式的征信机构都有特定的监管体系。德国征信模式多样化，公共征信模式、市场征信模式、会员制模式并存的格局，导致信用体系的监督和管理具有层次分明的特征。一是在德国中央银行主导建立的以信贷登记中心为主体的公共征信系统下，所有金融机构向信贷登记系统提供信息数据并依法申请使用信息数据。德意志联邦银行负责监管这一系统相关的信息报送和运用。二是以市场为主导的私营商业化征信机构按照相关法律法规规定的具体程序开展业务，监督和管理由出台法律法规的职能部门开展。三是在行业协会模式下的各个协会由协会内部监督和管理。比如在通用信用保护协会内部，建立了协会会员共享的信息平台，同时由协会内部自行组织成员，负责监督管理会员在共享信息平台的信息报送、披露等行为。

（2）从纵向上看有专门的行政监管机构。德意志联邦银行即德国中央银行和联邦金融监管局是信用服务体系的主要监管部门。德国中央银行是唯一有权向二级商业银行和其他金融机构行使信用信息数据统计的机构，各类金融机构必须每月向德意志联邦银行报送各类信贷业务的统计报表，并且通过央行建立的信贷登记中心系统的共享信息平台来控制银行内部风险。联邦金融服务监管局是由联邦银行监管局、联邦保险监管局、联邦证券监管局重新组成的独立的信用监管机构，受德国财政部的管辖。联邦金融服务监管局可以对德国超过 2,700 家的银行、800 家金融服务机构以及 700 多家保险机构的商业信用行为进行监管。此外，中央政府部门及各州的地方政府都建立了个人数据保护监管的相关部门，负责对掌握个人数据的相关机构进行监督和指导。

4. 征信宣传教育建设

（1）针对国民的宣传教育体系。德国国民无论是乘车、租房，还是贷款、开展信用活动，建立在诚信基础上的运作方式已经渗透在日常生活中的方方面面，无形中教育着德国国民重视自身的信用。无论是在德国旅游的人还是在德国工作、学习的外籍人士都能发现，德国的许多公共交通工具如地铁等，并没有专门的售票人员，乘客买票全靠自觉。在法兰克福，地铁连检票口都未设立，进站出站都畅通无阻，连工作人员都很少见。德国的加油站通常都附带一个便利店，除了店里的收银员，加油站几乎看不到服务人员，需要加油的顾客自行加油，然后再到店里付款，加油过程完全“自助”。除此之外，不论是购物、乘车、看病，还是在贷款买房或购车、邮购商品、分期付款、信用卡支付等消费过程中，各个方面都体现出德国社会的高度诚信以及诚信在社会生活中发挥的重要作用。无论是在信用教育体系中教育国民的信用意识，还是在重视信用的社会环境中逐渐自发产生形成的宣传作用，都激发和教育着德国人民提高自身的信用意识。在高度重视信用的德国，民众会自觉维护自身信用，防止自身信用遭到破坏，以免造成信用不良。

（2）针对征信职业人员的宣传教育体系。为保护征信系统内个人和企业的数据信息隐私安全，依据德国数据保护的法律法规，不论是私人征信机构还是公共征信机构，从成立时起就要在规定的时间内配备一名数据保护专员。数据保护专员的主要职责是对数据处理工作人员进行相关工作的教育和培训，确保其在熟悉和明确个人数据保护各项法律法规的基础上依法进行工作。数据保护专员的任职期限为一年，除非有特殊原因，数据保护专员的工作在任职期限内不能随意更换或者停止。此外，根据法律法规，数据保护专员还要具有相关技能和知识，数据保护专员还需要在规定的政府相关部门接受培训后才可上岗。根据法律法规，数据保护专员要有工作场所和必要的工作资源，不能设置空头岗位。消费者如有需求，可以在任何时间接触到数据保护专员。

5. 征信文化建设

德国民众对自身的信用意识极强，这归功于社会安全号的建立和个人的信用记录的建立。德国国民都有着一个伴随终生的社会安全号。社会安全号记录着一系列的有效数据和事实行为，可以视为第二张身份证。通过这个无法被伪造改变的社会安全号，每个人也将会拥有一份资信公司出具的信用报告。如若有过不良的民事记录甚至是刑事记录如诈骗、空头支票、借债逾期不还和其他相关违法活动等，当进行信贷、购买保险、应聘时，要比信用良好的人程序烦琐很多甚至会遭到拒绝。

政府和中央的相关部门为了营造人人守信的良好氛围，公共征信部门不仅将国民的履约信息数据纳入记录，而且更是将对违约行为的惩戒措施渗透到社会日常活动中。比如，在地铁等交通工具上，并不设置售票员，但是时不时有公勤人员进行查票，虽然这种形式抓取违规的概率低，但是惩罚比较重，会将违规行为记录在社会安全号中，成为信用信息污点，而加大违约风险。因此，德国国民在这种环境下非常重视自身信用不被破坏。在这样严格的征信文化氛围中，人们的行为受征信文化约束，不能轻易妄为。

第三章 丝绸之路经济带国内沿线各省区市征信体系建设与发展

第一节 丝绸之路经济带西北五省区征信体系建设与发展

一、陕西省征信体系建设与发展：打造丝绸之路经济带新起点

（一）陕西省征信体系建设与发展的历史机遇

1. 利好政策密集出台为征信体系建设提供了制度保障

在丝绸之路经济带建设背景之下，要想打造好省内征信体系，不仅需要人民群众的努力，更需要相关部门针对发展过程中存在的问题及时处理，以得到多方支持与帮助。所以，陕西省在推动征信体系建设的过程中就需要注重省内政策体系的升级与完善。为此陕西省现已出台涵盖多方面的专项政策文件，形成了相互配套、较为完善的政策法规体系，有利于营造良好的营商环境，进而为陕西省征信业的发展提供坚实的制度保障。根据《陕西省推进

建设丝绸之路经济带和21世纪海上丝绸之路实施方案（2015—2020年）》，要求全面推行电子政务，提高审批、咨询、信息等服务效率。这有助于有关丝路政务信息资源互联互通，进而扩大省内信息来源，辅助省内企业“走出去”。

在产能合作方面，省内出台了不少政策助推其发展。2015年出台了《关于陕西省丝绸之路经济带新起点建设的指导意见》，2016年3月3日陕西省与发改委签署了《关于建立推进国际产能和装备制造合作委省协同机制的合作框架协议》。这些相关指导文件的推出可帮助陕西吸引更多丝路沿线国家的相关企业落户西安，引入更多的高新技术，并帮助省内企业不断通过借鉴先进经验实现自身实力的提升。

在投融资方面，为保证丝路经济带建设中有足够的资金保障，陕西省获得1,500亿元融资支持，并按照《全面推进陕西“一带一路”建设框架性合作协议》的要求进行各类建设。2016年陕西省还拟设立500亿元专项发展基金，主要用于吸引更多的金融机构资金和社会资本参与到丝路经济带建设中来。

表3-1为陕西省近几年出台的有关征信体系建设的相关政策文件。

表3-1　　2015—2019年颁布的部分相关政策

年份	政策名称	目的
2015	陕西省推进建设丝绸之路经济带和21世纪海上丝绸之路实施方案（2015—2020年）	要求全面推行电子政务，提高审批、咨询、信息等服务效率。
	关于陕西省丝绸之路经济带新起点建设的指导意见	引导金融机构加大对重点项目、能源金融贸易中心、先进制造业、高新技术、外向型企业“走出去”、文化旅游产业基地六大项目和领域的支持力度。
	全面推进陕西“一带一路”建设框架性合作协议	
2016	关于建立推进国际产能和装备制造合作委省协同机制的合作框架协议	共同推进国际产能和装备制造20个重点产能合作项目。

续表

<table>
<tr><th>年份</th><th>政策名称</th><th>目的</th></tr>
<tr><td>2018</td><td>陕西省降低企业获得信贷难度和成本行动方案</td><td>优化信贷流程，合理压缩获得信贷的时间，降低信贷综合成本，提高信贷服务便利度和企业申贷获得率。</td></tr>
<tr><td rowspan="2">2019</td><td>陕西省推进绿色“一带一路”建设实施意见</td><td></td></tr>
<tr><td>扩大进口促进对外贸易平衡发展实施意见</td><td>为统筹国际、国内两个市场、两种资源，在稳定出口的同时进一步扩大进口，实现优进优出促进对外贸易平衡发展和推动陕西省经济高质量发展。</td></tr>
</table>

资料来源：根据 www. shanxi. gov. cn 网站内容整理

综上各类政策的颁布与实施，有助于省内各个企业在丝路经济带的背景下正常运作乃至实现“走出去”的目标。企业的正常运作是征信基础建设活动开展的有效保障。此外，扶持省内企业“走出去”的相关政策，势必倒逼市场上征信机构数量的攀升以及征信产品的不断创新。通过获取一些权威性的信用等级评定结果，在对外竞争过程中取得较为优势的地位，还能够利用良好的信誉基础与合作方展开长期往来。

2. 经贸合作的深化助推征信体系建设

陕西与丝绸之路沿线国家的贸易交易量不断增加，经济金融合作不断深化，信贷环境、信息交流等制约性因素也慢慢显现出来。征信体系建设将发挥出战略化作用，即进一步促进陕西与丝绸之路沿线国家和城市间的经济和金融合作与交流，促进陕西快速、准确地将信贷数据与丝路沿线国家和城市进行互通，同时建成一个高质量的信贷合作平台。经贸合作会增加对贸易对象相关信息的沟通、收集，使得丝路沿线国家更方便地了解其他国家相关的贸易政策以及贸易行业发展的大致情况。

据西安海关统计，2016 年陕西省货物贸易进出口总值为 2, 714. 9 亿元人民币，同比增长了 37. 4%，进出口增速排名全国第 5。其中，出口 1, 659. 8 亿元，同比增长了 58. 8%，出口增速位居全国第 2；进口高达 1, 055. 1 亿元，第一次突破 1,000 亿元，同比增长了 13.3%；同期 604.7 亿元的贸易顺差。加工贸易、一般贸易进出口也大幅增长。全省加工贸易进出口 1,735.1 亿元，同比增长了 33.5%，占同期全省进出口总值的 63.9%。总值 675.2 亿元的一般贸易进出口，同比增长了 28.4%，占同期全省进出口总值的 24.9%。

表 3－2 可以清晰地看出，陕西省与丝绸之路经济带沿线国家间进出口贸易总额呈现出逐年攀升的态势，但其在丝路贸易总额中所占份额还是较小，这说明陕西省对外贸易量还有着很大的发展空间。由于丝路沿线国家经济发展水平不均衡，部分存在资金短缺状况的国家极有可能出现贸易赊销等问题。一方面，为这些国家提供贸易赊销时，有极大可能会扩大省内贸易总量从而推动省内经济发展；另一方面，如若某个国家的贸易赊销款项发生坏账或呆账，就会严重阻碍省内经济的健康发展，甚至造成无法挽回的局面。

表 3－2　　陕西省 2012—2016 年与丝路沿线国家出口贸易量　　单位：万元

国家	2012 年	2013 年	2014 年	2015 年	2016 年
阿富汗	12.7	21.9	24.9	5.5	12.4
印度	10,853.2	10,540.5	3,839.8	10,135.6	12,586.1
伊朗	145.2	2,773.3	3,071.5	2,617.4	478.3
伊拉克	46.5	121.0	1,156.0	310.2	120.4
约旦	178.3	168.6	216.9	724.1	515.7
巴基斯坦	590.3	334.9	485.8	428.5	1,293.3
沙特阿拉伯	949.8	1,132.3	792.2	715.3	7,957.9
叙利亚	55.8	87.4	48.7	66.6	40.7
土耳其	1,619.6	1,435.7	1,383.3	1,132.7	995.4
哈萨克斯坦	4,023.8	8,045.2	7,102.8	3,394.3	2,760.2
吉尔吉斯斯坦	678.7	1,160.6	737.4	1,219.2	1,670.0
塔吉克斯坦	80.5	126.1	634.2	366.5	729.0
土库曼斯坦	25.9	14.8	1,041.4	236.7	24.1
乌兹别克斯坦	274.4	624.8	368.5	241.9	328.8

续表

国家	2012 年	2013 年	2014 年	2015 年	2016 年
格鲁吉亚	28.7	14.9	98.5	314.4	113.4
亚美尼亚	3.5	3.2	91.4	106.6	0.5
阿塞拜疆	8.3	12.1	22.7	10.9	13.5
白俄罗斯	73.9	2.9	10.8	32.8	87.2
摩尔多瓦	30.8	110.1	126.8	91.0	89.5
俄罗斯联邦	6,732.7	4,972.1	7,036.6	4,545.7	7,469.0

数据来源：中国海关

基于以上情形，将催生出大量征信相关业务，例如对贸易对象信用报告的需求、贸易对象所处行业景气情况的信息。或是为了辅助企业“走出去”，需要较为权威的信用评级证明。同时借助征信信息的更新，及时追踪贸易对象的资金运作情况，以降低乃至避免信用违约风险。此外，也可以根据以往的历史交易信用信息为对方提供更长的信用延长期，有助于实现双方互赢的局面，从而推动经济发展。这为陕西省发展自身征信管理体系带来机遇。如果拥有良好的征信体系，在对外贸易前就已经获取大量相关贸易国的各类征信信息，并及时制定出整套违约风险管理对策，不仅可以将贸易期间的信用风险大大削减，而且也会提升贸易效率，从而推动经济发展。

3. 合作平台的搭建推动征信体系建设

陕西省越来越注重对外合作平台建设工作。在与沿线国家进行频繁的贸易往来过程中，需要发达的对外开放合作平台作为载体，更好地实现贸易畅通。省内各类合作平台的搭建也在进一步呼唤征信体系建设的完善。

历届欧亚经济论坛均在西安举行（表 3 - 3），借助此类高端对话平台主动展开对外交流，有助于各方集思广益共同探讨寻找合适的发展新路径，为全方位推进电子商务发展提前作好战略对接和政策沟通。此外，想要构建海内外联动、东部与西部互联互通的健全场景，进而有效地发挥出陕西省自贸区、开发区的引领作用，此时就需要更加开放、便利、透明的营商环境，及时将征信纳入其中，势必会全面提升陕西省利用外资的质量和水平。

表 3-3　　　　历届亚欧经济论坛举办情况

	开展时间	举办情况
首届欧亚经济论坛	2005.11.10—2005.11.11	10 个国家参与，约 600 位中外嘉宾到会；论坛主办方 4 家
2007 欧亚经济论坛	2007.11.08—2007.11.09	20 个国家参与，约 1,200 位中外嘉宾到会；各参会国共同签署了《西安共识》；论坛主办方 7 家
2009 欧亚经济论坛	2009.11.16—2009.11.17	32 个国家参与，1,259 位中外嘉宾到会；国家开发银行与西安市政府签署了《支持西安市文化产业和城市发展备忘录》，西安曲江新区与国家开发银行金融公司签约成立了国内首个城市发展基金；欧亚与会各国海关和商界代表签署了《推进贸易安全与便利西安倡议》；筹备建立委员会成立大会，签署会议备忘录；论坛主办方 11 家
2011 欧亚经济论坛	2011.09.23—2011.09.23	43 个国家参与，889 位中外嘉宾到会；召开各类智库参与的论坛发展战略研讨会，发布了《上海合作组织发展报告》和《中国企业欧亚国家投资报告》；通过了《2011 欧亚生态安全会议共识》，签署了《论坛理事会筹委会倡议》；论坛主办方 13 家
2013 欧亚经济论坛	2013.09.23—2013.09.28	89 个国家参与，约 1,000 位中外嘉宾到会，各类参会人数达 2,033 名；论坛主办方 18 家
2015 欧亚经济论坛	2015.09.23—2015.09.26	坚持以“依托上合组织，服务‘一带一路’，促进地方发展”的宗旨，围绕“创新合作模式，共享丝路繁荣”的主题，吸引了 53 个国家和地区的 2,180 名政界学界代表参与；论坛主办方 18 家

资料来源：亚欧经济网整理

以上各类合作平台的建设目的是让贸易双方能够实现互利共赢的局面。但由于平台一般都是对外进行各项业务活动的，面对国际上政治、法律、社会、安全等各类风险，若没有风险管控体系，势必会导致各类乱象产生。此外，合作方之间的差异必然会导致信息不对称现象，使得在合作过程中因信息不对称而造成诸多不便。要解决这些问题，还需要征信支持。可以依托各类平台不断收集整合信息资料，为参与自贸试验区的企业建立信用信息档案，增加对合作企业信用信息的积累，并积极开展信用监督活动，从而创造一个良好的信用环境。

（二）陕西省征信体系建设与发展的挑战

1. 数据保护过度阻碍了信用信息共享机制的建立

陕西的征信机构相对甘肃、宁夏、青海、新疆四省（自治区）来说是较为先进的，但其征信资料的权威性、系统性还达不到一定的标准也是不争的事实。整理和搜集信用信息是建立征信体系最基本的环节，然而执行这一环节的机构大多以收集与自身业务相关的信息资料为主，容易导致机构间对同一项数据多次重复收集，而忽略了其他方面的信息。因此，无论从数量还是从质量这两个方面来评判，陕西省目前的征信信息都远远不能满足征信体系建设的需要。

另外，各个机构之间主要收集与本行业相关的信息，且行业间信用数据还没有相互公开，不少企业将其拥有的信息视为私有财产，不愿意同其他企业共享，甚至会在提供必要信息上弄虚作假，导致征信信息的可靠性大打折扣。这些隐藏的问题将极大地危及省内信用信息共享机制的建立，使得征信体系建设无法造福社会、惠及于民。

2. 信用组织管理体系有待加强

机构设置和人员配备不到位是严重制约陕西省信用体系建设工作的突出问题。陕西省政府于 2007 年依托省信息中心设立陕西省信用管理办公室和陕西省联合征信中心，但没有内设机构和人员编制。而且陕西省信息中心承担的政府任务繁多，无法在第一时间调配足够人员承担信用工作；部分设区市和多数县（市、区）信用建设管理机构和人员编制没有落到实处，导致工作力量（尤其是县级）严重不足。且目前存在某一处科室担任两个职位的现象，容易产生不良的内部效应。人员经常变动，导致工作任务难以有效落实，甚至容易发生责任纠纷。在同丝路沿线国家的合作中，将产生大量的信用信息，这些信息可以算得上是隐形财富，但对这些信用信息的收集和管理势必需要不少人力、物力，而省内目前现有的人员配备明显不足以完成此项任务。因此，为了进一步疏通和健全全省信用工作组织体系，以强化各个级层的信用工作机构及其能力建设，还需要重视关于有效配备征信人员的问题。

3. 征信建设资金保障机制缺乏

社会信用体系建设既涉及信用信息平台及相关应用服务系统等基础设施建设以及后续的运营维护，还要继续开展调查研究、组织协调、信息采集、信用服务、诚信宣传、教育培训、试点示范等一系列日常工作，需要各级政府提供相应的经费保障。因此，建议设立省级社会信用体系建设专项资金，用于省公共信用信息平台的升级改造和各行业领域信用信息系统建设，构建全省信用信息收集共享网络系统，并依据每年实际需要，由省财政安排信用建设和运维工作经费。同时，各市、县财政应安排适当资金，以满足本地区信贷建设的现实需要。

此外，奖惩机制的实施也需要投入资金支持，但也不能超量投入资金。因此迫切需要组建相关部门，为征信建设量身定制一套资金保障机制，从而刺激大众及社会各部门提升守信和维信意识。

4. 对外开放程度不高，信用信息获取来源受限

一个省的对外开放程度决定着其是否有机会通过对外合作带动省内自身发展。在贸易交易环节，持有信息较多的一方往往更具优势。在全球进出口贸易持续增长的背景下，获取更多交易对手的信息将会更加关键，尤其是涉及行业地位、资产情况、企业信用等方面的信息。传统的信用数据主要通过查询当地金融机构和工商部门等渠道获得，或者通过业务积累经验获得，根本无法满足经济快速发展合作的需求。尤其在丝路经济带这个复杂的背景之下，对外开放在很大程度上能够带来企业之间信用数据的流通、共享，还可以有效地降低交易成本和风险。

针对陕西省而言，若立足于西北五省区，以其自身近几年发展速度，其对外开放程度是较高的。但根据以往情况，陕西省在出口产品竞争方面表现较弱，外商对其投资的规模有限，加工贸易发展水平较低，对外开放程度仍然有待提升。外贸依存度可以衡量一个国家或地区对外开放程度大小，反映了某个省份或者国家的经济对进出口贸易依赖程度。一般外贸依存度可以表示为外贸出口额与国内生产总值之比。从表 3-4 可以看出，陕西省外贸依存度是有所提高的，从 2012 年到 2017 年增长了近两倍，达到了 12.4%，位居全国 17 名，但同国内平均水平相比还相差 21.2 个百分点。

表 3－4　　2012—2017 年陕西省外贸依存度表

年份	外贸进口额/亿元	外贸出口额/亿元	外贸进出口总额/亿元	国内生产总值/亿元	外贸依存度/%
2012	408.78	575.36	955.84	14,453.68	6.70
2013	658.55	680.03	1,270.64	16,205.45	7.80
2014	825.23	855.48	1,680.71	17,689.94	9.50
2015	976.78	918.47	1,895.25	18,021.86	10.50
2016	931.24	1,045.07	1,976.31	19,399.59	10.20
2017	1,059.92	1,659.73	2,719.65	21,898.81	12.40

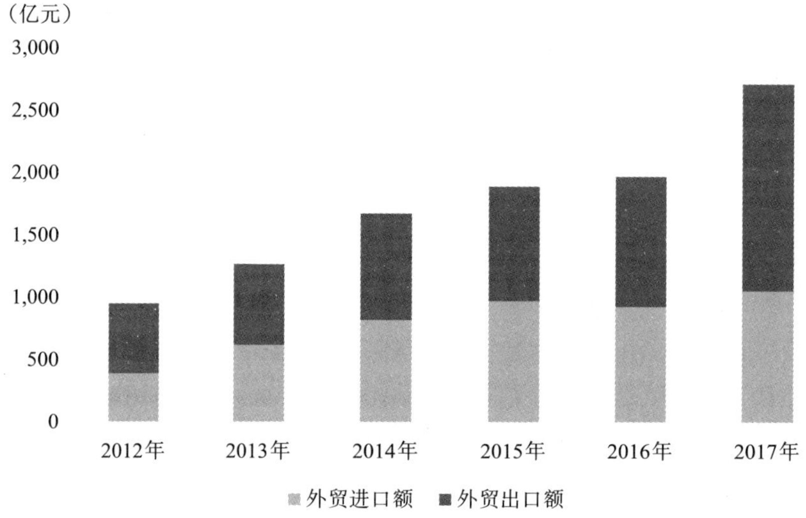

图 3－1　2012—2017 年陕西省外贸进出口额

数据来源：陕西省历年统计年鉴

（三）陕西省征信体系建设与发展取得的成绩

1. 征信法律、法规建设方面

陕西省在征信立法层面可以排在全国前列。陕西省于 2011 年 11 月 24 日颁布了《陕西省公共信用信息条例》，使其成为以“诚信”为重点立法的国内第一个省份。陕西省不断根据市场需要出台相应的规章制度，以促进市场健康、有序成长。通过不断完善一些配套的制度与政策，以积极推进立法的综合性，进而能够健全信用法规制度体系。这些政策法规（表 3－5）主要从以下几方面进行完善：加强规范信用信息的征集与使用、扩大社会信用监督评价范围、保障守信激励与失信惩戒的有效实施、增加信用服务市场的监督力度以及对信用主体权益的保障。

表 3－5　　近年来陕西省在征信方面的政策法规

2011 年以前	陕西省公共信用信息条例
2013 年	关于在行政管理事项中使用信用记录和信用报告的实施意见
2014 年	关于在商务领域行政管理事项中使用信用记录综合信用等级和信用报告的实施方案
	关于加快推进社会信用资源整合共享工作的通知
	陕西省人民政府关于落实《企业信息公示暂行条例》促进企业诚信建设的实施意见
2015 年	陕西省发展和改革委员会关于印发《全省发展改革系统在行政管理事项中使用信用记录和信用报告的实施方案（试行）》的通知
	陕西省人民政府办公厅关于运用大数据加强对市场主体服务和监管的实施意见
	陕西省发展和改革委员会关于印发《关于做好行政许可和行政处罚等信用信息公示工作的实施方案》的通知
	陕西省精神文明建设指导委员会关于深入推进"诚信陕西"建设的实施意见
2016 年	陕西省人民政府办公厅关于印发企业信息互联共享管理暂行办法的通知
	陕西省人民政府关于"先照后证"改革后加强事中事后监管的实施意见
	陕西省人民政府办公厅关于印发《陕西省推广随机抽查规范事中事后监管工作实施方案》的通知
	陕西省人民政府关于建立完善守信联合激励和失信联合惩戒制度加快推进社会诚信建设的实施意见
	陕西省违法失信"黑名单"信息共享和联合惩戒办法
	陕西省人民政府办公厅关于印发陕西省推进"五证合一、一照一码"登记制度改革工作实施方案的通知
	陕西省发展和改革委员会关于印发《全省发展改革系统落实违法失信"黑名单"信息共享和联合惩戒制度的实施方案》的通知
	陕西省精神文明建设指导委员会关于印发《陕西省重点领域失信"黑名单"发布制度》的通知
	陕西省人民政府办公厅关于印发政府部门涉企信息统一归集公示工作实施方案的通知

续表

2017 年	陕西省人民政府关于印发省“十三五”社会信用体系建设规划的通知
	陕西省企业信用监督管理办法
	陕西省发展和改革委员会、中国人民银行西安分行关于印发《陕西省企业综合信用等级评价管理细则（试行）》的通知
	关于印发《陕西省诚信典型选树和联合激励办法（试行）》的通知
	陕西省发展和改革委员会关于印发《陕西省市场主体信用承诺工作指引》的通知
	陕西省发展和改革委员会、中国人民银行西安分行关于印发《陕西省守信联合激励和失信联合惩戒工作指引》的通知
	关于印发《陕西省政务诚信评价办法（试行）》的通知

资料来源：陕西信用网

在陕西省人民政府社会信用体系建设主管部门的指导和监督下，各部门共同建设和维护全省唯一的公共信用信息共享平台，并对各个地区正在筹备以及将要筹备建设的信用信息系统提出统一规划，以便后期实现各平台间的互联互通。要求在信息采集过程中不仅要做到准确及时，还应当全面完整，并及时更新。2014 年陕西省发布了《关于在商务领域行政管理事项中使用信用记录综合信用等级和信用报告的实施方案》、2016 年陕西省人民政府办公厅印发《政府部门涉企信息统一归集公示工作实施方案的通知》。

对于违约失信惩罚方面也有相关的法律法规。陕西省在 2016 年就结合省内实际情况，公布了违法失信“黑名单”信息共享和联合惩戒办法。同时，为对省内失信企业的行为有根据地进行惩戒，省发改委专门制定了《全省发展改革系统在行政管理事项中使用信用记录和信用报告的实施方案（试行)》，其中把企业失信行为划分为三大种类：不履行法定或约定义务的行为；违法违规生产经营造成经济社会损失的行为；弄虚作假、扰乱经济社会秩序、危害人民群众生命安全、损害社会公共利益的行为。还进一步区别了这三大类型失信行为的危害程度与影响力度，且对三种类型一一提出了渐进式的惩罚措施与惩罚力度。

2. 征信市场建设方面

据统计发现，陕西省现已建档的信用服务机构有以下 13 所（表 3 -6），且配有一定数量的具有专业建档技术的人员。

表 3-6　　　　陕西建档信用服务机构

企业名称	所在地区	建档专业技术人员数
陕西鼎业征信有限公司	延安市	7
陕西融信信用管理有限公司	西安市	7
陕西正浩征信有限公司	宝鸡市	5
陕西西部资信股份有限公司	西安市	5
东方安卓（北京）征信有限公司陕西分公司	西安市	5
联合信用征信有限公司陕西分公司	西安市	5
中国诚信信用管理股份有限公司陕西分公司	西安市	3
华夏方圆信用评估有限公司陕西分公司	西安市	5
陕西邑点信用管理有限公司	西安市	7
陕西汉唐睿信信用评估有限公司	西安市	32
绿盾征信（北京）有限公司汉中分公司	汉中市	5
绿盾征信（北京）有限公司渭南分公司	渭南市	5
陕西金科资信评估服务有限公司	西安市	11

数据来源：信用陕西网

可以看出省内各市征信机构分布不均，其中西安市的征信服务机构数量最多。这是因为西安市有意促进诚信建设的制度化，用以培养和实践社会主义核心价值观，并促进诚信建设制度化在西安成为一种重要载体，另一方面还巩固了全国文明城市的称号。为继续大力推广诚信制度化这一理念，西安市先后制定及印发了《市文明委关于印发〈诚信建设制度化联席会议制度〉的通知》《关于印发〈西安市失信行为联合惩戒机制备忘录〉的通知》《西安市企业诚信“红黑榜”集中发布制度》《关于印发〈西安市重点领域失信“黑名单”发布制度〉的通知》《关于对失信被执行人实施禁止参评我市文明单位、道德模范、身边好人的通知》等文件，将相关工作机制和制度落到实处。西安市信用办大力推进全市信用体系建设，持续完善信用信息数据库，不断加强“信用西安”网站建设，积极推动制定出台《西安市公共信用信息管理办法》《西安市关于建立完善守信联合激励和失信联合惩戒制度加快推进社会诚信建设的实施意见》等文件。在相关办法出台后，西安市社会信用体系建设水平已经升级，社会信用体系建设的软件和硬件环境逐渐相互匹配，信用信息的互联互通也有不小进展。

伴随着征信系统的逐渐完善，陕西省全覆盖式的全力推广征信查询。一方面，人民群众对于征信的关注度越来越强；另一方面，群众的信用搭建意识与日俱增。陕西省不断普及标准化征信查询窗口的建设，使征信服务更加便利，为群众提供一个好的征信环境。从 2016 年开始，陕西省依托商业银行的网点分支机构，为省内 22 个没有人民银行分支机构的县区提供了信用报告自助查询点。2017 年，信用报告自助查询设备布放数量骤升，同时覆盖面也有所扩大，在省内共计发放了 127 台查询机，且全年为 115.7 万人次提供了个人信用报告查询服务，同比增长 47.7%。

伴随着查询需求的不断攀升，数据收集的广泛度也显著提升。截至 2017 年年底，陕西省记录在案的企业信用信息共有 22.7 万条，自然人信息有 2,413 万条，其中包含了超过 90% 的省内信贷信息记录。据相关数据统计，2017 年陕西省各大征信机构月均查询量十分可观，其中包括企业查询约 3.1 万次和个人查询 56.7 万次。

3. 征信管理建设方面

陕西省在全省范围内实施行业信用分类监督，针对不同的行业实施不同的监管方式，还为此制定了一些奖惩措施。例如，具有良好信用背景的主体，可享受便捷绿色通道服务，并适量减少其被检查的次数；对于信用记录存在问题的主体，则需加大对其的日常监督工作以及抽查的次数；若有情节严重的，及时按要求对外进行曝光，并将其列入征信“黑名单”。不论是公共信用信息接入部门还是信息报送部门的数量，信用信息在不同机构间共享方面，均呈现出可观的变化。截至 2017 年年底，公共信用信息平台已收集各类信用信息 2,967 万条，省内县市区共有 4,335 个部门已与公共信用信息平台实现对接，较 2016 年增长了 110%。

在联合惩戒方面，由省内各市、区及 26 个行业共同制定“红黑名单”管理制度和联合惩戒办法。借助“信用陕西”网站，累计曝光了严重失信“黑名单”信息超过 8 万条，公布诚信典型“红名单”信息超过 1.8 万条。

一旦个人被列入黑名单内，就会为其出行带来诸多限制，还将在融资、注册公司、置业、招投标等方面受到严格限制。而被列入黑名单的企业或公司，不仅会使公司名誉严重受损，还将受到省内约 39 个行政部门协同监管，从而使企业或公司发展处于不利地位。

表 3－7、表 3－8 是陕西省截至 2017 年各省级部门及行业领域黑名单信息发布量。

表 3－7　　截至 2017 年省级部门黑名单信息发布量

部门名称	报送量	部门名称	报送量
国家信用平台	6, 420, 049	陕西省国家税务局	8
省公安厅	2, 559	省食品药品监督管理局	5
省安全生产监督管理局	12	西安海关	5
省人力资源和社会保障厅	10	省旅游局	2
省工商行政管理局	9	省地方税务局	2

数据来源：信用陕西

表 3－8　　截至 2017 年行业领域黑名单信息发布量

行业领域	报送系统	报送量
失信被执行人	发展改革部门	6, 420, 049
未分类	公安机关	2, 497
公安领域	公安机关	62
劳动保障领域	人力资源社会保障部门	39
安全生产领域	安全生产监督管理部门	23
工商监管领域	工商行政管理部门	11
未分类	其他部门	11
未分类	民政部门	10
税收征管领域	国税部门	10
食品药品监管领域	食品药品监管部门	6
海关领域	海关	5
房地产领域	其他部门	5
未分类	民族宗教事务管理部门	3

续表

行业领域	报送系统	报送量
工商监管领域	人力资源社会保障部门	3
税收征管领域	税务部门	2
未分类	旅游部门	2
质量安全领域	人力资源社会保障部门	1
环境保护领域	环境保护部门	1
财政性资金管理使用领域	其他部门	1

数据来源：信用陕西

4. 征信文化和教育建设方面

近年来，征信文化建设逐渐在陕西省发展起来。一方面，征信文化建设可以以个人、企业、金融机构和政府为主体，进行征信知识的广泛普及。另一方面，可以以地方征信建设为基础进行大力宣传，进一步加强社会信用体系建设的宣传工作，增强民众的信用意识和信用活动参与度。2018 年，陕西省为积极响应全国范围内开展的“诚信万里行活动”，特评选了“陕西省2018 年度信用建设典型案例”，引导省内各机构、人民深入了解征信。人民银行西安分行于 2018 年 4 月在全省组织开展了“信之韵”诚信作品征集活动，获得社会各界的重视，在活动期间的 8 个月内收到 519 份作品。这些宣传教育活动旨在继续加强公众的诚信意识，并普及征信知识，建设信用社会。

陕西省通过各类宣传活动，省内人民对征信文化的认知度与参与度逐渐提升。从宣传方式来看，各个市区一般通过报纸、电视台、广播电台等作为载体，以张贴宣传海报、录制播放宣传影片、曲艺演出等形式，积极开展征信知识进校园、进社区、进乡村等活动，有效地推动了人民对征信认识水平的提升。从宣传范围来看，主要从公务员以及高校学生入手。这两类人不但代表着政府的形象也代表着国家的未来，还是带动全社会改善信用环境的主心骨。对公务员而言，可以把其个人事项报告、廉政记录、年度考核结果、相关违法违纪违约行为等信用信息作为干部考核、任用和奖惩的重要依据，为其做好征信表率提供充足的动力。而对在校大学生而言，陕西省通过举办

“征信知识高校行”活动，为省内各大高校的学生大面积地普及征信知识。与此同时还针对学生生活中遇到的征信相关问题提供一系列对策和建议，让他们了解到一份好的征信报告可能是收获一份好工作的机会，应当在校时就注重管理自身的信用。

其中，西安市的征信宣传教育活动最为出色。自每年6月1日开展征信宣传活动以来，西安市先后推出了“征信知识进农村”“征信知识高校行”“信用记录关爱日”等系列宣传活动，内容丰富、形式多样，取得了较显著的宣传效果。西安市还积极与西安奥斯卡影城协调，在影院映前广告时间段播放征信知识宣传片。同时，人民银行西安分行制作了征信知识宣传海报，在影院的影片宣传栏展示，供观影者学习，有效提升了征信知识宣传的吸引力，达到了较好的宣传效果。

对于上述各类宣传教育活动，从关注个人信用报告的公民数量来看，成果显著。一方面，市民开始通过各种渠道查看自己的信用记录，而不单单局限于通过银行查询；另一方面，咨询、查询和使用信用报告的人数也在不断增加。

二、甘肃省征信体系建设与发展：打造丝绸之路经济带黄金段

（一）甘肃省征信体系建设与发展的历史机遇

1. 政策与制度保障助力征信体系发展

2013年在丝绸之路经济带战略背景之下，甘肃省计划努力打造成为国内丝绸之路经济带黄金段。为积极响应这一战略目标，甘肃省于2015年12月出台了《甘肃省参与丝绸之路经济带和21世纪海上丝绸之路建设的实施方案》。方案构想将甘肃打造为我国向西开放的重要门户以及区域合作战略基地。结合这两大愿景，从不同角度为省内征信体系建设提供了契机：一方面政策保障了省内企业与沿线国家展开较多合作，为省内获取其他国家各类信息数据提供了渠道；另一方面倒逼省内企业自觉培养企业信用，以便在进行国际或对外贸易的过程中能够通过良好的信誉度降低交易成本。为保障省内

社会信用体系建设能够有序开展，甘肃省于2014年颁布了《甘肃省社会信用体系建设五年规划（2011—2015年）》，其中要求从各执法部门入手，按照不同的行业建立信用记录，并及时在内部进行整理与管理，为推进信息互联互通打下坚实的基础。

兰州新区的建设性发展，使其达到了国家级评定要求，这不仅能够带动省内新经济不断发展，也有助于甘肃省更多地参与到丝路经济带建设中去。而省内专门针对新区发展出台的《2018年兰州新区产业发展扶持及奖励政策（试行）》，已给予参与新区建设的企业各类优惠补贴，例如参与投资奖励、税费优惠政策、生产要素补贴、融资扶持及奖励、科技创新扶持及奖励还有住房补贴等，吸引了大量企业纷纷入驻。这些优厚的政策又为新区提供了发展动力，进而推动丝路经济带发展。为营造良好的营商环境，新区的发展需要各种征信产品以及征信服务作为补充，从而能够引进优质的企业入驻。同时，也为省内进一步完善征信体系提供了机遇。

2. 经贸合作深化有助于推动征信体系实现跨境合作

从2015年甘肃省积极打造丝路黄金带以来，其同丝路沿线国家的贸易交易量逐年攀升（表3-9）。其中，省内推出了五大重点工程，包括基础设施互联互通、经贸产业合作、人文交流、生态建设、金融创新支持，这五大重点工程将助力甘肃省从多方面积极融入丝路经济带建设。

表3-9　甘肃省同丝路沿线部分国家海关进出口总额　单位：万元

国家	2015年			2016年		
	进出口总额	出口总额	进口总额	进出口总额	出口总额	进口总额
印度	123,573	122,054	1,519	79,351	71,843	7,508
哈萨克斯坦	163,648	34,776	128,873	390,052	58,364	331,688
俄罗斯	75,524	69,337	6,187	92,408	53,847	38,561

数据来源：甘肃经济信息网

其中基础设施的互联互通为经贸产业合作提供了交通保障，便于同丝路沿线国家进行货物往来。甘肃省大力建设嘉峪关口岸开放、马鬃山口岸复关，以及助力临夏、敦煌等有条件的特殊地区设立专门的海关监管区。

此外，在丝路经济带战略背景之下，省内各个市区也在抢抓机遇，以享受战略机遇红利，带动市、区经济发展。其中，张掖市依托市内气候优势，着力开展外向型农业生产活动，努力搭建农产品出口平台。据统计，2017年，张掖市针对中亚等国便实现了自营出口额达4,187万元，同比增长了235%；借助中西南向通道，张掖市实现了与东南亚市场的贸易往来，向其出口价值3.8亿元的10万吨鲜活农产品；还借助霍尔果斯等口岸，向中亚、东南亚等国出口多达52万吨的新鲜农产品，其出口金额高达16.1亿元。而这样的贸易活动要想长期保持下去，就需要出口方保证产品的质量，进口方能够按时履约。

为进一步保持这种经济增长态势，征信体系建设的意义也不言而喻。甘肃省在贸易投资中加强对企业境外投资项目的真实性、合规性审查，引导企业对外投资合作健康有序发展。良好的市场环境，必将能带来更多的贸易投资机遇。

3. 战略平台推动征信建设

甘肃省围绕打造丝路黄金段的战略构想，特此搭建三大战略平台：其一是为实现向西开放经济策略而搭建的兰州新区，其二是推进沿线文化交流而开办的敦煌国际文化博览会和华夏文明传承创新区，其三是为大力发展对外贸易合作而进行的兰州投资贸易洽谈会。这三大战略平台分别从经济、文化、贸易角度推动战略构想的实现。

（1）经济方面。兰州新区截至2018年年末，已经累计获得412个项目、2,500多亿元的投资额；投资方向广泛且先进，从先进装备制造、新材料新能源，到文化旅游、职业教育，再到大数据和信息化等方面。

（2）文化方面。丝绸之路（敦煌）国际文化博览会和华夏文明传承创新区为重点文化交流合作战略平台。对外文化旅游的不断扩大，使敦煌文化、丝路文化、黄河文化对外传承。首届“丝绸之路（敦煌）国际文化博览会”于2016年9月20日举办，到了2018年开办的第三届文博会，有了不少创新点。其中，以高新科技为一大亮点，为参观者浏览文化产品提供了一种全新的途径。文化交流平台的创建帮助丝路沿线国家更深刻地认识敦煌文化，保障了同沿线国家的文化互相理解及包容，为征信体系建设的跨文化工作活动埋下了伏笔。

(3) 贸易方面。兰洽会的顺利举办扩大了贸易合作。2018 年 7 月 4 日，兰州市举办了第二十四届兰洽会，实现了总额高达 218.73 亿元的 33 项合作。按照不同行业来看，可以从图 3 - 2 看出合作项目的数量及金额分布状况。其中，不少项目的投资方实力强，包含了世界 500 强、中国 500 强中的许多知名企业，带来了不小的辐射效应。同时，为征信信息收集提供了更多的数据来源，也拓展了接触更多先进信息技术的渠道。

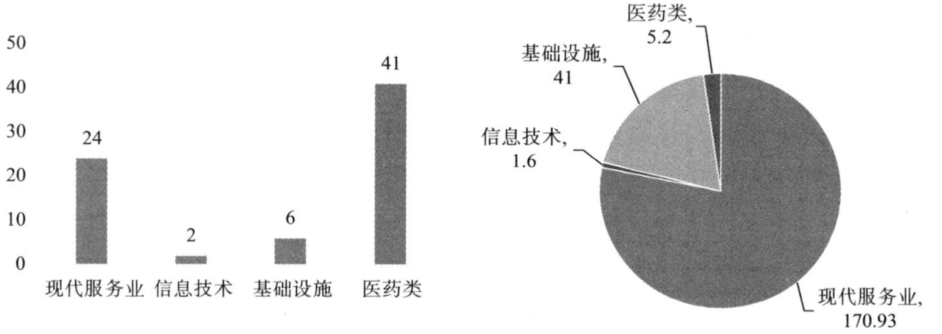

图 3 - 2 兰州新区入住企业类型

数据来源：兰州新区门户网

依托上述三大平台的支撑，甘肃省对外贸易合作不断取得新成果，进一步向“走出去、引进来”的目标靠拢。其中，仅 2018 年前两个月，省内外贸进出口额实现了接近 60 亿元人民币的交易额，较去年同期增长了 25.2%。这些项目、交易将为省内扩充贸易信息数据量，同时可合法地收集、整理与分析经贸往来信息，辅助省内对外活动的开展。还可借助平台大力进行征信宣传，把交易双方的信用水平作为贸易合作的参考指标，提高与丝绸之路沿线国家和地区经贸交流合作的效率。

4. 国际产能合作的推进为征信体系建设提供了重要途径

国际产能合作已是推动我国经济转型的一大重要战略决策，还能实现合作各方的互利共赢。为保证省内企业能够参与丝绸之路经济带发展，与沿线国家开展产能合作往来，2015 年主要针对能源资源合作、农产品、中药材等种植物加工服务、装备制造业、对外工程项目、对外服务贸易转型升级，甘肃省及时颁布了《加快省属国有企业“走出去”推进国际产能合作实施方案》。

据统计，截至2016年年底，省内8家大型重点企业（金川公司、酒钢集团、白银公司、省建投总公司、省农垦集团、兰石集团、八冶公司和西北永新）在境外拥有资产大约700亿元，共计实现营业收入450亿元。这表明省内企业具备与沿线国家进行长期产能合作的资质，且这8家企业具有强烈的全球化意识。2017年9月，在“一带一路”国际产能合作产业园区建设论坛闭幕式上，甘肃省省长特别表示省内对外合作需要从单一性质向多园区甚至是集约式转变。

2018年，甘肃省已组建丝绸之路信息港公司，借助丝路大数据的应用，首先支持甘肃信息产业发展、其次服务全国信息建设、最后辐射亚欧。针对省内、国内、国际均作出建设性战略布局（图3－3）。省内主要开展网络互联互通、数据整合共享、建设智慧文旅走廊、搭建医药合作平台、搭建现代物流通道、推动区域生态检测、发展新兴技术应用、推动智能制造发展、推进新型智慧城市建设、构建网络安全屏障工作。兰州、酒泉作为两个国家级物流节点城市，带动了省内外贸量，2018年实现了将近400亿元的进出口总额，较上一年实现了约45个增长点。

在产能合作方面，为大力支持甘肃省企业能够实现走出去的愿景，国开行甘肃分行主动参与多项海外并购、融资项目，以保障企业有足够的资金；并且主动发挥开放性金融的功能，在涉及大额资金、投资、贷款、租赁等方面为企业提供坚实的资金后盾，为国际产能合作的长久发展提供资金、技术、制度、商机等；最终，借助国际产能合作机遇，实现与沿线国家各类产能合作文件的对接，了解他国产能的富足与稀缺情况，并及时获取相关政策动态，有效实现产能合作。在产能合作过程中，也倒逼着省内企业维护好自身的信用状况以及营造省内整体的守信氛围；同时还需要与合作国开展尽可能多的信用信息共享，保证双方以最低的交易成本获得最高的效益，即通过实现双方信息共享，避免逆向选择，实现共赢合作的局面。

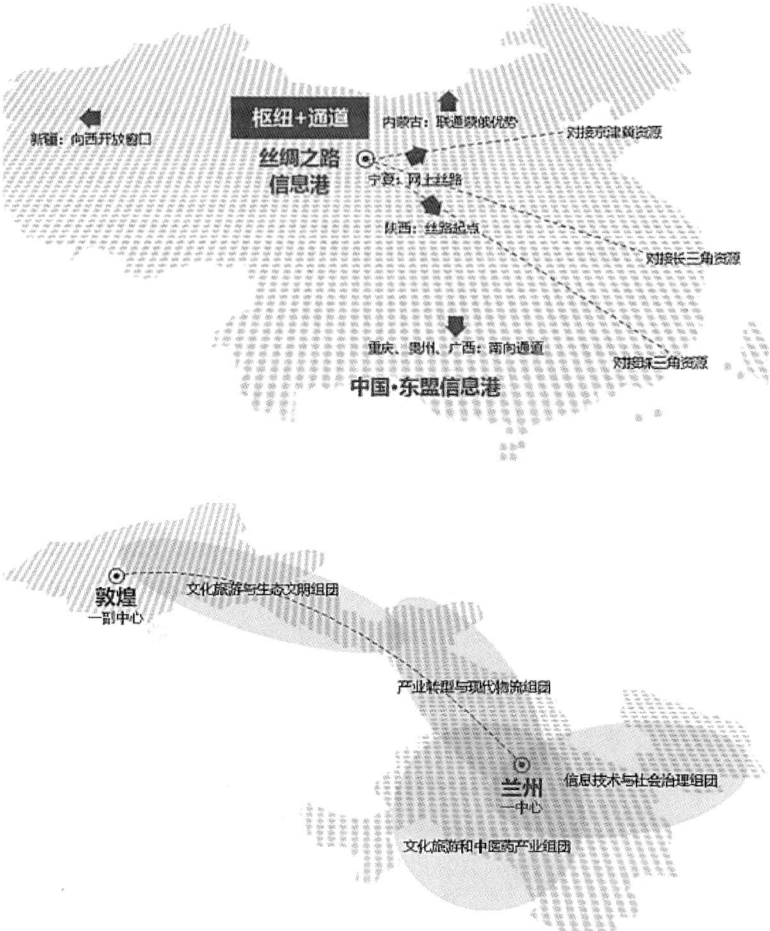

图 3－3　大数据在国际、国内、省内发展规划图

资料来源：丝绸之路信息港网

（二）甘肃省征信体系建设与发展的挑战

1. 缺乏信用知识及信用意识

甘肃省现已在征信文化宣传教育方面做了不少工作，但其覆盖面以及成效并不理想。省人民银行分支行会在每年的征信知识宣传日进行知识普及与教育，省内部分征信机构也会开展一些公益性宣传活动。但因其覆盖面较窄，一些落后偏远的市县区得不到足够的教育，严重影响省内征信宣传的效率。同时，信用知识的匮乏会造成日常个人信用意识培养与维护的缺失，长此以往必然陷入恶性循环。此外，征信知识教育并未形成规范化的制度，导致其在运作过程中缺乏动力，加之宣传教育的内容不够新颖，无法获得受教育者的重视，因此造成日常生活中失信行为频发、老赖频出的现象。

2. 数据间难以有效沟通

甘肃省经济发展长期以来较为落后，加之受观念、资金、技术等因素的影响，对于数据建档收集乃至共享等工作开展较为落后。随着全国金融业统一征信平台建设，甘肃省内金融类和部分非金融类信息将依托公共征信系统实现共享，但要实现信用信息全面整合还有较多困难。而目前信用信息共享机制还在建设过程中，加之行业、部门将一些信用信息视为私有财产，不愿对外公布，因此机制建设步伐缓慢，距离实现真正共享还有很大距离。虽然信用信息共享机制建设已启动，但还未实现省内公共信息互联互通，无法实现国家规定的标准，更无法实现数据的有效利用。

同时，反映信用状况的信息采集难度大。一方面，信贷信息采集广度有待深化；另一方面，能够反映信用状况的信息采集范围较为宽泛，对采集后的信息难以实现合法规范化处理。这是因为行业间发展情况不一，收集的数据覆盖面大且杂，行业信用建设发展不平衡，信用信息资源共享困难。

3. 征信市场发育迟缓

甘肃省的信用信息服务业发展落后，已有的征信机构提供的征信产品种类较为单一，且公信力不足，导致信用交易活动发展并不可观，逆向选择时有发生，从而造成大量人力、物力、财力的滥用，给省内发展造成不小阻碍。

征信产品的应用领域还有待进一步扩大。目前征信产品在金融领域使用颇广，对这一行业的健康诚信发展起到不小作用。但在其他领域，征信产品仅作为较为浅层的应用，比如将信用作为干部晋升、人大代表和政协委员选举、环保违法治理等事项的参考。目前，省内征信产品真正适用的对象人数少，不具有全面性，无法真正发挥其征信建设意义。此外，在守信激励和失信惩戒方面，一是制度设立有限，二是联动机制虽基本建立但应用较少。

在信用报告方面，存在需求少、质量低的现象。在不同行业间信用发展不均衡，像金融机构及类金融机构，现已具有良好的建信、维信意识，而其他行业由于受到技术、资金、观念的限制，长期以来其信用信息处于分散状态。而在与沿线国家进行合作往来时，金融合作仅为一部分，其他如农业、能源等合作份额占比较多。而在对外合作过程中，双方最为看重的风险之一便是信用风险，信用的优劣很大程度上能够决定合作的走向。但从省内企业角度来看，大企业有较强的实力，可提供关于自身企业的征信报告或是评级报告，以消除合作方对其的信用顾虑。而丝绸之路经济带的发展，很大程度上也要带动中小企业参与其中，但中小企业要想提供具有国际公信力的评级报告，必然会花费不少财力，这可能会降低其在对外合作过程中所获取的收益，最终导致合作无法达成。究其原因，主要是省内征信市场发展迟缓，现存的征信评级机构公信力缺乏，其出具的评级报告参考价值微弱。

省内失信违法的行为时有发生，虽然征信活动已涉及众多领域，但难免会因为时间的差异，而造成信息获取不及时，导致无法避免本可避免的信用风险。从目前开展的各项政府机构人员选举及任免活动上来看，个人信用状况已经作为一项具有较高参考意义的指标。但其应用范围还是过于局限，针对其他部门或企业的日常活动乃至重要活动，缺少信用这一层面的监管。

（三）甘肃省征信体系建设与发展取得的成绩

1. 征信法律法规建设方面

为紧追征信建设步伐，甘肃省也推出了相关的法律条例，对省内征信建设作出相关说明与要求。第一步，要借助立法方式保障征信业的发展。为此甘肃省及时推出《甘肃省社会信用体系建设五年规划（2011—2015 年）》《关于加快推进社会信用体系的意见》。第二步，为提高征信工作进度，由省内发改委携手人民银行兰州中心支行带头开展信用体系建设工作，并参照省人民政府办公厅印发的《甘肃省 2015 年社会信用体系建设重点工作任务的通知》，推动金融业统一征信平台建设、建造征信市场、推进政务公开化以及强化监督。

为保障省内消费者权益不受侵犯，并以《中华人民共和国产品质量法》

《国家质检总局关于加强企业质量信用监管工作的意见》的相关规定为参考，专门制定了《甘肃省企业质量信用等级评级管理办法》（以下简称《管理办法》），目的是提高各类产品的质量、约束企业做到诚实守信。管理办法主要是针对评级过程中的一系列相关标准、审核程序作出了明确的要求。其中，要求甘肃省企业质量信用等级评级委员会研究制定出合理合法的评价办法和标准，并在省内推行企业信用等级评定活动。

2016 年发布的《甘肃省“十三五”社会信用体系建设规划》是为省内在“十三五”期间能够按照规划内的总规划与布局，认真实施所要求的各项任务，做到合理有序地开展信用建设活动。同年 9 月，为在省内营造出人人守信的良好社会氛围，保证省内征信建设活动紧跟他省步伐，省政府印发了《甘肃省建立完善守信联合激励和失信联合惩戒制度　加快推进社会诚信建设的实施方案》。为帮助省内能够高效实施对失信行为的惩处，2017 年甘肃省发布了《甘肃省加快推进失信被执行人信用监督、警示和惩戒机制建设的实施意见》，其中为如何惩处失信行为提供了具体的条例。此外，征信活动开始逐渐融入关于环境保护方面的工作，以解决此类工作长期以来得不到足够的监督与管理而造成的磨洋工现象。在政府部门网站设有“环境违法暴光台”专栏，将监管信息对外公开，让群众能够参与环境保护工作。2017 年 2 月甘肃省国税、地税与环保厅联合签署了《涉税信息共享协议》，大力推动税务领域的信用体系建设。在科研领域也大力加强信用建设，以维护科研诚信之风。其中，为管理与监督科研专项资金，保证其真实合法地运用到科学研究项目中，省科技厅及时制定颁布了《甘肃省省级科技计划（专项、基金等）严重失信行为记录规定（试行）》。

2. 征信市场建设方面

甘肃省在政府带领下，各个部门积极主动共同开设“信用甘肃”网站，且针对不同的市区也专门设有相应网站。目前上线的有信用兰州、信用嘉峪关、信用金昌、信用白银、信用张掖、信用武威、信用定西、信用敦煌 8 个市级信用平台。这些网络平台不仅向人民群众宣传征信知识、发布征信动态，还会及时在网站上对信用状况好的企业与存在信用违约的企业进行“红黑榜”曝光，以此来提高人民对信用的重视程度，也激励各大企业主动维护自身的企业形象。

其中，兰州市在征信市场建设方面表现较为优异，并于 2017 年获得“全国信用信息共享平台和信用门户网站一体化建设特色性平台网站”荣誉。2017 年 8 月 25 日，兰州市开展了关于如何实现兰州市县区信用信息公共服务平台一体化建设的交流研讨会，会上着重要求了对县区信息的搜集与归类，并对相关负责人员进行了进一步的专业培训。借助此次研讨交流会，兰州市将相关业务的操作方法与流程落实到县区工作人员，为实现省内信息互联互通打下了坚实的基础。

白银市在开展信用代码推广工作中表现优异。白银市于 2012 年 3 月，正式要求全市各层级部门执行信用代码统一规范化发展的工作。为保证代码在导入过程中能够高效运作，市内自主研发出“机构信用代码存量数据批量报送接口程序（1.0 版本）”，以避免人工录入造价高、耗时长以及准确率低的情况，从而保证数据传送的准确性和完整性。此外，为解决全市在使用代码时出现的问题，白银市专门编写出《白银市机构信用代码推广应用工作答疑手册》。

为省内人民拓宽自我信用报告查询的途径，甘肃省在 2017 年年底便配备了 110 台自助查询机，分别发放至 86 个市县区，从而形成了以自助查询方式为主导、以人工查询为辅助的形式，也改善了原本点对点查询耗时长、人力投入大、效率低的状况。在自助查询机投入使用后，个人征信报告查询次数呈现出惊人的增长。2012—2016 年，短短 5 年时间，个人征信报告自助查询数量实现了 13 倍增长。据数据统计，截至 2017 年 9 月 30 日，省内约有 41.60 万次的个人信用报告是由自助查询机下发的，并且数量已超过省人民银行查询总量的四分之三。由此可见，省内人民的信用意识逐渐增强，实现良好的信用社会风气指日可待。

为进一步提高省内群众对信用报告的可得性以及解决查询报告方面的困难，2018 年甘肃省在全省推广新研发的微信小程序——信用小帮手，帮助群众有效解决各种信用问题。同时，这一微信小程序在设计过程中还将信用报告服务网点的位置信息录入，方便用户进行周边网点的搜索，从而高效实现信用报告查询工作。

3. 征信管理建设方面

甘肃省内现有不少企业信用评级机构，为搭建良好的信用环境提供了保障。其中2016年成立的征信机构最多（表3－10），此类机构主要业务是为需要评级报告的企业开展信用等级评定业务，其次是对信用信息数据的征集以及对信用信息应用的推广活动，甚至是组织开展一些涉及信用文化交流的活动。这些机构帮助解决了省内企业对信用等级评定的需求，而且符合未来信用市场健全发展的趋势。

表3－10　　　　甘肃省企业信用评级机构汇总

企业名称	成立时间
中联汇信用评估有限公司	2016年6月17日
甘肃中品质协质量信用评估有限公司	2016年3月30日
甘肃首冠河西信用评估有限责任公司	2016年11月22日
陇南诚信信用评估征信有限公司	2008年7月11日
甘肃瑞新信用评估有限公司	2014年2月24日
东方金诚国际信用评估有限公司甘肃分公司	2009年9月17日
甘肃金润信用管理评估有限公司	2016年4月19日
深圳市中企联资信评估有限公司兰州分公司	2014年9月25日
甘肃安安企业信用征信有限责任公司	2016年9月5日
甘肃绿盾企业征信有限公司	2015年8月6日
甘肃中融企业征信有限公司	2016年3月3日
平凉诚信信用认证服务中心	2015年10月29日
甘肃中诚信信用信息管理有限公司	2016年11月22日

资料来源：甘肃省企业信用网

甘肃省在管理信用信息基础数据库方面的活动也在有序开展，并已取得不小进步。由省委投资900万元搭建的信息共享交换平台，被简称为“2库1网2平台”，能够实现与政府投资项目在线审批监管平台、公共资源交易平台和12358价格监管平台线上互通往来和实时对接。

“信用甘肃”是集合多个栏目为一体的、具有综合性信用服务功能的网站，设有信用动态、信用政策、公示栏、红黑榜、双公示、联合惩戒、诚信建设、信用服务、地方信用、服务台 10 个主栏目 45 个子栏目，主要为政务管理、企业和社会公众提供信用信息查询、应用服务。自开通以来，截至 2017 年年底“信用甘肃”已搜集整理导入各类信用信息 4,166 条，访问量为 25,205 人次，查询量 42 万人次。平台不仅设有失信黑名单，还曝光一些惩戒案例，以此不断推进甘肃省征信体系建设进程。

截至 2015 年年底，甘肃省内数据库建设已经取得三类进展：一是纳入数据库采集范围的信息量逐年攀升；二是可以提供数据查询的网点基本遍及全省；三是借助信息数据库开办业务的行业不断扩大。其中，被收录在案的企业、事业单位共计达 11.48 万家，自然人更是多达 1,636.4 万。法人数据库累计获得基础信息约 195 万条，其中信用信息 50 余万条。自然人基础信息约为 821 万条，其中信用信息 178 万条。甘肃公共信用信息共享交换平台不仅同省内 30 多家政务机构以及事业单位开展了数据对接工作，还与国家信用平台搭建了数据实时报送、共享渠道。可以说甘肃省已基本完成省级信用信息共享交换平台建设任务。为进一步扩大省内数据库的信用信息量，甘肃省不仅将一些小额信贷公司、融资担保公司等小微机构的信贷信息接入线上，还及时将税务缴存情况、环保实施状况、法院执行结果等各类信用信息及时收入数据库内，从而实现大数据征信。

针对不同行业存在的失信行为，省内基本制定了相应的惩处政策。其中，为保障甘肃省旅游行业的健康发展，杜绝黑心导游、无证上岗和失德失信的现象发生，甘肃省于 2017 年发布了《关于深化导游体制改革加强导游队伍建设的实施意见》。通过与多部门机关信息共享，将违规失信的人员列入不诚信名单，并在行业内和社会公众面前曝光。通过严厉的打击措施，彻底灭绝此类现象。

4. 征信文化和教育建设方面

征信文化需要通过各个不同的层级，在不同的领域，借助生动丰富的知识宣传活动，让征信潜移默化地在人们心中生根。开展征信人才队伍建设，促进信用信息应用，改善经济社会运行环境，以提高全省的社会诚信意识和信用水平。

首先，广泛开展诚信宣传。通过各类宣传日，如学雷锋活动日、国际消费者权益保护日、信用记录关爱日、诚信宣传周、诚信兴商宣传月等，密集开展主题宣讲活动，动员各个领域人员参与宣传活动，以培养良好的社会氛围。其次，积极推介诚信典型。如借助国内广泛开展的诚信建设万里行大型教育宣传活动，在省内展开诚信典型案例评选活动，并在报刊、电视、网络媒体上进行典型守信或失信案例的宣传或曝光。再次，全面加强校园诚信教育。征信文化建设要从教育领域严格抓起，确保作为国家未来栋梁的学生群体，对征信文化有一定的认识。以定西市为例，2015 年《定西市教育系统诚信建设共工作实施方案》要求从“诚信机关”“诚信校园”两个方向入手，培育学习、服务、诚信为关键任务的教育机关。在校园内加强学生建信意识，将学生的日常守信失信行为纳入评优评奖的要求范围；同时积极在校内宣传诚信考试，营造“诚信守法光荣、违规舞弊可耻”的舆论氛围，促使学生诚实守信。同时，加强高校信用专业建设和应用研究，开展信用相关的专业，以培育出与信用人才需求相适应的专业人员。

三、宁夏回族自治区征信体系建设与发展：打造丝绸之路经济带战略支点

（一）宁夏回族自治区征信体系建设与发展的历史机遇

1. 利好政策为征信建设提供了制度保障

在丝绸之路经济带的大背景之下，相关扶持政策的颁布，能够为各项活动的有序发展提供制度保障，进而可以培育出良好的社会氛围，为自治区内征信体系发展提供优质环境。宁夏回族自治区作为首个批准设立的内陆经济开发区，且在丝路经济带背景下，要求其建设为丝路经济带战略支点。为搭上这两趟快车，国家针对宁夏制定了各类优惠政策，其中在金融、税收、财政方面的优惠政策较为灵活，以降低区内企业对外合作成本，激发区内企业对外合作的积极性。

2018 年为进一步推动石嘴山市科技金融的创新性发展，宁夏特别推出了《关于支持石嘴山市科技金融广场建设的建议》，对市内相关金融牌照审批权

限进行了便利化调整，例如将对小额贷款公司设立的审查权限下放到市内金融监管部门。同时，还对从事金融行业的各类机构提供了税收优惠政策。2015 年，自治区对新设的各种金融机构如证券公司、商业银行、保险公司、信托租赁公司等，在《关于改善金融发展环境支持金融业健康发展的若干意见》中分别为其提供了具有针对性、适用性的优惠政策。2017 年自治区还发布了涉及小额贷款公司的税收政策通知，截至 2018 年已经为区内不少企业减少了税收负担，提高了其收益，从而激发了这些金融企业不断创新，实现更高的价值，从而带动区内企业共同进步。

为帮助特色化产业走出去，宁夏发布的《自治区人民政府关于创新财政支农方式加快发展农业特色优势产业的意见》，针对如何扶持区内葡萄酒产业发展提出了一系列可行的办法，主要涉及如何提高宁夏产区的知名度、如何有效地进行市场营销，甚至是如何将葡萄酒产业与旅游文化融合等一系列问题的解决方案。此外，为扶持特色产业的顺利发展，以扩大对外贸易合作，自治区为这些优势产业提供了贷款担保基金、风险补偿基金甚至是贴息资金支持，为发展优势产业的农户解决前、中、后期存在的各类资金风险。

宁夏地理位置的劣势，一直以来阻碍了其对外发展的步伐。为保障其能够与外界实现交通便利化，实现八纵八横的线路布局以及进一步加快发展银川市的航空产业，2018 年出台了《银川市促进通用航空产业发展扶持政策》，不仅针对航空发展作出具体的规划，还给予航空产业丰厚的补助，以弥补市内产业政策的短板，同时带动更多的企业借助航空产业的发展让自身“走出去”。宁夏是建设航空枢纽的理想位置，且银川保税区接近机场，可进一步减少对外贸易成本、缩短交易时间。银川机场与阿联酋航空公司计划合资组建新的航空公司，以促进中阿空中丝绸之路的良好发展。

2. 经贸合作深化有助于推动征信体系实现跨境合作

宁夏在丝绸之路经济带建设中的参与度逐年增高，与沿线国家（地区）的经贸合作不断深化（表 3 - 11）。合作范围主要包括特色农产品和畜牧产品、新能源产业、新材料产业等。各类特色化产业的发展使得宁夏回族自治区在丝路经济带建设过程中发挥着独特的优势，吸引沿线国家尤其是阿拉伯国家以及其他穆斯林地区与之合作。

表 3－11　　宁夏与丝绸之路沿线国家出口贸易量　　单位：千万元

国家	2012 年	2013 年	2014 年	2015 年	2016 年
阿富汗	—	11, 250	—	—	—
印度	99, 924, 604	67, 630, 936	79, 683, 187	106, 963, 617	103, 587, 382
伊朗	812, 362	20, 665, 838	6, 715, 148	2, 547, 114	4, 120, 212
伊拉克	487, 000	19, 566	541, 903	66, 470	924, 446
约旦	138, 909	674, 439	1, 707, 561	1, 371, 465	1, 025, 923
巴基斯坦	3, 453, 212	8, 935, 782	7, 211, 124	5, 253, 284	5, 083, 619
沙特阿拉伯	19, 775, 997	42, 321, 096	11, 480, 833	39, 911, 917	23, 791, 724
叙利亚	464, 667	327, 837	174, 130	73, 960	107, 575
土耳其	4, 600, 238	5, 964, 039	9, 060, 564	7, 737, 413	7, 335, 738
哈萨克斯坦	344, 016	1, 140, 992	3, 448, 308	6, 373, 841	4, 617, 342
吉尔吉斯斯坦	37, 980	36, 362	179, 716	1	78, 962
塔吉克斯坦	6, 750	26, 000	41, 232	70, 000	593, 700
土库曼斯坦		9	5	3, 982	1, 000
乌兹别克斯坦	52, 886	6, 961	93, 371	133, 154	677, 781
格鲁吉亚	18, 120	48, 650	676, 153	436, 847	105, 211
亚美尼亚	210	210	326	4, 191	25
阿塞拜疆	1	199	12, 890	300	
白俄罗斯	473, 696	154, 451	59, 421	19, 108	34, 371
摩尔多瓦	25	315	15, 797	601	1, 270
俄罗斯联邦	24, 230, 801	36, 782, 125	53, 194, 386	38, 319, 782	25, 158, 362
乌克兰	3, 560, 514	1, 590, 445	1, 489, 686	3, 522, 934	2, 436, 680

数据来源：中国海关

宁夏被称为是“塞上江南”，借助其得天独厚的自然优势，拥有了丰富的特色农产品和畜牧产品，且这两类产品在我国颇具美誉。例如，宁夏枸杞著名品牌——中宁枸杞曾获“2017 年中国百强农产品区域公用品牌”的荣誉称号，且中宁枸杞的品牌价值跻身全国前列；在葡萄酒方面，2017 年宁夏共有 41 款葡萄酒在 Decanter 亚洲葡萄酒大赛中获奖，且仅宁夏获得唯一的国内金奖；清真牛羊肉等。这些产品的品质均能够达到国际标准，因此有机会与丝绸之路沿线国家开展贸易活动。另外，全国接近三分之一的穆斯林人口居住于宁夏，得天独厚的人文环境使其与阿拉伯国家以及丝路沿线的穆斯林人口有着颇为相似的文化底蕴。如此一来，宁夏可以制定清真食品及用品的农产品与畜牧产品的对外出口标准，以将宁夏回族自治区打造为具有国际化标准的清真食品和穆斯林用品的聚集区。

在新材料方面，宁夏回族自治区近年来取得了新进展。自治区将煤炭化工产品打造为新材料，进而形成煤炭—煤化工—精工细化的产业链。区内企业生产加工大量氨纶丝，将煤炭废物变废为宝，制造出丰富的高级纺织品如丝袜、运动服、纸尿裤等。宁东基地的氨纶生产项目是全球行业中唯一一家以煤炭作为初始原料的，据了解，这一项目全面实施后，极有可能扭转国外垄断的局面，还能够帮助国家生产国防工业用品如防弹衣、防割手套等。这些将吸引丝路沿线国家同区内企业开展此类新型环保材料和技术合作，进而扩大贸易合作量，提升宁夏的国际知名度。

在新能源方面，宁夏中科国通新能源有限公司取得了瞩目的成就，为目前环境保护提出了新的可行性路径。公司以焚烧“三废”垃圾为起点，借助化学技术处理，将燃烧过程中产生的各类气体用于水的加热，进而实现废物利用。对焚烧过程中产生的飞灰进行固化处理，实现了可循环经济，也为国际提供了“三废”垃圾处理的技术指引。

综上优势的存在以及近些年来宁夏与丝路沿线国家贸易量的增加，均为其获取更多贸易往来国的信息提供了基础。宁夏在这些对外贸易合作过程中，积累了大量的数据交易信息。这些信息可以称作是无形的财富，如果能够对其施以规范合法的运用与加工，将会产生更多的价值。这就需要自治区自身具有一定的征信建设技术，在数据搜集、存储方面建立一系列完整、规定性、统一性的标准，继而刺激区内征信体系建设的不断完善。

3. 中阿博览会促进征信建设国际化

中阿博览会是宁夏融入丝路经济带的关键平台，一方面是宁夏与阿拉伯国家有着根深蒂固的文化关联性，另一方面这一平台是宁夏实现综合全方位对外开放的途径。平台的建立，使得双方对彼此的认识加深，同时可认识更多的合作伙伴，实现双赢甚至是多赢的局面。而合作平台要发挥其正价值，需要平台参与者基于对平台的信任尽可能提供更多的信息，为参与者提供更多发展机会。因此对于宁夏而言，可利用好这一平台机会，主动收集各类参与者信息，并对其进行整理分类，实现自身征信建设的国际化。

从 2010 年开始，宁夏回族自治区已经顺利举办了四届中阿博览会，在国际上产生了一定的影响力，并且得到丝路沿线国家的认同与赞赏，助推了中国同阿拉伯国家的进一步合作。截至 2019 年中阿博览会实现了 1,000 多个签约项目，涉及科技创新、金融机构、农业生产、旅游服务等 10 多个领域，累计合同金额更是高达 6,000 多亿元人民币。历届中阿博览会不仅吸引了 80 多个国家（地区）和国际机构参展，更推动了当地开放型经济发展。近 5 年，宁夏进出口稳步增长，实际使用外商直接投资 10.6 亿美元，在 30 多个国家和地区设立了 148 家境外企业。

表 3－12　　中阿博览会成果

年份	签约项目/个	计划总投资/亿元	取得的成果
2019	362	1,854.2	吸引来自 89 个国家、107 个展团、2,900 多家区域组织、省协会和企业参展。以“新机遇、新未来”为主题，围绕基础设施、产能和合作、高新技术和互联网＋医疗健康、现代农业、数字经济等领域举办相关展览展示、投资贸易领域。
2017	253	1,860.5	与 21 个国家和地区签订 66 个合作项目，投资额 207.05 亿元；达成与哈萨克斯坦、土库曼斯坦、伊朗 3 个国家铁路部门合作等。
2015	241	1,830.4	中阿技术转移中心、中阿农业技术转移中心、中阿医疗健康合作发展联盟、中阿商事调解中心、中阿联合商会联络办公室等一批中阿多、双边合作机构落户宁夏。
2013	60	935.53	涉及中阿合作的农业、能源、金融和文教旅游等重点领域。

数据来源：网页公开资料整理

2017 年“第三届中国（宁夏）中阿国际茶博会暨地方特色产品展”在

银川市举办。本届展会以“品茗中国茶、重走丝绸路”为主题，促进了宁夏区内茶叶对外出口贸易量的增长，提升了宁夏茶叶在国际上的知名度；可以链条式模式向中东阿拉伯国家出口茶叶、进行“以茶会友”，在与丝绸之路沿线国家合作过程中发现更多商机，为今后的区内茶叶发展打下良好的合作基础。同时，宁夏依托特色化的文化展品展览活动，加强了对外文化交流，使其在开展国际贸易时更容易获得认同感。

中阿网上丝绸之路经济合作试验区借助网络平台实现大数据产业发展，带动区内技术研发、技术应用以及人才交流对接。同时，在开展网络服务时将会产生大量的信息，将这些资料加以整合运用，必然会创造出不少价值。尤其是对那些能够反映交易双方信用状况的信息。借助大数据技术，建立个人信用画像，进而将其合法规范化地应用在不同领域，以降低交易过程中的潜在风险。

4. 信息技术的发展和应用为征信体系建设提供了技术保障

宁夏信息网络建设近年来取得了突飞猛进的发展。一方面，网络基础建设基本健全，保证了信息数据传递的可行性；另一方面，新型技术服务也在不断发展，以挖掘分析出更具有价值的信息数据。这些都为为数据信息的最大化应用带来了机会，进而为征信体系建设提供了技术支持。

网络基础建设的不断完善，保障了数据信息传递的无障碍性与实时性。根据宁夏回族自治区人民政府印发《“宽带宁夏”建设实施方案的通知》的要求，区内各层级团结一致，加快区内新一代信息网络基础设施的不断升级。截至 2016 年，信息基础设施建设取得显著成绩，宁夏实现长达 7 万公里的光缆线路，4G 基站已扩增至 4,000 多个。

中卫市设立西部云计算基地，银川市设立大数据中心，两者相辅相成，为自治区现代化信息技术产业打下了坚实的基础。西部云计算产业基地于 2015 年落户中卫，借助中卫市得天独厚的地形优势、气候优势等，搭建了完整的云计算产业链，辅佐其建设互联网经济先行区。由于云计算主要的成本是电费，而在宁夏搭建云计算中心可以以较低的投资成本获得较好的网络运行环境。云计算基地的不断壮大，使云计算技术在政务项目、民生活动、特色产业等领域中得到应用，为区内信息资源整合和共享带来了新机遇。宁夏面向公共服务领域、重点行业建设云计算平台，通过云计算平台在这些领域的应用，及时发现运行过程中潜藏的问题，并提出相应解决方案或进一步改进云计算服务产品。2016 年银川大数据中心建成，对政务、社保、卫生、商务、教育、民政、旅游、家庭八大领域进行信息云端存储，初步形成了信息基础设施体系。银川市还着手准备建立大数据交易所，并针对数据交易进行立法以规范交易数据的合理合法性，从而发掘大数据的潜在价值。例如，吸引外省或是丝路沿线国家的大数据相关企业落户，以提升区内大数据技术与配套服务等综合性服务。2019 年 1 月 24 日，中卫市云计算和大数据发展局正式挂牌成立，这将进一步有效推进宁夏在信息领域的发展。信息领域的合作范围也在不断拓宽，为实现网上丝绸之路建设打下基础。互联网金融在金融总量中占比不高，但发展速度较快、涉及范围颇广，风险隐患多，极易造成连锁反应。因此，在发展网上丝绸之路的同时，自治区也在加快提升自身抵抗金融风险的能力。而积极在区内培育征信体系是必然的选择，一方面是为区内防范金融风险，另一方面是为搭建好的营商环境。

（二）宁夏回族自治区征信体系建设与发展的挑战

1. 对征信建设工作认识不到位

首先，自治区人民对征信认识还处于初级阶段，认为征信仅仅是属于金融领域用来防范信用风险的，与自身生活并无太多的联系。因此，个人对自己日常行为尤其是那些能够反映信用状况的行为不加以管理，便会在享受部分优惠政策时被拒之门外。其次，从企业角度来看，在企业内部实行信用管理，不仅耗时、耗力还耗财，因此绝大多数的企业没有能力甚至是没有意愿主动开办此项工作，这就造成企业在进行竞争行业时少了一项隐形优势。

2. 信用信息基础设施建设薄弱

首先，宁夏现有的信用信息平台还未完全使用统一的信用代码进行数据录入，使得数据在运用过程中无法实现跨区域对接。其次，信息采集范围较小。对于国家大力支持发展的中小微企业，对其信用数据收集内容过于单一。这类企业开展的业务极有可能变化，若采集后的信息与后期实际情况不相符，也会阻碍信用信息平台发挥正常的信用评级、融资推介等功能。最后，数据开放与共享不足。现区内主要是在政务领域全面实行信息共享公开，但其他领域的信息平台还没有实现共享，例如企业所处行业的专业化信息、行业协会内部的会员信息等。数据无法互通，就不能够发挥平台收集数据的真正意义。

3. 征信服务市场不够健全

宁夏现有的提供征信服务的机构数量不多，这些机构主要集中在 2016 年建立，成立时间短，经营范围不固定，一般由企业自由选择其需要开展的业务。这就容易造成机构间业务范围无重叠项，导致行业内部没有一个好的竞争环境。竞争的缺失必然会阻碍省内征信业务的发展，阻碍征信产品的创新，没有创新性的产品就无法有效满足区内企业、个人以及其他机关的征信需求。长此以往，区内征信服务业发展不能形成良性循环，无法成为区内经济、贸易、金融等领域繁荣的助推剂。截至 2017 年，区内成立的信用评级机构均未在中国人民银行实行备案。

此外，在丝路经济带建设的大背景之下，迫切需要区内机构能够提供专业化的征信服务。根据宁夏征信业务需求，需要推进征信产品不断创新，以提供精准、专业化的征信服务，以及倡导征信机构不断提高自身实力，以提供更具说服性的报告产品。然而，目前区内缺乏此类机构，更缺少具有针对性的征信产品。例如，针对扶持省内中小微企业解决融资难的问题，宁夏虽然在 2014 年成立了宁夏投融资项目数据中心，可以撮合投资方与企业间的资金合作，但还是由于供给方对需求方不够信任而最终无法达成合作。此时就需要专业的第三方机构提供信用证明，以促成因信任不足而无法达成的合作。

（三）宁夏回族自治区征信体系建设与发展取得的成绩

1. 征信法律、法规建设方面

2015 年宁夏回族自治区人民政府办公厅发布了《宁夏回族自治区公共信用信息指导目录》，要求各部门依据此目录积极落实公共信用信息归集责任主体，按照规定范围和要求认真履行公共信用信息报送。自治区公共信用信息共享平台管理部门要求按照信息提供单位的要求，以公开查询、授权查询和交换共享等方式为行政机关和社会公众提供公共信用信息应用服务。同年自治区人民政府还印发了《宁夏回族自治区社会信用体系建设规划（2015—2020年）》，对征信进行了一些宏观的路径分析。

2016年政府发布了《宁夏社会信用体系建设2015—2017年重点任务及分工》，主要对不同领域的信用建设工作重点进行了具体划分，使征信建设工作有重点可依。例如，对公共信用信息共享平台的搭建以及运用、在电子商务领域推出信用服务、建设电子商务领域信用信息档案建设工作等，进而改善营商环境。对银川市提出在2020年年底前，建成全国电子商务信用示范区；针对中小微企业，将其信用信息导入征信体系，帮助其解决融资难的问题。同年政府还发布了《宁夏回族自治区公共信用信息管理暂行办法》。

自治区内各市区也在不断加强征信法律法规方面的建设，其中以银川市为代表。银川市为培养市民主动维信意识，2017年特印发《关于加快推进个人诚信体系建设实施方案》，对个人信用档案建立、使用、保护方面提出充分的要求。个人信用档案一旦建立，就需及时收集个人信用信息及反映信用的其他信息。个人信息档案的建立是服务社会的，根据需求且符合法律规范，便可进行信息共享。同时，对个人信用档案实行严格的安全保障措施，严防他人滥用甚至篡改。此外，为保障市内营造良好的信用氛围，银川市联合各机关参与守信激励和失信惩戒工作，还联合市人力资源和社会保障局印发《银川市用人单位劳动保障守法诚信等级评价实施细则》，与市卫计委印发《银川市卫生计生行业诚信“红黑名单”制度》。

2. 征信市场建设

宁夏回族自治区在征信市场建设方面，以“严格监管、完善制度、保障信息安全”为大前提，循循诱导市场开展征信服务业务，为政府、机构、企业乃至个人提供安全便利的征信服务，带动区内形成建信、维信的风气，为行业发展提供更好的社会环境。

自治区内信用服务市场得到进一步发展，各行各业开始利用信用产品及服务，以提高自身良好的信誉以及扩大信用交易合作规模。市场上已出现了一些具有公信力且提供较为健全的征信服务业务的信用服务机构，依法对区内企业信用信息进行征集并开展加工活动，以满足企业的不同征信需求。其中，成立于2015年5月25日的国鼎信和（宁夏）征信有限公司，其经营范围包括企业信用征集评估评定；企业信用咨询、管理、服务；企业信用调查、质量管理咨询、企业资信及履约能力评估；企业质量信用评估、信息咨询、经济贸易咨询、受托资产管理公司等。2016年5月20日中阿博览（宁夏）征信服务有限公司成立，主要为中阿博览会经贸合作的有效开展对外提供信用服务，其业务主要有企业信用征信、评定、企业投融资管理咨询以及市场调查等。此外，自治区的信用制度建设也有了不小进展。对个人及企业均设有异议申诉渠道以及侵权责任追究渠道。对于征信服务人员，设有具体的准入门槛以及退出机制，一方面保障征信服务的质量，另一方面保障征信服务的安全性。区内还设有商户以及协会，以完善政府层面所无法涉及的信用领域，对政府主导的征信活动进行补充；在协会内部设立会规，以督促会员自律守信。在企业信用建设方面，及时曝光违规企业以及激励守信企业，形成良性循环，让企业自觉塑造信誉形象，并鼓励企业建立内部信用管理制度，将内部信息合法规范化建档。

在税务方面，银川市于2017年举办企业纳税信用等级评定活动，其中参与的78,457家企业中有接近2,000户被评估为A类。政府为这些入选为A类的企业，开辟了纳税绿色通道，为企业降低了纳税成本。这样便激励了区内其他企业按时纳税，不逃税漏税，培育自身良好信用。

3. 征信管理建设

针对信用信息数据库管理，由宁夏地方政府牵头带领相关组织机构搭建信用信息平台，以为自治区提供更多的便利。2015年宁夏信用信息平台正式建成并投放使用，主要搜集整合区内居民以及中小微型企业反映信用的各类信息。同时为保障平台的日常顺利使用，避免使用异常而造成的不必要损失，由宁夏中国人民银行组织人员进行日常维护和故障排查，为平台的稳定运行提供技术保障。这一信用信息平台主要为政府部门、金融机构以及非金融机构等企业单位提供各类信用中介服务。例如，开展部分业务时为避免信息不对称而进行的信用查询，进行部分投资项目时为提高可行性而进行的信用数据分析等业务，以及更专业化的企业信用等级评定、融资推介等业务。在《征信业管理条例》中，并未明确规定个人信息采集的具体范围，这就造成了征信工作的停滞不前。但自治区对可采集的信息范围提出了较为清晰的要求，将个人信息划分为城乡居民家庭基本信息、个人信息和生产生活信息三类。同时结合区内自身情况，设置了禁止信息采集的范围，以保障个人隐私权益。例如关于种族、家庭出身、政治信仰及身体状况等信息就属于禁止采集范畴。针对企业信用建设，主要是加快信用档案建设，对不同行业实行分类别监管。在信用修复方面，宁夏为失信人提供了改错的途径，帮助其在失信后修补信用。例如，石嘴山市于2108年4月组织开办了企业信用建设及信用修复培训班，帮助那些失信企业认识信用的重要性，并在今后的经营活动中自觉维信建信。

数据库开拓与应用范围在逐步扩大。在推动社保经办数字化转型方面，宁夏将在建立统一平台、加快信息化建设、优化服务模式、推广社保卡综合应用、推进社保标准化等方面实现新的突破。在公益事业建设方面，宁夏开始实行政府信息公开，但同时又根据不同的领域以及地区，根据公开事宜的性质进行相应的调整。区内为有效维护农民的合法权益，专门搭建了农民工数据库。截至2018年年末，这一数据库已经收集了5.5万人信息，解决了农民工管理混乱的局面，同时也督促企业及时支付农民工工资。在税收环境及业务程序办理方面，2018年自治区实现了重大突破。区内借助“宁税通”APP对90%的税务事项开展网上自助办理，为纳税人提供方便快捷的业务办理服务。同时与银行合作开展“银税互动”，仅2018年就对外发放了7.87亿元贷款，帮助了约800户小微企业。

在失信惩戒方面，区内联合惩戒机制取得了不小的进步。其中，为治理区内老赖，为此类人专门定制了失信彩铃，督促其主动履约；同时在各类电子信息频道发布典型案例，起到了相应警示作用。2018年区内被曝光的失信被执行人达10.8万次，其中接近10%的被执行人主动履行了义务，原本“执行难”的现象，得到了一些改善。此外，在对公共资源进行配置时，要求领用的单位或个人及时根据要求将领用事项对外公布，否则将会受到相应的行政处罚。

4. 征信文化和教育建设方面

征信文化建设主要通过开展各种宣传活动，由各级宣传部门、行业协会、行政管理部等携手引导市场主体树立“以诚为本，诚信经商”的理念，积极主动营造出良好的信用风气。同时，区内文化服务中心、公益性文化单位以开展论坛讲座、文化品展览展示等形式，提高区内人民的诚信文化素养。

文化的建设离不开教育的辅助，因此诚信文化建设与教育工作密不可分。从基础教育到高等教育再到职业教育以及成人教育领域，将诚信文化教育贯穿其中，持续开展信用教育工作。同时鼓励高校开设信用管理课程。对企业的诚信教育建设，可以依托区内信用行业协会开展诚信教育活动。依托宁夏举办的中阿博览会、招商会等平台，开展征信知识宣传活动，以扩大宣传覆盖范围，提升宣传影响力。

区内不同行业都已加入征信文化建设。在生产领域，安全诚信生产意识得到重点关注。为保障合法安全生产活动的开展，有关部门于 2017 年专门针对被列入“黑名单”以及当年造成生产事故的企业部分人员进行诚信生产教育培训活动。这些人员还在活动结束后签订了守信承诺书。为实现区内征信文化的全方位普及，其中将个人信用状况纳入公务员聘任以及干部考核范围，以强化代表国家形象的公务人员的信用意识。

校园诚信文化教育存在诸多问题，例如针对中小学生的诚信教育覆盖率不足、信用专业化师资力量匮乏、区内设置信用管理专业的院校寥寥无几等。2019 年，宁夏为端正教育界学术风气，特别出台了《关于全面落实研究生导师立德树人职责的实施意见》。以师德为先，要求导师严格管理学生；完善导师奖惩机制，将立德树人评价考核结果作为其职称评定、职位晋升、评优评先的关键参考依据；对高校存在的科研做假现象实行一票否决、终身追究。此外，在校园内开设诚信考试，还组织学生签订诚信承诺书，让学生从小就树立诚实守信的品德。

四、青海省征信体系建设与发展：打造丝绸之路经济带战略基地

（一）青海省征信体系建设与发展的历史机遇

1. 政策扶持为征信体系建设提供了制度保障

首先，监管机构牵头带动各个层级携手助推征信发展。人民银行西宁中

心支行依托青海省社会信用体系建设联席会议制度，向省政府提出了《青海省中小微企业信用体系建设指导意见》。为了扶持小微企业的发展，青海省出台了《青海省中小微企业信用培植实施方案》，借助银行、征信评级机构及其他相关企业的力量，为中小企业开辟发展新渠道。在扶持小微企业的过程中提升了参与企业的名誉和可信度，还带动了征信业在省内的发展，吸引更多的人加入征信行业建设。其次，征信行业面对的群体基数较大，如果其收费标准降低，无疑会吸引各大中小企业在决策时更注重征信这一参考因素，从而帮助企业提高决策效率。因此，青海省内多数信用评级公司都纷纷降低了业务收费标准，目的就是为了让征信更多地参与到人们的生活和生产经营活动中去。

2015 年 6 月 15 日，青海省主持开展了西北五省区第一次工商联席会议，商讨丝绸之路经济带建设事项。此次会议通过了《西北五省区及兵团工商联联席会议制度（草案)》，加强了五省区和兵团工商联之间的沟通联系，以进一步促进民营企业“走出去”，积极参与“一带一路”建设。这一联席会议为民营企业的发展打下了基础，同时为获取民营企业的信用信息打通了道路。

关于政务信息资源公开化建设进程，2017 年 9 月青海省颁布了《青海省政务信息资源共享交换平台建设方案》。2019 年 1 月 29 日，省发改委下发了《青海省政务信息资源共享交换平台（政务外网）服务接口申请、授权和使用管理暂行办法》，针对省内政务信息实行集合统一管理，并通过一个交换平台共享信息数据。对接入政务信息的企业、事业单位，给予统一的数据出口，并加强在数据报送、使用、输出阶段的安全性。

2. 经贸合作深化有助于推动征信体系实现跨境合作

青海省目前已形成具有特色优势的十大产业，并且带动了省内经济增长。根据 2018 年青海省统计年鉴可知，十大优势产业分别是有色金属、盐湖化工、新材料、新能源、钢铁、装备制造、生物、轻工纺织、煤化工以及油气化工。根据表 3 - 13 可清晰地看出，十大产业的总产值均呈现出上涨的趋势。这为省内参与丝路经济带建设创造了有利的客观条件，同时在参与建设过程中为自身技术改进提升创造了机遇，进而实现省内经济良性增长。

表 3-13　　2017 年青海省十大优势产业总产值和增加额　　单位：亿元

行业	工业总产值	工业增加值
新能源产业	75.74	10.6
新材料产业	185.49	34.3
盐湖化工产业	258.19	28.9
有色金属产业	700.99	31.8
油气化工	73.54	16.6
煤化工	18.25	253.2
装备制造业	166.41	22.9
钢铁产业	170.97	33.7
轻工纺织业	35.03	16.5
生物产业	109.04	45.7

数据来源：青海 2018 年统计年鉴

在贸易交易方面，由表 3-14 可知，2018 年进出口贸易总额为 31.11 亿元，同比增长率为 8.1%，其中焦炭、半焦炭增长最多。青海省的矿产资源存储量排在全国前十，且作为我国有色金属如钾、锂矿产等产业基地的柴达木盆地也地处青海。省内矿产资源种类齐全、分布集中、便于开采，还有不少稀缺品种，因此吸引不少沿线国家与之合作。

表 3-14　　2018 年青海省进出口贸易总额近年发展状况

名称	进出口额/亿元	同比增长率/%
出口	31.11	8.1
铁合金	10.29	38.6
焦炭、半焦炭	7.81	165.7
纺织纱线、织物及制品	4.18	-23.4
文化产品	4.18	-3.6
铝材	1.98	-41.1
农产品	1.29	-45.1
机电产品	1.11	2.2
服饰及衣着饰品	1.08	-58.1
进口	14.89	-5.0

续表

名称	进出口额/亿元	同比增长率/%
铜矿砂及其精矿	7.2	
机电产品	4.87	-32.0

数据来源：中商产业研究院

出口信用保险业务是国家为大力支持企业对外贸易发展，通过财政资金支持而开展的一项非营利性保险业务，旨在保障交易企业安全收汇，为企业可能会因潜在的外汇风险遭受损失而提供的风险管理措施。青海省为搭乘丝路经济带建设的快车，特别为省内外贸企业提供出口信用保险业务，为出口企业降低风险，同时在保费额度上给予适当的优惠，进一步降低外贸企业的出口成本，以激励更多的企业积极主动参与对外合作，增加出口成交机会。表3-15为2018年青海省对主要丝路沿线国家（地区）的进出口额及增长速度表。

表3-15　2018年青海省对主要国家（地区）进出口额及增长速度

国家（地区）	进出口额/亿元	同比增长率/%
出口	31.11	8.1
南非	7.40	165.2
巴基斯坦	3.17	-4.7
中国台湾	2.84	50.7
美国	2.50	-45.3
日本	2.50	-13.9
韩国	1.75	69.4
进口	14.89	-5.0
澳大利亚	3.2	39.8
美国	2.38	221.1
蒙古	1.92	—
德国	1.48	293.7
日本	1.33	-75.7
印度	0.78	-68.8

数据来源：中商产业研究院

青海省借助藏毯展、清食展的举办，一方面增加对外人文交流合作机会，另一方面扩大产品对外出口交易量。藏毯展逐渐演变为青海面向世界、对外开放的重要窗口，实现了同丝路沿线国家的地毯贸易合作，带动了与沿线国家的经贸合作交流，以此打造丝路响亮品牌。中国（青海）藏毯国际展览会在2015年就获得了国际展览联盟的认证，经过十多年的沉淀，不断打造其国际品牌名声。此外，省内地毯生产企业——圣源地毯有限公司为超过30个国家提供地毯产品，其每年生产的地毯约有60%都用于出口销售。在2018年举办的藏毯展上，成交额接近两亿美元，相较上一个年度增长了4.3%。随着展会规模的不断扩大，其辐射效应也在不断扩大：一方面与丝路沿线国家展开了互利互惠的贸易合作，另一方面又加深了与沿线国家的文化交流。清食展主要是向外界提供一个认识清真食品的平台。

此外，青海省多年来沉淀了不少民族文化，其中最特别的当属撒拉族，撒拉族最先同土库人有着历史渊源，二者风俗习惯、宗教信仰方面较为接近。这均使得两者对彼此将会有优于与他族的认同感于归属感。进而保障了青海于土库曼斯坦今后贸易往来的便利性。依托上述贸易合作优势，必然会在未来经贸合作过程中推动省内经济增长。因此迫切需要更好的市场环境与之相适应，而完善好省内征信体系建设将会使资源配置更加充分有效，降低企业对外贸易风险，会为省内经济发展锦上添花。

3. 信息技术的发展和应用为征信体系建设提供了技术保障

随着经济信息化时代的不断发展，青海省也紧跟时代步伐，积极发展信息数字化建设。青海省开展信息技术培训，围绕“互联网+”、人工智能、大数据等主题开展讨论，充分了解省内存在的问题并研究解决方案。青海省大数据有限公司与中投国信科技发展有限公司携手合作，共同打造了社会信用体系大数据平台，并将社会信用体系建设工作分为建信、管信、用信三个阶段，将征信阶段分为一库、一平台、双网、四应用的网络化模式（图3-4）。

在管信阶段，建立以完整全面的信用信息共享为基础的征信系统，将信用大数据平台、信用报告服务、城市信用监测服务以及联合惩戒服务系统四个联合在一起。在用信阶段，将借助大数据服务实现个人或企业信用画像、对外投资信用风险分析、信用指数分析以及信用地图等业务。将省内信用制

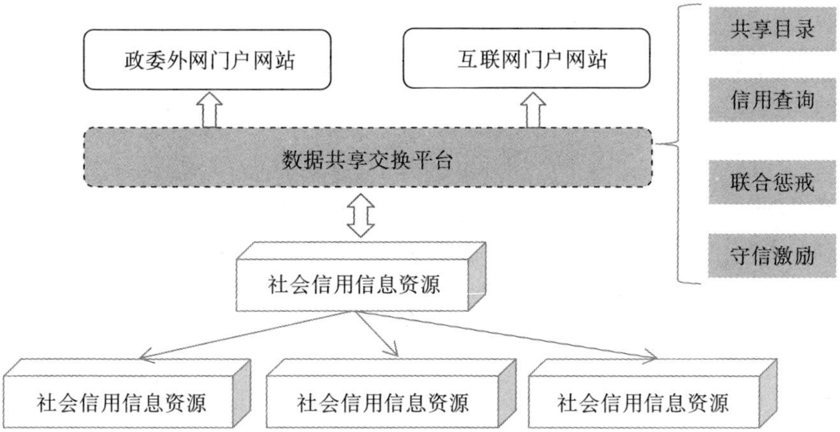

图 3－4　社会信用体系建设工作关系图

度变化、信用信息透明度监测、重大失信事件等内容列入城市信用监测范围内。同时，提供线上线下相结合的各类信息查询服务，主要面向自然人、企业法人、社会机构、事业单位及重点人群。

政策的出台为省内大数据产业的发展提供支持。2015 年 8 月青海省出台了《关于促进云计算发展培育大数据产业实施意见》，意在借助丝路经济带建设，打造云计算数据中心。2016 年 7 月《青海省“十三五”工业和信息化发展规划》要求省内顺应时代，各部门配合不断强化完善信息基础设施建设，同时在信息技术、互联网技术方面不断深化研究，以提高信息化发展水平和保障信息安全。同年还发布《青海省大数据产业发展规划》，针对产业未来发展作出具体的布局。

大数据产业的发展极大地降低了征信服务成本，实现高效与快捷的数据收集与整理。大数据技术还为征信服务带来了附加值，使得征信报告更具有说服性。

（二）青海省征信体系建设与发展的挑战

1. 征信业环境改善难度大

征信是随着商品经济的产生和发展而产生和发展的，而青海省自身经济基础较为落后，因此导致当地征信业的发展缺乏相应土壤。征信业发展乏力，主要表现有：首先，在省内外贸易交流中缺少征信业务的使用机会，且企业征信意识不足，即使有涉及征信业务的贸易机会，企业还是习惯使用传统方式来了解对方的企业信用，而不会主动采用当下流行的征信系统去了解对方信用。其次，在我国除了债券市场需要强制信用评级，其他行业企业投融资涉及的信用行为都采用自愿评级的方式。地处西北的青海省，其资本市场发展相比我国东部地区还有较大差距，企业信用意识不强，加之信用评级费用相对较高，企业往往认为信用评级并不能带来直接的投资回报，因而很少有企业愿意支付这笔费用。在这种情况下，青海省想要全方面发展征信市场还有很长的路要走。此外，青海省对征信业务管理没有具体法规要求及制约，业务流程不规范。一些征信机构不惜采用信用造假的方式来拉拢客户，致使信用评级结果大大失真，搅乱了征信市场秩序。自2013年国务院出台《征信业管理条例》后，要求从事征信业务的个人及企业必须向国务院征信业监督管理部门申请和备案，这更加重了青海省征信业务审批的复杂性。

2. 征信人才匮乏

当前全国范围内的信用学科建设还存在不足，信用人才的培养不能满足市场的巨大需求，人才匮乏已成为制约信用社会建立的主要障碍。目前我国开设信用管理学科的高校只有20多所，每年信用人才输出也只有数百人。青海省开设信用管理课程的高校更是少之又少，由此省内信用人才匮乏可见一斑。由于省内经济发展水平程度低，整个市场征信业务需求不足也导致了征信行业服务不够多样化、行业工资整体偏低的问题，无法吸引人才进入征信行业，且加速了征信人才外流。青海省由于征信业发展滞后，能提供给信用专业毕业生的岗位很少，且工资低难以吸引外省征信人才前来就业，而本地学生也不愿意去学习如此难就业的专业，而人才培养周期长、成本高、不确定性大，征信人才数量大大减少。而征信人才的减少又加重了征信行业的落后，如此恶性循环，使得青海的征信行业很难发展起来。

3. 信用信息难以共享

青海省已出台《关于加快全省社会信用体系建设的意见》，还建立了个人信用信息共享平台，将个人信用信息通过技术手段整理汇总，以供给有关部门或其他信用信息需求者查询使用，且要求省内各部门主动配合信用征集工作。但在实际执行过程中，并没有行之有效的具体办法支持征信工作落地。在采集非银行信用信息时还存在数据量大、数据不全、信息收集困难等诸多问题。另外，部门之间信息不能共享，导致信用信息使用效率低下，征信体系建设困难重重。各个部门在采集完与本部门业务相关的信用信息后，对信息资源保护过度，造成其他部门使用信息的成本过高。信用信息在各部门之间不能流通，无法建成互享信息网，未能建立起一个信息量大且全面的征信查询服务平台。

4. 地区失信情况严重

青海省由于地处青藏高原内部，交通闭塞，市场经济极度不发达，征信体系未能建立，市场信用缺失现象严重，主要表现为企业制假售假、违约毁约、恶意逃债、偷税漏税、虚假合同、价格欺诈等。根据资料调查显示，省内 54.2% 的企业认为青海还未建立起良好的社会信用环境，高达 89.7% 的企业曾为失信现象所困扰，50.3% 的企业存在失信行为。失信企业中有 45.8% 的企业拖欠货款、24% 的企业拖欠工资、12% 的企业拖欠银行贷款、13.2% 的企业拖欠各项税费、2.4% 的企业存在违约和合同欺诈。这些失信行为的存在使省内信用环境极度恶化，单靠征信来改善市场信用环境还有很大难度。一方面没有相应的失信惩戒制度，失信惩戒覆盖范围也不够全面。另一方面，对个人失信行为也要进行社会舆论监督，建立社会共同治理失信行为格局。

（三）青海省征信体系建设与发展取得的成绩

1. 征信法律、法规建设方面

2005 年，在国家提出建设信用社会的倡议下，青海省政府与省委共同对省内信用发展作出部署。2006 年，青海省颁布了《关于加快全省社会信用体系建设的意见》，通过制定信用政策来改善省内经济环境。2009 年，政府推出了全省社会信用体系建设联席会议制度，联席制度的推出有利于领导层之间相互沟通、互通有无，有利于更好地建设一个全面完整的社会信用体系。2014 年制定了《青海省社会信用体系建设规划（2014—2020 年）》，对青海省未来征信体系建设作出具体的规划与要求。2017 年，青海省将省社会信用体系建设纳入年度目标绩效考核范围。同年，还设立青海省公共信用信息中心，形成了政务、商务、社会和司法四大领域的基本制度框架（表3－16）。

表3－16　近年来青海有关征信方面的政策法规

年份	政策法规
2006	关于加快全省社会信用体系建设的意见
2009	青海省农村信用体系建设五年工作规划（2009—2014年）
	关于印发青海省中小微企业信用体系建设指导意见
	加强金融生态环境建设促进全省经济又快又好发展意见
	青海省企业信用预警预报制度（试行）
	青海省工程建设与建筑业不良行为记录和公示管理办法（试行）
	青海省个体工商户纳税信用管理办法（试行）
2014	青海省社会信用体系建设规划（2014—2020年）
2015	青海省人民政府办公厅关于印发《青海省社会信用体系建设规划（2014—2020年）任务分工》和《青海省社会信用体系建设两年重点工作任务（2015—2016年）》的通知
2017	加强政务诚信建设的实施意见
	加强个人诚信体系建设的实施意见
	加快推进失信被执行人信用监督、警示和惩戒机制建设的实施意见
	全面加强电子商务领域诚信建设的实施意见

资料来源：信用青海

同时，各个部门及行业都在政府的带动下参与到信用体系建设中，并且在信用建设中受益匪浅。从地方与中央关系层面来讲，青海省政府积极响应中央提出的关于建设信用社会的重要指示，推出了《青海省农村信用体系建设五年工作规划（2009—2014年）》；从经济社会发展角度来讲，信用社会的建立有利于规范市场经济，优化金融行业发展环境，推动中小企业在省内的持续发展，因此青海省颁布了《加强金融生态环境建设促进全省经济又快又好发展意见》和《关于印发青海省中小微企业信用体系建设指导意见》；在政务方面，青海省政府按照“先联通、后提高”的原则，出台了《青海省人民政府办公厅关于印发〈青海省政务信息系统整合共享工作方案〉的通知》《青海省人民政府办公厅关于印发青海省政务信息资源共享交换平台建设方案的通知》，来推进全省政务信息系统整合共享。

2. 征信市场建设方面

青海省为打造诚信的营商环境，各部门在金融市场、医疗、餐饮、工程建设等方面都积极开展金融生态建设、信用评级、征信宣传教育活动和诚信评选活动。其中，针对企业开展了金融生态安全区创建、农资打假、企业信用分类监管和纳税信用等级评定工作；针对金融市场加强信用培训和证券期货市场诚信制度建设；针对医疗、餐饮、工程建设等行业，大力推进行业内信息公开和诚信体系建设；针对行政管理，诚信建设被纳入行政管理工作全过程，公务员及事业单位人员招考都将受到监督。同时，对各个领域的失信行为进行严厉打击。

在征信机构建设方面，2007 年青海省成立了全省唯一一家信用评价机构——青海省信用评价中心，主要负责评价企业的信用等级、为企业提供信用咨询服务、为企业提供信用管理人员培训服务，为青海省信用体系建设奠定了基础。

截至 2011 年，青海省已有省信用评价中心、省资信调查评估中心、省信用调查评估中心、省企业信用协会 4 家信用中介机构。而在 2011 年，青海省拥有了省内第 1 家全国评级机构——联合信用管理有限公司，公司在基本征信业务之外还增加了其他信用服务种类，如信用信息系统设计与开发、社会信用体系建设和相关主体评价、行业及地区风险评价、市场调查、信用风险管理咨询和培训等，进一步推动了青海征信市场的发展。2012 年，中国诚信管理有限公司及东方金诚国际信用评估有限公司在青海省设立分公司和办事处，进一步扩充了青海省征信市场。

信用青海网站是青海省发展和改革委员会主办、青海省社会信用体系建设领导小组办公室管理，青海省信息中心建设运行维护，是政府褒扬诚信、惩戒失信的权威门户网站。截至 2017 年年底，站内累计归集入库各类信息数据共 4, 937 万余条，其中设有用 3D 展示的信用信息目录，以供企业及信用信息需求者查阅。信用青海网站收录的信息完整全面，使青海省成为全国率先接入辖区内所有自然人、法人及其他组织基础信息的省份。

除了征信机构的设立，2006 年青海省还成立了企业信用协会，协会在 2006 至 2016 年的 10 年间，会员人数从成立时的 50 家增长到 700 多家，影响范围广泛，极大地推动了青海征信市场体系的发展。协会自成立以来，在会员培训及社会信用宣传等方面都发挥了重要作用，为社会信用建设输出了大量优质专业人才，促进了青海省内形成良好的信用文化氛围。

3. 征信管理建设方面

青海省近年来在信用信息基础数据库的管理、守信激励与失信惩戒机制方面取得了显著的成果。为加快实现信息共享和数据交换机制，省内在 2015 年专门推出“三证合一”登记制度改革实施方案，在全省范围内开展统一代码的录入更换工作，对税务局、工商局等机关的登记系统进行强化升级。在政务信息领域设立了共享大数据平台，从而实现了政务信息的互联共享，有效地解决了部分“数据孤岛”的问题。信用信息开始应用到许多领域，青海省已在金融机构信贷业务、税务、企业信用信息公示方面推广应用信用信息。其中，对中小微企业进行信用评级，并从优筛选向银行金融机构优先推荐，以使信用较好的企业优先获得贷款服务以及相应优惠服务。

在守信激励与失信惩戒方面，青海省为了给省内企业营造一个好的具有竞争性的市场环境，于 2016 年颁发了《关于建立完善守信联合激励和失信联合惩戒制度加快推进社会诚信体系建设的实施意见》。其中，对于守信的机构、单位、企业以及个人给予“红名单”表彰，同时提供政务业务办理便捷通道以及其他优惠特权。反之，对失信的机构、企业以及个人实行严厉的惩处措施，例如将其纳入征信“黑名单”，进入“黑名单”的轻则名誉受损，重则影响其正常生产经营活动。同时赋予公众监督权，可以对周边的失信行为进行有奖举报；并借助社会舆论的力量，约束各类主体的失信行为。

【案例 1】

2017 年 12 月 4 日，承建西宁仁杰粮油市场项目的劳务分包人向国海、吴峰宇带领 30 余名农民工到西宁市信访局投诉，反映四川华夏军安建设有限公司存在拖欠劳动者劳动报酬的行为。

经查，西宁仁杰粮油市场项目承建单位为四川华夏军安建设有限公司，向国海、吴峰宇两人分别为劳务分包人。四川华夏军安建设有限公司在项目中因未与两个劳务分包人核算清楚工程量以及未足额支付工程款等，导致拖欠劳动者工资。2018 年 1 月 12 日，西宁市城北区人力资源和社会保障局向四川华夏军安建设有限公司下达《劳动保障监察责令改正决定书》，责令其限期支付所拖欠的劳动者工资，公司逾期未支付。目前，城北区人力资源和社会保障局正在调查取证，将于近期依法向公安机关移送此案。

【案例 2】

2017 年 12 月，西宁市城北区人力资源和社会保障局接到 20 余名四川籍农民工代表投诉，反映洪宇建设集团公司存在拖欠劳动者劳动报酬的行为。

经查，洪宇建设集团公司在承建城北区鼎安名城 2#地块项目中拖欠 190 名劳动者工资共计 1, 024 万元。原洪宇建设集团公司青海分公司项目负责人高昌林因涉嫌犯罪，于 2017 年 8 月被捕，致使剩余款项无法支付，从而发生工资拖欠。2018 年 1 月 10 日，城北区人力资源和社会保障局依法向洪宇建设集团公司下达《劳动保障监察责令改正决定书》，责令其限期支付劳动者劳动报酬，公司逾期未支付。目前，城北区人力资源和社会保障局将于近期依法向公安机关移送此案。

资料来源：根据网页公开资料整理

西宁市在环境保护方面出台了《西宁市环境信用“红黑名单”发布和联合惩戒实施细则》，严格要求市内企业、个人等对污染物排放等违规行为及时曝光，以保障环境信用发挥社会效力。此外，市税务局借助信息数据共享及联通，对省内存在的税务票据造假进行全面排查。截至 2018 年年底，查出涉及造假票据金额总计 22, 964 万元，并为国家追回 747 万元。

4. 征信文化和教育建设方面

首先，从公共服务事业岗位入手，对此类岗位人员进行重点征信教育，以起到示范带头的作用。对党员或是公务员的征信教育结果进行严格把控，对事业单位人员进行诚信档案，并将产生严重影响的失信行为记录在各自的信用档案内，以培养其自觉建信维信的良好意识。青海省于2018年专门拍摄了普法微电影，以让大众形象地了解当老赖的严重后果。2018年9月20日，在青海西宁集中开办省级层面的“诚信兴商宣传月”，参与机关单位及企业共计80多家。活动主要是为参与单位解读分析政策法规、展示信用产品的使用以及剖析信用典型案例。活动还宣读了“诚信兴商倡议书”，旨在号召各行各业诚信经商，为省内商业环境营造良好氛围。

其次，从省内校园教育工作入手。上至教育局、教育机构等，下至教师、学生、校园行政及其他人员，对其进行全方面的征信宣传教育工作。借助诚信知识竞赛，提高省内学生对征信素养培养的积极性。例如，2019年黄南州信用办携手州教育局在州内初中以及高中举办诚信教育知识竞赛。同年，为减少学生陷入非法贷款的骗局，青海大学开办了关于提升大学生防范风险能力的讲座，以使其了解个人信用培养的重要性以及失信会造成的严重后果。对教师及学生进行学术诚信教育，强化教师表率作用以及约束学生学术造假的行为，并将各类考试中存在的失信行为记录在个人的考试诚信档案中。

此外，对省内的企业尤其是中小微企业的征信建设进行大力宣传，让其真正意识到建信对自身未来发展是至关重要的。同时将企业的信用优劣程度作为一项企业资质证明，将其作为办理业务成功与否的参考点之一。要求企业在日常经营活动中做到按时足额缴纳税款、管理费、卫生费、电费等以及按时发放职工工资；并主动将诚信建设作为企业发展的核心理念之一，为员工进行相关知识培训，以避免员工在工作中由于征信意识的缺失而作出有损企业信用形象的行为。

五、新疆维吾尔自治区征信体系建设与发展：建成丝绸之路经济带核心区

（一）新疆维吾尔自治区征信体系建设与发展的历史机遇

1. 利好政策密集出台为征信体系建设提供了制度保障

新疆维吾尔自治区具有较强的文化民族特色，在政策制定方面主要是结

合自治区内的实际情况进行相应的调整。在丝绸之路经济带征信体系建设过程中，这样的特色化政策同样重要。为确保新疆能够高效融入丝绸之路经济带建设，2013 年由新疆党委、人民政府牵头，带领相关部门进行深入调研，最终计划将新疆打造为丝绸之路经济带核心区并把“五大中心”（交通枢纽中心、商贸物流中心、金融中心、文化科教中心和医疗服务中心）建设作为一项重要的任务。为进一步保障新疆的核心区建设，2014 年 5 月自治区成立了核心区建设专项工作小组。2014 年 9 月新疆推出了一系列关于如何打造核心区的实施方案以及行动规划。2015 年 3 月，新疆被国家定位为丝绸之路经济带核心区，尽快辅助自治区乃至国家与中亚五国的互联互通，进一步提升其对外开放程度以促进自身搭乘丝路建设的快车。特殊的地理位置给予了新疆特殊的发展机遇，国家也在土地、财税、金融等方面给予其各类优惠政策，这些相关政策的出台为自治区与丝路沿线国家开展合作提供了政策支持与保障。

从产能合作方面看，新疆作为我国能源资源的战略基地，具有同沿线国家进行产能合作的优势。从近年新疆对外产能输出与输入可以看出其对外产能合作呈现不断增加的趋势。与此同时，自治区内不断出台的新政策也为其不断助力。此外，为有效解决对外合作的各类商业风险，国家提供部分财政资金开展出口信用保险业务。2017 年，这项业务为自治区内不少企业提供了机遇，为区内各类企业把控出口风险，同时解决了融资难的问题。根据 2016 年新疆银保监会的数据显示，第一季度自治区内 140 家企业获得了总价约 7, 600 万美元的短期出口信用风险保障，其中将近 86% 的企业是小微企业。

各类利好政策的出台为企业在丝路建设大背景下开展对外业务做足了准备，但同时企业也需不断加强自身实力，如培育企业信用，只有良好的信誉才能为企业长期合作提供保障。

2. 经贸与征信建设协同发展

经贸合作往来的不断扩大，增加了对外信息交流，使得区内有机会收集整理更多的资源与信息。此外，在不断扩张的经贸合作中，新疆与塔吉克斯坦的贸易合作采用了人民币跨境结算方式，以助推两者间的贸易往来。另外，在使用人民币跨境结算时，减少甚至避免了因使用第三方货币所带来的汇率风险，使双方在贸易过程中把结算风险最小化。

随着丝绸之路经济带的不断发展，新疆的国际经贸往来持续深入。一方面，丝路沿线国家与我国经济发展程度不同，另一方面，受文化、习俗、宗教等因素的影响，经贸合作双方之间信息不对称，降低了经贸交易效率，从而违背了丝路建设的初衷。因此，跨境贸易和投资企业对交易对手的信用信息需求强烈。在这种态势下，急需区内不断完善自身征信业，推进征信跨境合作，以促进双方企业建立互信关系，降低交易风险和成本、扩大双边经贸合作。

2017 年，新疆同丝路沿线国家贸易往来总额共达 183.9 亿美元，同比增长了 24.8%，高于新疆内贸平均增速 7.7 个百分点。

新疆开展的重大基础设施建设项目包括与邻国签署一系列合作备忘录和经贸合作的长期发展计划以及交通和能源渠道建设等。这些项目的开展无疑能扩展新疆的贸易自由通道，实现其与中亚国家间更便捷的贸易交流。但对于贸易便利化还处在初级阶段的新疆而言，要从根本上解决这个问题，还得从根源处找出阻碍贸易畅通的因素，对症下药，制定可行的对策。

3. 宗教优势利于征信建设

新疆与周边国家交往便利，宗教、民族习俗相近。新疆借助工业园区建设，打造出与中亚地区甚至是亚欧内陆间的产业聚集区，实行分类别专业化的生产，进而以一定的规模朝着区域化的方向经营。新疆利用其人文优势，吸引中亚国家前来投资。新疆与中亚各国在地理位置上有着先天优势，两者在历史、文化、宗教等方面有着天然的相关性和关联性，无疑给两者间的交流与贸易提供了更多的优势和便利。首先，新疆拥有成熟的穆斯林礼拜环境，相比之下国内那些经济发达的市区并不拥有这一条件；其次，完善的穆斯林教育环境为穆斯林商人驻留新疆解除了后顾之忧；第三，与中亚各国生活习俗相符的生活环境和饮食习惯，无疑会吸引穆斯林商人来投资。

以上优势促成新疆建成了现有的经济平台。新疆现已成为丝绸之路沿线国家的重要合作伙伴，新疆与各国的进出口贸易量也在不断增加，其中对中亚五国的出口量数额最多。在商贸物流建设方面，新疆已有了四个保税区，分别是阿拉山口综合保税区、喀什综合保税区、霍尔果斯综合保税区、奎屯保税物流中心。此外，海关多式联运监管中心也已投入使用，乌鲁木齐综合保税区也通过国家验收，乌鲁木齐铁路集装箱中心站和空港物流园正在加紧建设。新疆可以依托平台的建设来收集贸易往来企业的信用信息，反之也需要不断完善自身征信信息体系建设。

（二）新疆维吾尔自治区征信体系建设与发展的挑战

1. 征信法律法规有待完善

一套健全的法律体系能够有效地保障社会征信制度健康发展。新疆由于地处偏远西部地区，与发达地区交流不便，导致其在法律法规建设层面有所落后。自治区仅针对个人信用信息基础数据库方面设有相关政策，缺少个人信用建设方面的法律法规，致使自治区在开展相关工作时只能参照《中国人民银行个人信用信息基础数据库管理暂行办法》，或是借鉴北京、上海、深圳等发达地区已出台的法规。新疆在个人信用评估、个人信用风险预警及管理等方面还存在很大政策空白。例如，自治区在个人信用信息处理、个人信息监管等方面没有清晰的说明，而异地的法规虽有借鉴意义，但在实际使用过程中并不符合自治区内的特殊情况，即异地政策在区内可能会“水土不服”，致使区内相关问题不能得到及时解决。自治区还缺少科学的信用评估标准，更不用说在征信建设方面的法规完善性，这严重阻碍了自治区内征信建设的工作步伐，使得区内征信发展无法可依、无法可循。

2. 民众征信意识欠缺

经济的落后极大影响了信用消费的使用范围，使得信用对区内群众日常生活的影响力不够显著。乌鲁木齐市信用消费发展较好，但其他市区的信用消费少之又少，农村地区更是无从谈起。同时，受传统习惯的影响，人们认为消费得参考自己的储蓄状况，所以对于信用消费仍很谨慎。另一方面，对维信、建信意识的缺失致使自治区内失信行为频发，严重阻碍了区内个人征信制度的发展。此外受区内师资力量、教育投入资金等多方面因素的限制，群众的个人信用意识薄弱，各类欺诈行为、个人蓄意拖欠账款、偷税漏税、文凭造假、使用假证的现象屡见不鲜。

3. 征信业发展相对落后

除了现行的央行个人信用信息基础数据库外，新疆还未出现个人征信企业及信用中介机构，这严重制约了新疆个人征信制度的发展。央行的个人信用信息基础数据库只能提供个人信用报告而不能进行信用评估，并且信息的使用者多是商业银行，因此评估工作多由各商业银行自己完成。目前在自治区内，市场主体对于信用报告查询的有效需求不迫切，且在获取个人信用信息过程中耗费的成本较高，这就使得金融机构在开展消费信贷业务时并不愿意接受第三方的服务，从而导致新疆征信企业及信用中介机构得不到发展，进而阻碍了新疆征信业前进的步伐。

虽区内由人民银行牵头建立个人信息数据库，但是在信息收集数据过程中存在内容差异，阻碍了信息的有效对接。由于数据库信息的差异化，不同的商业银行对个人信用进行评估的结果会有差异，甚至会得出相反的结果，这也严重影响了征信体系标准化建设的步伐。

在经济领域信息消费逐渐显现其魅力，不仅增长势头猛、活跃范围广且辐射度更深。在这种形势下，信息消费拉动了内需增长，提高了就业率，引导各个产业不断升级。信息技术已经逐步渗透到越来越多的传统产业中，信息消费也日益成为人们日常生活中不可或缺的重要部分。然而对于具体行业而言，其自身收集的信息是宝贵的、不交换的。这就需要自治区加快建设信息资源共享和交流平台，逐渐将各部门的信息系统迁移到云平台。目前自治区内信用需求明显不足，区内大多数人只有在办理相关业务如申请信用贷款时，才会使用征信报告或其他信用产品。新疆现存的信用评级机构虽数量较多，但机构本身信用度较低，导致其提供的信用评级产品不具有公信力。信用产品的需求与供给不能达到有效平衡，造成区内征信体系建设困难，进而无法实现征信推动省内经济建设发展的功能。

（三）新疆维吾尔自治区征信体系建设与发展取得的成绩

1. 征信法律、法规建设方面

2005 年新疆拉开了诚信社会建设的序幕，开始不断在信用相关方面立法，以培养自治区人民的征信理念（表 3－18）。为此，自治区还成立了新疆维吾尔自治区与国家开发银行信用建设小组，专门解决自治区内的各项信用相关问题。人民银行以企业和个人征信系统为基础，加强企业信用建设。自治区依托联席会议制度，建立非银行信息采集机制，进而搭建了新疆建设信用信息管理系统平台，并要求相关部门积极地带动农村信用体系建设。

表 3－17　　近年来新疆在征信方面的政策法规

年份	政策法规
2005 年	由新商务厅牵头，新疆维吾尔自治区信用建设领导小组协调，共同制定政策规范性文件《自治区党委办公厅、自治区人民政府办公厅联合印发〈《关于推进诚信新疆建设的意见》〉》
	新疆维吾尔自治区建设信用信息管理办法
	人民银行乌鲁木齐中心支行发布《关于新疆维吾尔自治区社会信用体系建设联席会议制度的请示》
2006 年	新疆中小企业信用体系建设试点工作实施方案
2009 年	关于建立自治区社会信用体系建设联席会议制度的通知
	关于全面推进自治区农村信用工程建设的实施意见的通知
2010 年	乌银发《新疆维吾尔自治区社会信用体系建设实施意见》
	政府发布 90 号文件《关于促进中小企业发展的实施意见》
	中小企业信用体系试验区建设指导意见
2015 年	新疆维吾尔自治区企业信用信息公示实施办法
	新疆农村信用体系建设工作实施方案
2017 年	新疆维吾尔自治区企业信用信息公示实施办法
2019 年	新疆维吾尔自治区社会信用信息管理暂行办法

资料来源：信用新疆

此外，自治区在经济和社会发展“十三五”规划纲要中专门提出了“加快社会信用体系建设”这一重要任务，还明确要求“加快建立守信激励和失信惩戒机制”。2018 年乌鲁木齐市工商局推出《企业信用监管工作手册》。2019 年出台的《新疆维吾尔自治区社会信用信息管理暂行办法》明确要求区内社会信用信息在采集过程中需要合法合规，不得违规采集隐私信息；还针对区内企业信用信息可以公示的内容给出了具体范围，同时也约束企业方面能够按标准执行这些要求。另外，还给出了信息公示系统的技术要求和标准，以保障在信息公示过程前期有信息审核、中期专人专门录入、后期有人负责。

2017 年自治区内仅有 24 名人员获得信用管理师职业资格证，这明显与区内信用发展水平不相匹配。

2. 征信市场建设方面

从表 3－18 可以看出，自治区内的信用服务机构数量近年来不断增加，尤其是 2015—2016 年，新增数量最多。区内征信机构数量增加有助于营造较好的竞争环境，促进区内机构征信产品的不断升级与改革，进而造福区内征信产品使用者。

表 3－18　新疆企业信用评级机构汇总表（截至 2016 年年底）

成立年份	机构名称
2003 年	新疆中天恒信信用管理有限公司
2004 年	新疆天山信用担保有限责任公司、新疆天正信用担保有限公司
2007 年	新疆和谐信用管理有限公司
2009 年	新疆九九信用管理有限公司
2012 年	新疆联邦信用管理有限公司
2014 年	新疆绿盾征信信用服务有限公司
2015 年	新疆国富泰信用管理有限公司、巴州正诚信用服务有限公司、新疆中誉信用担保有限公司、伊犁诚道信用管理有限公司、新疆金鼎信用评估有限公司
2016 年	长风国际信用评价新疆有限公司、新疆同顺兴信用管理有限公司、新疆辛宸信信用评估有限公司、新疆众联信信用管理有限公司、新疆华信通信用服务有限公司、新疆首冠信用评估有限公司、新疆大公信用评估有限公司、新疆伟信顺达信用评估有限公司、新疆中联诚实信用管理有限公司

资料来源：企业信用网

其中，新疆和谐信用管理有限公司是自治区内最早开展信用产品业务的机构。其前身是新疆诚信评估中心，专门从事信用服务，并且其提供的评级结果具有一定公信力。由于事业单位改编制，于 2017 年变更名称。公司还在区内 6 个地州县开设了服务点，并上线了新疆信用网络，实现网上信用举报、信用评估、信用宣传、信用查询、信用培训、信用信息发布、信用预警等功能，使得征信服务便利化，切实为自治区人民服务。除此之外，新疆联邦信用管理有限公司由国有资产投资，于 2012 年成立并在中国人民银行备案，主要涉及信贷领域的经营，是自治区内另一家具有代表性的信用服务机构。公司在管理风险与内部控制方面均与资质颇深的公司展开合作，其合作公司有东方金诚国际信用评估有限公司、深圳市迪博企业风险管理技术有限公司、上海资信有限公司。这两个区内典型的征信机构均以开展企业信用征集、信用等级评定、市场信用调查、信用咨询和信用业务培训等业务为主，还为政府部门的监管和中小金融机构的风险防范以及中小企业的融资和交易服务。征信机构的发展和业务的完善有助于推进新疆的社会信用体系建设，改善金融生态环境，发展区内各类信用服务业务，能够有效地防范企业和行业风险。

在数据库建设方面，自治区逐年都有所进步。为帮助区内贫困县尽快脱贫，新疆人民银行专门搭建了统一的农户信用信息共享平台。平台收集内容不仅包括基础类的农户信息，还覆盖了经济信息以及农户家庭信息等其他综合性的社会信息。依托各个维度的信息，实现对农户信用等级评分，进而实现对农户信用的规范和统一化评价。如此一来便解决了评价不规范、不统一而导致的农户信用评价可信度低的现象。借助这一模式，将其推广到其他领域的信用评级工作中去，必将起到推动新疆信用体系建设的作用。2019 年年初下发的《新疆维吾尔自治区社会信用信息管理暂行办法》，倡导区内各企业事业单位以及行业协会建立自身信用信息数据库，并鼓励行业协会对会员建立信用档案。

关于信用报告查询方面，截至 2018 年年末，数据库累计收录全新疆 1, 281 万自然人和 17. 4 万企业和其他组织的信息，全新疆自然人查询个人信用报告 83. 3 万笔。由于从 2020 年 1 月起，中国人民银行征信中心向社会公众和金融机构提供二代格式的信用报告查询服务，其中个人信息方面新增了“最近 2 年逾期金额”“共同借款信息”“个人为企业提工担保”等。截至 2020 年 6 月，自治区内企业和个人可以通过各大商业银行的网银、手机银行进行线上征信查询，提高了征信查询的效率和便利性。2016 年，乌鲁木齐市能够实现个人信用报告查询的地点只有中国人民银行乌鲁木齐分支行；截至 2020 年 6 月，全新疆已有 185 台个人征信自主查询机，并且除中国人民银行网点外，全新疆 108 家商业银行网点也可查询个人征信报告，其中仅乌鲁木齐就有17家。企业通过网银提交查询申请后，可于次日获得报告。目前规定每家企业每月最多可查询3次，每年最多可查询13次，以保障自治区内企业与个人的信用信息能够发挥合理的用途。

3. 征信管理建设方面

新疆企业信用信息公示系统首先作为政府部门的工作平台，用来及时发布相关的信用信息，为其他相关部门提供便捷的公共服务。其次，它也是一个将自治区内收集的信用信息进行整合的平台。这一平台为公众和企业提供了一个公开透明的网络环境。对企业而言，可在平台上公开其相关执业证明、业务范围证明以及生产经营状况的信息。对于公众而言，可以通过平台及时参与对企业的监督检查，并客观地了解企业相关信息。

新疆企业信用信息公示平台上的机构联手在网络平台上为社会公众免费提供便捷服务，如查询已发布的公开信息、企业年报信息以及政府信息采集情况等。另外，这些机构还借助网络平台，向大众公示一些最新的奖罚、惩处以及监管信息，及时公开非法、违法、信用缺乏的企业及个人，以在全区内形成全方位式的信息透明机制，实现“一处违法，处处受限”的机制。

但对于互联网信息公示平台而言，存在一些技术漏洞是不可避免的。平台针对这一现象，推出了信用互动一栏，对于存在的信息错误，专门为公众提供了失信申诉的途径，公众可以通过填写表格进行投诉，如表3－19所示。

表3－19　　失信申诉表

姓名/单位：
联系电话；
内容：
验证码：

资料来源：新疆信用网

阿克苏地区飞越房地产开发有限责任公司惩戒典型案例

阿克苏地区飞越房地产开发有限责任公司，纳税识别号：652923763798727；生产经营地址：库车县友谊路北27号（友谊路与胜利路交汇处）；登记注册类型：其他有限责任公司；生产经营范围：房地产开发。

经新疆维吾尔自治区阿克苏地区地方税务局稽查局检查，发现此单位在2011年至2013年期间，财务核算混乱、取得应税收入不及时申报纳税等，少缴税（费）合计1,180,850.31元。根据《中华人民共和国税收征收管理法》等相关法律法规的有关规定，对企业处以追缴税款1,180,850.31元的行政处理、处以罚款7,966.35元的行政处罚。

阿克苏地区地方税务局稽查局在2014年依法对阿克苏地区飞越房地产开发有限责任公司2011年至2013年期间的纳税情况进行了检查，于2015年7月15日依法向公司送达了《税务处理决定书》和《税务行政处罚决定书》，限公司15日内缴纳1,180,850.31元税款及其累计到实际入库日为止的滞纳金和7,966.35元罚款。而后阿克苏地区地方税务局稽查局分别于2015年5月13日、2015年6月10日进行了两次催告，并依法送达了《税务事项通知书》，但公司仍然未缴纳上述款项。因本案违法情节严重，社会影响大，2015年10月公司被自治区地税局稽查局列入税收“黑名单”，根据《关于对重大税收违法案件当事人实施联合惩戒措施的合作备忘录》（发改财金【2014】3062号）文件规定的惩戒措施：对公司的纳税信用级别直接判为D级，并按《国家税务总局关于发布〈纳税信用管理办法（试行）〉的公告》（国家税务总局公告2014年第40号）第三十二条的规定，对公司采取D级纳税人的管理措施。同时在阿克苏地区地方税务局官方网站“重大税收违法案件信息公布栏”向社会进行公告。

资料来源：新疆信用网

对于征信标准化建设，征信窗口服务标准化创建工作开展较为顺利。首先，有效识别的窗口服务需要设立统一的标准，其次不断完善服务设备，同时在日常工作中做到合理管理。此外，针对特殊人群开通“绿色通道”。征信标准化建设最终得到了人民群众一致好评，真正实现征信“为民、便民、惠民”目的。

早期，在自治区内若需查询个人或企业的信用报告，需要去专门授权的网点才可，致使个人或企业的查询意愿消减。而近年来，区内投放了不少自助信用查询机。以喀什地区为例，截至2018年年末，实现了10,846份个人信用报告查询记录，且均出自自助查询机，而借助柜台人工服务查询的相对较少，仅为4,842份。

4. 征信文化和教育建设方面

为积极响应《征信业管理条例》中关于征信文化与教育建设的内容，乌鲁木齐人民银行中心支行结合当地实际情况，推出了一系列相关的宣传推广活动。首先，社会公众可以通过访问已经建成的“新疆信用网”，便了解本地及外省的信用建设方面的政策法规以及国内外相关信用动态建设情况。其次，在新疆信用网上，信用互动栏目为广大群众以问答的形式宣传了征信小知识，例如“关于个人信用报告你必须知道的那些事儿”“运行失信惩戒机制的意义是什么”“推进现代化社会信用体系建设的指导思想是什么”“企业内部信用建设的核心”“政府信用包括哪些内容、征信机构录入个人信用信息的原则是什么”“哪些个人信息是禁止披露的等信息”等。通过问答的形式，为广大民众解决日常生活中遇到的征信小困难，进一步向其宣传征信知识。另外，作为新疆信用网的创建方，新疆和谐信用管理有限公司为各个企业及时普及征信知识，并开展了多次信用知识宣讲活动。此外，还会借助征信知识宣传月在街边设宣传点，给过路的民众发放知识彩页，并为其进行现场解说以及难题解答。

为普及新疆征信教育知识以及培养征信文化，新疆各市区积极参与，其中乌鲁木齐市的表现最为突出。人民银行乌鲁木齐中心支行定期在市里举办征信知识宣传活动，借助“3.15”消费者平台强化人民的信用意识；借助各类宣传活动如“平安新疆　和谐新疆”主题宣传活动、“民族团结教育宣传月”以及征信知识宣传周、“信用记录关爱日”等，进行征信知识与征信重要性的宣传。乌鲁木齐的乌恰县乌鲁克恰提乡位于中国最西部边境区，2019 年，以“珍爱信用记录、累计信誉财富”为主题的征信宣传活动也走进了这一地区，真正实现了自治区内征信文化的全面普及。相关部门还在工程建设管理和安全生产工作会议中，将信用引入，以促进市场内部的严格监管。在建筑业招标过程中，根据不同的招标计划，将其划分为信用、商业、技术三类，可见信用已逐步融入行业内部。人民银行乌鲁木齐市中心支行为使偏远地区的市民也能够从信用建设过程中得到相应的优惠政策，以驻村点的形式，借助“集中式 + 流动式 + 维汉双语讲座”，打通征信惠民“最后一公里”。乌鲁木齐市依托各种形式与渠道，在市民心中逐渐刻下了征信的“烙印”，为以后的征信建设工作打下了坚实的基础。

此外，新疆巴州紧跟时代步伐，2019 年借助颇受大众喜爱的“抖音”APP，发动自治州内的各单位人员积极参与征信宣传，通过歌曲、舞蹈、微电影、情景剧、三句半、宣传片、动漫等形式，充分发挥各金融机构的宣传优势，实现征信知识高效传播的“蒲公英”工程。同时，也较好地呈现出一个具有良好精神风貌和公众形象的巴州，为打造巴州征信宣传品牌奠定了坚实的基础。

为确保征信教育能够在受教育群体中得到有效实施，各方携手促进征信知识在教育领域普及。自治区在区内十二所高校开展讲座活动。其中，伊犁师范学院已将《征信知识及诚信文化教育读本》纳入本校学生的德育教育课程，使学生正确、高效地了解征信知识及文化，并引导其进一步深入探索征信领域。据统计，2107 年自治区内开办的征信宣传活动高达 4,100 多次，其中 365 个政府部门主动牵头参与，带领 2,993 家金融机构以及 65 家媒体助力，在全自治区投放了相关资料约 43 万册。2017 年自治区共计建成 13 个诚信宣传基地，同时实现了 163 个宣传工作站授牌与协议签订。总之，对征信的宣传教育建设切不可好高骛远，要将诚信教育渗透到各个层级，使诚信文化融入整个社会风气，才能起到其真正的作用。

第二节 丝绸之路经济带西南四省区市征信体系建设与发展

一、重庆市征信体系建设与发展：谋求丝绸之路经济带枢纽地位

（一）重庆市征信体系建设与发展的历史机遇

1. “丝绸之路”核心区带动征信体系建设

“一带一路”倡议的提出，加速了中国金融体系与国际接轨的速度。“一带一路”战略的逐渐推进使得亚洲、欧洲、非洲三个板块的连接不止体现在地理上，而且扩展到经济、贸易、文化等各个方面。重庆直辖市在“一带一路”战略中的位置举足轻重。重庆是我国中南半岛经济带和长江经济带的重叠区域，更是“新世纪海上丝绸之路”中国经济、产业的腹地。重庆地处富庶之地，拥有得天独厚的资源，又是内陆最开放的省份（市）。“一带一路”倡议重点提出长江中上游经济带枢纽的战略，而且重庆作为长江中上游金融中心，丝绸之路经济带的建设为重庆经济发展带来了新机遇。在建立“一带一路”经济带的倡议下，重庆的贸易、融资等活动频繁、数量不断增加，从而增加了重庆的征信需求，有利于重庆征信业的发展。

2. 重庆自身经济发展带来有利影响

重庆直辖市虽地处中国内陆腹地，但近些年全国经济出现沿海增速放缓，内陆发展加速的势头，全国经济格局发生变化。2018 年重庆地区生产总值突破 2 万亿人民币，同比增长 6%。重庆直辖市经济总量和经济增速都位于全国前列，其中金融所占 GDP 的比重明显提高。而规模较大的金融业需要健全的征信体系来降低其信用风险，良好的征信体系可以有效、准确地生成有关个人或者企业的信用报告，从而降低信用交易的调查评估成本，提高成交效率。

2009 年，国务院将重庆定位为长江中上游经济带的金融中心，而且在“十三五”规划中也将其定位为我国重要的功能性金融中心和结算中心。重庆市也是人民币跨境贸易结算的试点城市。2015 年，重庆市人民币跨境结算收付总量达到了 1,983.4 亿元人民币，而在 2010 年之前每年结算总量都达不到 10 亿人民币。重庆目前的跨境贸易结算总量在我国中西部来说居于首位。“十三五”规划除了将重庆市部署为“一带一路”重要节点城市和长江中上游金融中心，还要求同时推进商务诚信建设，加强行业监督和管理，增加公共信息公示。

重庆发达的金融业和功能性的金融中心地位增加了其对征信业的需求。征信体系建设相当于金融市场的基础设施建设，可以保障金融市场的健康、有序发展。发达的金融业会推动对征信产品的需求增加，从而促进征信体系更加全面、完善地发展。反过来，征信业的发展又会扩大金融领域信用交易的规模，从而促进金融业的发展，以最终推动征信体系建设趋于完善。

3. 不良贷款的增加使得征信体系建设迫在眉睫

不良贷款的产生原因，有部分是源于信息不对称，放贷者并不了解贷款者的资信情况、偿债能力、信誉情况等信息。图 3－5 为近年来重庆市不良贷款情况。

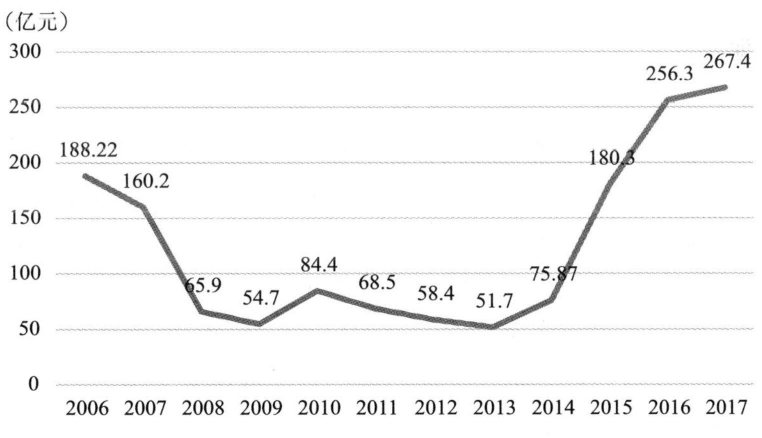

图 3－5　2006—2017 年重庆市不良贷款余额

数据来源：重庆市统计年鉴

随着经济增长，越来越多的企业开始规模扩张。信贷需求的巨大增长，使得金融机构和投资企业越来越难以识别违约风险较大的企业，这种信息不对称造成的市场失灵给金融机构和需要融资的企业带来了损失。从图 3－5 中看出，2013 以后不良贷款的余额持续增加，使得征信体系建设迫在眉睫，以更好地为“一带一路”建设服务。

图 3－6 为近几年重庆市的不良贷款率，从图中可以看出，不良贷款率也同样呈现出上升趋势，这对当地的经济发展和“一带一路”建设产生不良的影响。

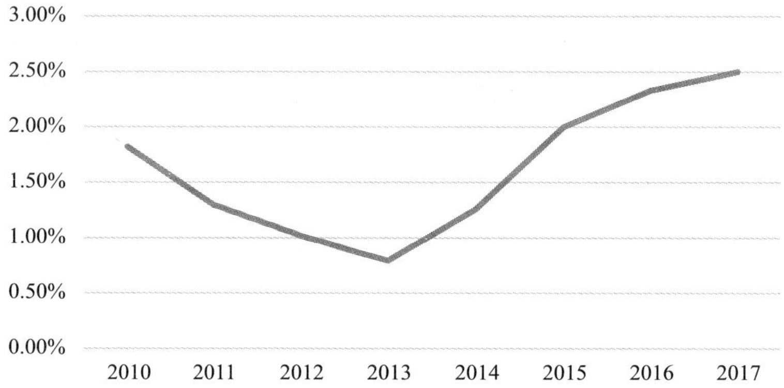

图 3－6　2010—2017 年重庆市不良贷款率

数据来源：重庆市统计年鉴

4. 已有征信体系作为良好的基础

由新华社举办的中国城市信用建设高峰论坛发布了《中国城市信用状况监测评价报告 2017》。报告构建了由行政级别、经济发展水平、区域三方面组成的综合信用指数，涵盖全国省会城市。从指数判断，重庆的信用状况仅仅落后于北京和上海。为了紧跟中国城市社会信用体系建设的发展速度，中国国家发展和改革委员会开展了城市信用状况监测和评价工作。报告中提出的城市信用监测旨在利用以往的互联网城市守信、失信事件和各城市所建立的信用机制状况，利用新兴的大数据和云计算相关技术建立指标模型和监测方式，对城市的综合信用状况进行全方位检测和评估。检测和评估的目标主要涵盖城市 4 种主体单位，包括政府部门、企业公司、社会组织和司法机构，特殊情况除外。通过监测4类主体的行为特征和与征信内容相关的活动和行为，包括制度和法规建立和实施、失信事件的记录等方面，从而评测城市的信用情况并计算出城市综合信用指标。由此可知，重庆征信体系建设包括制度、征信文化、居民和企业对自身信用的重视程度在国内比较靠前。这为以后的征信体系建设打下了良好的基础。

5. “一带一路”贸易助推征信建设

促进贸易便捷、经济一体化是“一带一路”倡议的目标和主要内容。重庆地处中西部中心，西邻东盟国家，具有得天独厚的优势。图3－7为2001年以后，重庆与“一带一路”沿线地区的贸易总额变化趋势。据图3－7分析，自2013年“一带一路”倡议提出以来，重庆与丝绸之路沿线地区的贸易总额呈现波浪式增长的趋势，这在与东南亚11国的贸易中尤为突出。

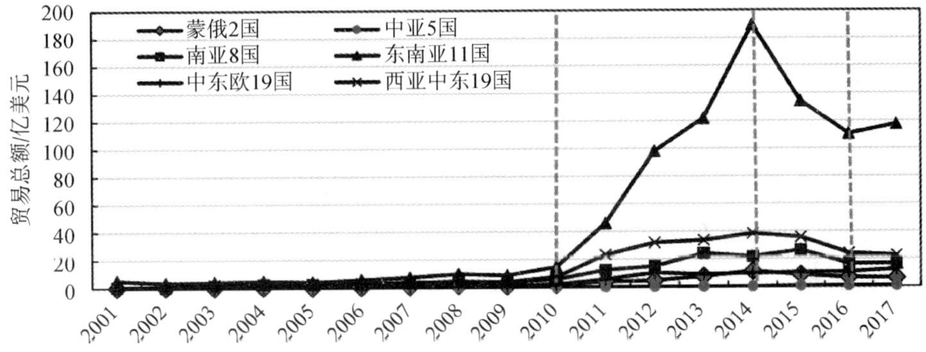

图3－7　重庆与“一带一路”沿线六大区域贸易总额变化趋势图

资料来源：世界地理研究

在跨境贸易中，往往由于信息不对称而导致成本增加、贸易风险等。建立完善的征信体系可以减少贸易双方的潜在风险，同时也加大各自的违约成本。违约方的信息一旦被加入征信信息数据库，其以后的贸易信贷等都难以正常进行。随着经济全球化的不断推进，我国与全世界的开放度不断增加，与全球其他国家的经济贸易和文化交流日益频繁和密切。完善社会信用体系，可以有效地促进我国和其他国家的合作与交流，树立良好的守信形象，降低对外贸易成本，增加交易效率，增强我国文化软实力和国际影响力。

（二）重庆市征信体系建设与发展的挑战

1. 征信人才供不应求、供求脱节

重庆征信人才队伍建设存在着不和谐的现象，人才结构性矛盾突出。征信和信用管理研究、培训力量不足，薪酬培养机制仍存在缺陷，人才政策环境有待改善。重庆市征信行业人才的缺乏在一定程度上是因培养机制不完善和社会对征信和信用管理的重视程度不高而造成的。重庆市征信和信用管理人才方面的主要问题仍然是供求脱节。从供给角度来看，征信人才培养存在一定的特殊性，就目前而言，设有征信相关专业的高校其具有从业经验的师资严重不足。而且截至 2018 年，重庆高校中开设信用管理专业的只有重庆工商大学融智学院 1 所高校，培养的有关征信人才十分有限，致使征信业人才的供需严重脱节。重庆征信人才培养不管从数量、还是结构匹配方面都有待加强。

2. 征信业法律、法规有待完善

对信用信息征集、管理、评估等的规范存在漏洞，征信法律、法规不够完善是我国各个地区均存在的问题。截至 2018 年，我国仍然没有以征信为主体的法规。法律法规的建立可以促进征信业的有序发展，保护个人和企业的商业机密在征信过程中不被泄露，使征信过程更加公平、公正。不完善的征信法律体系会导致对征信业的监管更加繁琐，更具有人为主观性并增加监管成本，直接和间接地制约着征信业的发展。从征信业长远发展的角度来看，建立健全的征信法律法规很有必要。

3. 信用意识和信用环境有待加强

信用是市场经济运行的基本保障。相比较其他发达国家，我国市场经济建立时间短，各个地区包括重庆，征信业发展较落后，大众的社会信用信息意识相对薄弱。在日常生活中，为了暂时的利益而违约的行为时有发生，这既有民众信用意识淡薄的原因，也有失信成本低的原因。信用意识的不足和缺乏良好的信用环境会对征信和社会信用体系建设造成很大的阻碍，表现在个人和企业没有信用保护意识，对征信工作不积极配合，信用信息采集成本偏高、采集效率缓慢等特点。为彻底改变这一现状，不仅需要加强有关诚信、征信的教育和宣传，更需要建立一个“守信激励、失信惩戒”的机制。

（三）重庆市征信体系建设与发展取得的成绩

重庆市征信体系建设虽然处于初级阶段，但是在政府指导的社会信用体系规划纲要和重庆市人民的共同努力下，重庆市的征信体系建设仍取得一些成绩，在征信法律法规、管理监督、宣传教育、基础征信信息系统的建立方面都有了一定的发展，这为重庆市以后的征信体系构建奠定了良好的基础。

1. 征信法规建设

重庆市政府第148次常务委员会会议通过并颁布了《重庆市企业信用信息管理办法》（以下简称办法），这部管理办法主要根据我国政府信息条例和企业信息公示条例，结合重庆市征信现状而制定的，主要规定企业的基础信息、信用信息归集和对企业的惩罚和奖励等。

在企业信用信息归集方面，办法规定征集的是指行政部门在依法履行职责过程中产生的企业信用信息，要求信用信息归集必须规范、合法公正，以保护国家和企业秘密以及个人隐私等，并且要求行政机关对信用信息公示的准确性负责。在行业协会方面，办法要求行业加强自律，发挥监督、引导作用，共同推进社会信用建设。在数据共享、交换平台建设方面，重庆市发展改革部门和重庆各级工商管理部门等有关部门负责平台的建设，实现信用信息统一收集、公示。办法要求相关部门按时检查平台在各个环节的数据安全保障工作。办法还要求企业于每年的上半年，在国家企业信用信息公示系统进行年度报告。

除此之外，重庆市政府和其他部门在信用建设方面颁布多项法律法规，在信用重庆网站可以查到。2019年，重庆市发布《重庆市人民政府办公厅关于加快推进社会信用体系建设构建以信用为基础的新型监管机制的实施意见》。2020年5月，重庆市文化委员会颁布《重庆市文化市场“红名单”管理办法（试行）》，主要目标为推动企事业信用自律，促进市场健康发展。同年5月在医疗行业，重庆市出台《医疗机构不良执业行为记分管理办法》。2020年8月，国务院印发《国务院关于加强政务诚信建设的指导意见》，对各级部门对社会信用体系建设的具体目标和分工细则作了详细的要求。

总体来说，虽然没有以征信为主体的法律法规，但是重庆市政府和民众对建设信用体系是比较重视的，各行政机关和行业协会也在积极推进征信体系建设等。

2. 征信市场建设

重庆征信市场同国内其他省份基本相似。公共信用信息数据库由人民银行征信管理部门建立，此外也有重庆华龙强渝信用管理有限公司（简称华龙征信）和重庆云微信用管理有限公司（简称云微信用）民营征信企业。公共征信和私营征信优势互补，共同发挥自身优势以建立健全的征信信用体系。华龙征信是由中国人民银行重庆分行审核报备的第三方社会征信机构，其在重庆开展业务和开拓市场的过程中，开发了“华龙系统”信用信息数据库，覆盖了在重庆市依法注册的企业，为民众信贷、日常生活、商务等提供信用报告，也为政府采购招标、审批审核提供报告参考。华龙征信已为重庆多个地区，建立了征信信息数据库。云微信用主要在金融借贷领域建立“火眼征信系统”，而且其信息数据库延伸至其他地区。

此外，还有信用中介结构。除上文提到的重庆华龙强渝信用管理有限公司外，江苏运时数据软件有限公司和重庆华龙网海数科技有限公司在重庆征信市场上也分别占据一席之地。此外，征信市场还开拓了“信用+”的模式，如“信易贷”“信易租”“信易游”“信易批”“信易住”“信用+监管”“信用+投招标”等，将信用与群众的日常生活紧密结合起来。

3. 征信管理建设

良好的监管体系是促进征信业健康有序发展的重要条件。中国人民银行重庆分行按照行政引导和市场主导相结合的方法，实行管理与服务并重，在规范化的监督和管理体系中积极发展征信行业。中国人民银行重庆分行和政府相关部门依据个人信息基础数据管理办法严格执行信息数据的归集和管理。央行引导商业银行利用自身在金融领域的地位推进征信管理机制，维护金融业的安全有序发展。在债券信用管理方面，也是由央行监督商业银行严格执行《信贷市场和银行间债券市场信用评级规范》。在机构管理方面，重庆市政府组建社会信用体系建设工作领导小组，包括重庆市发改委、审计局、市金融监管局等46个单位，涉及政府的各个部门以及社会各行业。各政府部门和人民银行积极建立守信激励、失信违约机制，建立食品、医疗、运输、税务等多个行业的违约黑名单，鼓励推进联合惩戒、联合激励机制等。

4. 征信宣传教育建设

重庆市人民政府和中国人民银行重庆营业管理部联合，组织各类网站开设网络诚信专题，推广和宣传各领域的诚信案例，还发布一些优秀的征信相关的文化作品以及反面的失信违约案例；建设有关诚信的典型案例平台和推介机制，鼓励相关部门和社会组织定期宣传诚信守约典例和鼓励无不良信用记录者；建设了有关征信和诚信的一系列网站，涉及信用法规政策的讲解、失信人员和企业的公示以及征信业发展的最新动态。

在征信教育建设方面，重庆工商大学融智学院开设了信用管理专业，其目的是培养具备良好的金融学和管理学知识素养，熟悉信用管理、经济法规和政策，掌握信用管理实务和操作技能的应用型复合型人才，为重庆征信业和信用管理行业的发展源源不断地输送人才。学院实行“校企联合”和“产教融合”，把教育和实践密切结合，以免造成理论与实践脱节的局面。融智学院将在信用管理人才培养、信用教学、信用课题研发、青年社会信用体系建设和信用数据共享等方面与征信机构开展密切的合作。例如，融智学院和华龙信用通力合作，在为重庆地方经济发展需要的信用、金融人才的培育目标上形成巨大合力，互利互惠。

在信用知识培训方面，重庆市各地区结合自己的实际情况开展信用培训活动。2018年1月，重庆市举办首期诚信教育培训班，有70多个被加入黑名单的企业参加培训。培训由重庆市发展改革委员会、市法院、市国税局举办，主要讲解社会信用的守信鼓励、失信惩戒机制以及如何修复信用等，参加的企业和个人分别签订了信用承诺书。2019年3月，璧山区举办“诚信建设万里行·璧山在行动”诚信教育、信用修复专题培训，主要有个人、企业征信相关的信用知识培训，以及信用体检的参与活动。此次主题培训参与企业达到240家，主办方还组织与会成员观看了2018社会信用体系宣传片以及经典案例微视频。这次培训的内容主要是由重庆华龙强渝信用管理有限公司专家进行讲解。巫溪县由发改委牵头开展全民信用承诺活动。2020年，合川区举办信用修复培训班，本次活动也由华龙征信进行培训内容讲解，旨在为提升民众和企业的信用意识，扩大信用的辐射区域。

5. 征信文化建设

诚实守信自古以来就是传统美德，也是社会主义核心价值观。为建设人人守信的美好愿景，重庆市在道德上进行鼓励，在法律上进行约束。政府部门也比较重视征信体系建设，重庆市社会信用体系建设领导小组贯穿各个部门，渗透各个行业。重庆市也大力宣传征信知识，举办各类信用活动等。将失信人加入“黑名单”，在信用重庆公示，各部门联合惩治。在重庆市政府和民众的共同努力下，成功地开展了“6·14”信用记录关爱日、“诚信活动周”等活动。

二、四川省征信体系建设与发展：谋求丝绸之路经济带经济腹地

（一）四川省征信体系建设与发展的历史机遇

1. “丝绸之路”重要交通枢纽和经济腹地助推征信建设

四产省跨国贸易比古丝绸之路的西安开展的都要早，据记载是我国最早开展跨国贸易的地区。四川省是丝绸之路和21世纪海上丝绸之路的连接区域，西邻东盟、东南沿海经济走廊，也是内陆腹地开放的地区。快速、准确地融入丝绸之路经济带，既是响应国家倡议的应有职责，更是面对经济开放发展和转型的机会。四川省政府鼓励四川省的各个企业积极开拓国际市场，加强与“一带一路”沿线国家的贸易合作。四川省主要以成都为中转枢纽贸易中心，积极建立离岸贸易、网络商品交易平台，推动交通配送中心、信息交流中心的建设，积极打造成都为丝绸之路经济带贸易枢纽城市。“一带一

路”的倡议直接或间接地增加了贸易流量，降低了跨境外贸风险，提高了交易效率，促进了四川对征信业务的需求，从而对征信体系的建设起到了推动作用。

2. 四川经济发展为征信建设创造的机会

四川省是西部经济中心，经济持续增长，位居我国经济发展第一阶梯，其省会成都也是我国新一线城市。我们都知道较高的总产出需要较高经济流量作为支撑。经济流量高说明构成 GDP 的投资、消费等比较大，而投资和消费中的信贷消费需要良好的征信体系来降低其信用风险，以保障经济健康发展。因此不管是从四川省的经济发展和经济结构的构成来看，都推动了对征信业的需求增长，这为征信业发展提供了重要的动力。

从四川省经济构成的角度即投资占 GDP 的百分比来看，投资对四川经济增长的贡献比较突出。投资作为拉动国民经济增长的“三驾马车”之一，其在促进四川经济发展中起着举足轻重的作用。四川经济发展阶段决定了其投资增长速度快于东部地区，这也是缩小地区差距的必要阶段。以投资促进经济发展，除了需要避免经济风险外，也应该降低信用风险所带来的损失。从广义的信用风险角度来看，产生信用风险的原因不单单是个人的经济行为，还受到经济效益等因素的影响，因此建立完善的征信体系和科学全面的信用评估系统是比较重要的。

四川省已经建成企业信用信息系统、公民信息管理系统等信用信息平台，央行征信管理部门建设的金融信用信息基础数据库也逐渐完善。其中，四川省信用信息公示系统联合其他市级职能部门、公共以及企事业单位的信用信息数据资源，以新建立的电子政务云中心为载体、建立数据共享平台，并将“成都信用网”作为系统门户网站，以宣传新的征信动态和法规，公示一些奖励和惩罚的企业和个人，并开展服务征信的具体业务。2015 年上半年，成都信用网与全国企业信用信息公示系统（四川）实现了对接。为了便于社会使用，成都市还开发了成都信用网新版网站、移动微门户、微信公众号和手机 APP 等面向社会服务的系统，并于 2015 年 7 月全面上线试运行。在四川省政府和央行的共同努力下，集中统一的公民信息数据基础库和其他各类应用服务系统逐渐完善。四川省个人和法人数据库的建立，尤其是成都信用信息数据库的建立，为四川省其他市区开拓了先行路，为整个四川省的征信体系建设打下了坚实的基础。

3. 不良贷款的增加需要征信建设

近年来，四川省的信贷规模呈扩张趋势。在信息不对称的资本市场，借方往往不能够有效识别贷方的违约风险，从而不得不提高利率等，这使得对风险承受能力较低的贷方退出市场，从而造成市场失灵。这种趋势可以从图 3－8 中可以看出，自 2013—2017 年四川省的不良贷款余额直线上升。

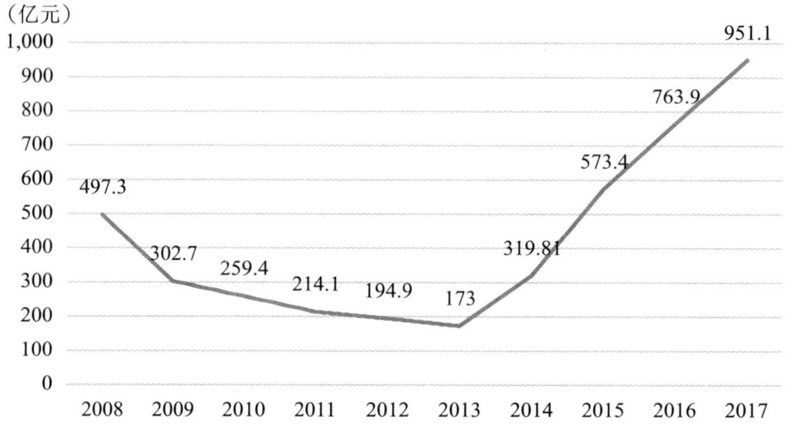

图 3－8　2008—2017 年四川省不良贷款余额

数据来源：四川省统计年鉴

建立完善的征信体系不仅仅可以有效识别借贷融资企业的违约风险，而且也会增加债务企业的违约成本。因为完善的征信体系会因违约行为而降低企业的信用评级，从而增加企业的融资成本。从图 3－8 中可以看出建立企业和个人的征信系统刻不容缓。

从图 3－9 中的不良贷款率来看，最近几年也是逐年上升。这说明不仅从不良贷款的规模上，而且从不良贷款的比例都存在上升的趋势，这也为征信体系建设增加了必要性。

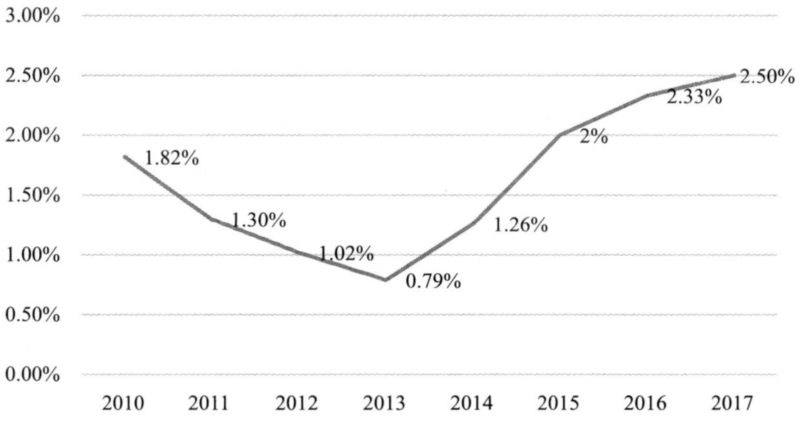

图 3－9　2010—2017 年四川省不良贷款率

数据来源：四川省统计年鉴

（二）四川省征信体系建设与发展的挑战

1. 法律法规不够完善

四川省征信体系中涉及个人、法人的信用信息归集管理、评估、报告等法律法规并不完善。征信法规的不完善，主要体现在信用市场监管的主体和监管的具体内容上。法律法规的不健全增加了有关部门监管的主观性，从而产生了一些争议甚至是不必要的诉讼等，这在很大程度上阻碍了四川省征信行业的稳定发展。另外，相关法规法律的不完善，降低了监管效率，大大增加了非必要的监管成本。最为严重的是，征信法规的不完善会导致个人和企业对征信产生消极情绪，对征信体系的发展产生不良影响。

2. 信用数据共享和应用有待加强

虽然四川省已有由工商管理部门主导建立的企业信用信息库、由央行征信管理部门建立的信贷金融信息数据库和其他政府部门建立的信用信息数据库，但是各类数据库之间并没有实现资源共享，未形成征信渗透各个行业、数据互联互通的良好格局，尚未建立覆盖全省各个领域的社会信用信息的统一公共信用信息共享平台。另外，信用信息应用程度不高，政府部门、企业和个人尚未形成使用信用信息的习惯。造成如此局面的主要原因有法规不健全、归集的信息资源散乱、共享标准不规范。

3. 四川省各区域发展的不平衡

四川省贫富二元化经济结构比较明显，在地理位置上富裕的城市地区和贫困的乡村地区是相对独立的，这对四川省的经济和征信建设造成制约。即使农村改革发展一直都在深入实施，城乡一体化进程加快，但是城市和农村地区之间的经济发展、基础设施建设、政府治理仍然有较大的差别。这也导致四川省的征信业发展存在区域发展不平衡的现象，成都市的信用建设在我国位居前列，但是四川省其他地区的信用建设却刚要起步，这为四川省整个征信体系的整合、征信标准的制定等带来了困难。此外，文化程度和学历较高的人才都被经济发展较好的成都市吸引，致使对信用征信的重视程度也出现城乡差距较大的情形，履行义务信守承诺的社会氛围有待提高。社会诚信意识的欠缺是由征信业发展比较晚、失信成本比较低而导致的。

（三）四川省征信体系建设与发展取得的成绩

1. 征信法规建设

四川省为规范企业信用发展，建立了企业信用信息系统。根据我国企业公示暂行条例，为了让企业及时、准确地公示企业信息，重庆市工商管理部门出台了《成都市企业信用信息管理办法》，办法对征信信息进行了分类，对需要采集的正、负面信息都作了相关的规定。

为保障四川省企业信用体系稳步建设，成都市政府和中央银行发布了一系列信用相关的法规制度和政策文件，如《成都市企业信用信息征集和使用管理办法》等。成都市在征集企业信用信息的基础上编制了《成都市企业信用信息目录》，在此基础上逐渐形产生了《信用信息资源平台数据元》和《信用信息资源平台数据规范》两个项目建设标准，对成都市征信行业的各个环节都作了统一的标准。同时，成都市印发了《成都市公民信息管理系统总体建设方案》，整理了全市政府相关部门和企事业单位涉及的公民信用信息，创建了公民个人信用信息系统。此外，在农村信用体系建设、中小企业信用制度建设、房地产开发企业信用体系建设方面都制定了相应的政策和管理办法；与此同时，各个行业的主管部门或者行业协会也相继出台了各自行业有关信用管理的规范性文件，宣传并强化企业信用意识，促进信用贯穿各个行业，引导全行业都遵纪守信。此外，四川省守信联合激励和失信联合惩治的实施方案也已出台，旨在建立良好的社会秩序，增强征信文化建设。在个人征信管理方面，四川省政府依据《国务院办公厅关于加强个人诚信体系建设的指导意见》，颁布了《加强个人诚信体系建设实施方案》。

四川省二级政府部门也积极建立社会信用奖惩办法。2018 年 8 月，《工程建设施工企业信用评价管理办法》的出台，规范了建筑行业数据管理、公示和查询等信用管理环节。2019 年 12 月，交通运输部颁布《四川省高速公路投资人信用管理办法》，规范了投资人的信用评级和处罚办法。

2. 征信市场建设

与中国其他省份相似，除人民银行征信管理部门建立的个人和企业数据库之外，四川征信市场上还有着众多的征信机构。总体来看，四川征信市场具有较大的需求和供给。目前，在四川注册的征信机构有 6 家，分别为四川兴中诚信用服务有限公司、成都金智通金融数据服务有限公司、川恒征信有限公司、成都数联铭品科技有限公司、成都金控征信有限公司和紫金诚大数据信用管理有限公司。其中，川恒征信有限公司成立于 2014 年，并在中国人民银行成都分行取得备案，目前已形成将大数据征信技术、小微企业云计算信用评分系统运用到实际操作中的运作模式，作为独立的第三方信用服务机构，持续为合作伙伴提供征信服务。

四川省也将推行“信用+”的模式，将信用融入各个行业和日常生活。截至目前有“信易贷”“信易批”“信易行”“信易租”“信易医”和“信易游”，贯穿金融、政府审批、交通出行、租赁、医疗、旅游等领域。

3. 征信管理建设

健全的征信监督管理体系不仅可以保障征信业的各个环节正常运行，也会促进和规范征信业的发展。四川省人民政府也比较重视征信监管体系建设，设置了相应的部门并出台了相关的法律法规来保障征信业的发展。

2004 年，中国人民银行成都分行、工商管理部门和政府其他部门合力建立了四川省企业信用信息管理中心，旨在建立企业信息基本信息和信用信息数据库。2006 年，为了更好地整合企业信用信息，成都市政府成立了企业信用数据平台联席会议组织，参加的有企业信用体系建设相关的政府部门及公用事业单位和43家企业单位。联席会议主要负责研究、协调系统建设中的问题和困难，保障征信业各项任务的完成。2011年成都市为建立个人信用信息数据库，专门成立了四川省成都市公民信息管理系统建设工作领导小组。同时，还成立了专家顾问机制，为公民信息管理系统建设和公民信息资源开发利用提供咨询。2015年，成都市政府为响应国务院推进社会信用体系建设的号召，成立了成都市社会信用体系建设领导小组，统筹全市各个行业的信用体系建设，更快更有效地建立社会信用体系。

为加强行政部门的监管效率，四川省推行行政管理部门绩效考核，设立工作人员在社会信用体系建设中的责任考核标准，界定各部门在社会信用体系建设中应承担的责任，并且对于守信激励和失信惩戒、定期报送征信行业的动态信息以及示范案例等情况，都建立了政府部门考核标准。在征信制度方面，加强了部门（行业）和地方信用制度建设。因为各地区文化、地域、经济发展等各不相同，四川省各地区结合自身实际情况和信用建设情况，建立符合地区、部门或行业的信用体系建设规章制度，明确信用信息征集各个环节的责任，秉着公开、公平、公正的原则，有效、真实地开发信用信息数据，更好地为经济发展服务。

4. 征信宣传教育建设

四川省积极开展有关征信教育宣传活动，利用一些信用日主题宣传活动如信用记录关爱日、网络诚信宣传日等宣传和建设征信文化。通过此类活动的开展，四川省大力宣传有关信用征信政策法规、信用管理理论知识、典型事例和信用体系建设，鼓励创作诚信文化与现代经济发展和新时代价值观相结合的艺术作品。四川省影响较大的媒体如四川文明网、广播电视台等，积极参与信用建设宣传，设置专门的信用栏目宣传征信知识。由国家公共信息中心主导，四川省大数据中心建立的信用四川网在信用宣传教育方面的影响比较深远，这一网站及时公示四川省的征信动态、企业信用信息公式、文化建设、联合奖惩等。

在教育培养方面，四川省鼓励各个学校举办诚信、诚信宣传教育相关的活动，提倡学校开设信用有关的课程和开展宣传交流会，鼓励师生积极探索信用理论学术研究。学校各部门建立宣传诚信教育联席制度，定期汇报交流开展情况，积极建立征信、诚信教育培养基地，将学生的诚信教育表现与学生助学贷款政策挂钩。截至目前，在四川省开设信用管理专业的高校有西南财经大学，其信用管理系是国内为数不多的具有本科生和研究生完整人才培养梯队的高校之一。

5. 征信文化建设

四川省人民政府及相关部门的道德建设以遵纪守法、诚信至上、培育和践行社会主义核心价值观为目标，培养重视信用的良好风气。四川省政府加大征信普及，制定民众诚信守则，营造“守信者荣、失信者耻、无信者忧”的社会氛围。

三、云南省征信体系建设与发展：谋求丝绸之路经济带战略支点地位

（一）云南省征信体系建设与发展的历史机遇

1. 跨境经贸合作扩大了信用经济的规模

自改革开放以来，国内经济发展实现多次飞跃，云南也积极投身到改革开放中来，树立新思路，为云南参与丝绸之路经济带建设奠定了坚实的基础。2009 年 12 月，云南省委召开第八届委员会第八次全体会议，决定将云南建设成为我国面向西南开放的桥头堡；2010 年，国务院编制《关于支持云南省加快建设面向西南开放重要桥头堡的意见》，鼓励云南在丝绸之路经济带建设过程发挥其桥头堡作用。2013 年 5 月，国家提出了构建孟中印缅经济走廊的倡议，为云南省参与丝绸之路经济带建设提供了重大机遇。2013 年 6 月，中国—南亚博览会在云南成功举办，又一新的开放与合作平台在云南落户，标志着云南对外开放进入新阶段。2015 年 3 月 28 日，中国在《推动共建丝绸之路经济带和 21 世纪海上丝绸之路的愿景与行动》中指出，云南省应利用自身的区位优势打通国际运输通道，作为南亚与东南亚的经济辐射中心，与大湄公河次区域合作，提高自身对外开放水平。这一提议不仅凸显出云南的区位优势，也肯定了云南在国家战略实施过程中作出的贡献。以上经济政策和国家战略提升了云南的开放水平，促进了云南对外贸易增长（见图 3－10 所示）。

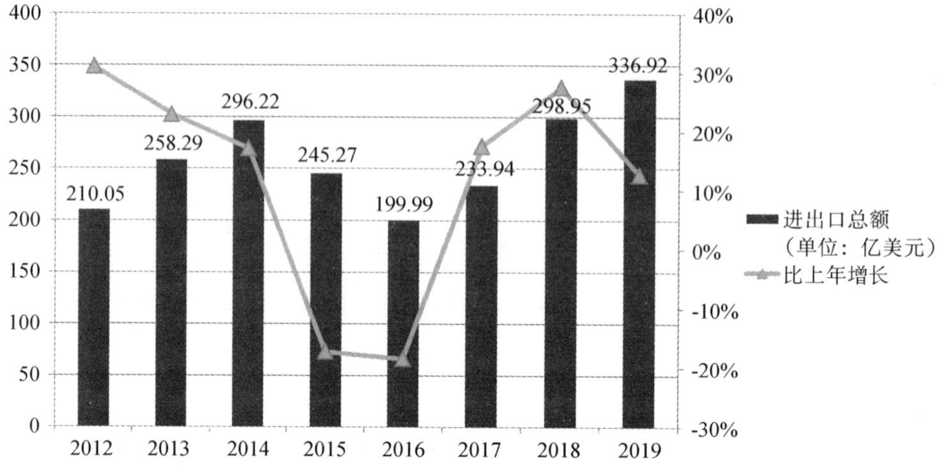

图 3－10　2012—2019 年云南进出口总额及其增长速度

资料来源：云南省统计局网站

近年来，云南主要与沿线亚洲国家开展对外贸易合作。如表 3－20 所示，2018 年云南与亚洲国家贸易总额达 104.75 亿美元，相较于 2017 年增长了 7.4%，主要向缅甸、老挝、越南、新加坡和印度等国家出口货物。与 2017 年相比，云南对缅甸、越南、老挝的出口额较上一年相比分别增长了 14%、12.2% 和 21.5%。这说明云南正企图拓展其在东南亚国家的贸易市场。云南外贸经济扩张将会增加对外经贸合作，这将导致信贷数据越来越普遍，信用信息服务范围扩大。云南省应完善其征信体系，以应对在对外贸易过程中信息不对称所带来的问题，更好地服务经济。

表 3－20　云南省对主要国家或地区出口总额（2017—2018 年）　单位：亿美元

国家或地区	2017 年	2018 年	2018 年比 2017 年增长/%
亚洲小计	97.24	104.75	7.4
阿富汗		0.02	
孟加拉国	0.50	1.48	198.4
文莱	0.03		
缅甸	27.01	30.13	14.0
柬埔寨	0.61	0.42	－32.1
朝鲜	0.11	0.20	6.9

续表

国家或地区	2017 年	2018 年	2018 年比 2017 年增长/%
中国香港	18.54	17.65	-6.8
中国澳门	0.28	0.40	46.4
中国台湾	0.88	0.90	1.7
印度	3.82	6.90	80.9
印度尼西亚	5.19	3.53	-32.0
伊朗	0.08	0.53	546.6
以色列	0.12	0.09	-17.3
日本	1.41	1.58	12.4
约旦	0.09	0.02	-76.0
科威特	0.01		
老挝	2.44	2.88	21.5
黎巴嫩	0.02	0.02	19.7
马来西亚	2.15	2.17	-0.9
尼泊尔		0.08	
阿曼	0.03	0.01	-59.2
巴基斯坦	0.72	0.56	-21.5
菲律宾	0.85	0.76	-10.5
沙特阿拉伯	0.55	0.14	-73.7
新加坡	1.33	1.67	25.6
韩国	1.29	1.42	9.2
斯里兰卡	0.18	0.18	-0.1
叙利亚	0.01	0.01	2.3
泰国	8.10	6.55	-19.2
土耳其	0.17	0.35	95.8
阿拉伯联合酋长国	1.03	0.51	-50.9
越南	19.57	22.55	12.2
非洲小计	1.21	1.16	-4.5
阿尔及利亚	0.01	0.07	591.8
埃及	0.24	0.31	24.9
埃塞俄比亚	0.03		
肯尼亚	0.02	0.03	40.5
毛里求斯	0.02	0.01	-21.6
摩洛哥	0.03	0.03	17.2

数据来源：云南省统计年鉴

2. 金融开放促进征信评级市场发展

金融为经济发展增加活力。云南省高度重视金融业发展，建立了区域金融服务中心，主要为人民币跨境业务、绿色金融业务、矿权贸易业务、跨国期货交易、离岸金融业务、私募股权投资与华人金融等领域提供服务，提高了云南面向南亚、东南亚的开放程度。此外，为推动云南对外金融合作发展，国家颁布了一系列金融政策对云南跨境金融合作给予支持，如表3-21所示。

表3-21　国家关于云南沿边地区跨境金融合作的相关政策

政策类型	政策名称
综合	中共云南省委云南省人民政府关于进一步扩大开放的若干意见（2008） 云南省商务厅促进外贸发展暂行办法
外贸	云南省商务厅云南省财政厅关于做好2009年度外经贸区域协调发展促进资金申报工作的通知 云南省进出口目标责任制奖励金考核暂行办法（2004年） 云南省商务厅云南省财政厅关于做好2009年度省级外贸发展专项资金项目申报工作的通知（2009年） 云南省商务厅关于完善出口信用保险保费扶持政策的通知（2009年）
“走出去”战略	云南省商务厅关于完善出口信用保险保费扶持政策的通知（2009年） 云南省财政厅云南省商务厅关于做好2009年实施“走出去”战略发展专项资金项目申报工作的通知（2009年） 云南省支持纺织企业“走出去”专项资金管理暂行办法（2007年）
口岸	云南省口岸建设专项资金管理办法（试行）（2009年） 云南省口岸通关便利化运行考核暂行办法（2007年）
金融综合改革试验区	云南省加快建设面向西南开放重要桥头堡总体规划（2011年） 云南省广西壮族自治区建设沿边金融综合改革试验区总体方案（2013年）

资料来源：云南省统计年鉴2013—2015年

金融合作平台陆续建立、利好政策密集出台促进了金融机构跨地区进行股权合作，融资代理业务和外资金融机构数量增加，在发展业务能力的同时也扩大了服务范围，积极参与征信业的发展，增加了征信数据的流动性。信用信息主体跨境收集、披露与共享数据有利于建立征信合作平台，从而提高金融市场的开放水平，防止金融机构在内外担保、国际保理、人民币期权等业务过程中获取错误的信用数据，作出错误的授信决策。另外，开放的金融业使企业意识到自身控制金融风险的能力和信用评级对于企业长远发展的重要性，有利于企业征信文化的建设，也有利于征信服务范围的扩大。

（二）云南省征信体系建设与发展面临的挑战

1. 征信标准化建设落后

最近几年国内征信业发展迅速，征信业发展在取得进步的同时也面临着巨大的挑战，特别是互联网的发展使得征信领域的问题暴露了出来。互联网的发展虽然扩大了信用信息数据的来源渠道，但通过互联网渠道获得的数据复杂多样，对信用信息数据收集、整理的难度加大。对于采集什么样的数据，采集之后如何进行筛选，国内尚未形成统一的信用信息标准。丝绸之路经济带沿线各个国家的征信标准各不相同，经济发达的国家为保持自身的征信优势，拒绝与其他国家进行信息交流，不利于区域征信合作。

2. 跨境信息采集难度大

云南作为我国少数民族聚居地，其民族文化浓厚，各个民族宗教信仰不同，再加上其基础设施建设尚不完善，与周边国家和其他省份缺乏合作基础，因此增加了信用信息交流的难度。而且，周边国家出于信息保护目的，限制信用信息数据的流出。在信用信息追踪方面，由于缺乏专业统一的人员对征信数据进行维护，导致信息缺失，交换语言、内容、标准和形式难统一等问题。在信息流入方面，边境交易群体征信意识缺失，在进行边境交易时很少涉及信用交易和现金交易，有些商户直接通过当地银行进行交易，使得征信机构和部门难以掌握其日常信用状况。

3. 周边国家的地缘政治变化多端

东南亚和南亚地区海陆兼备，被称作宗教的“大熔炉”，是世界各国关注的重点。内缘化是地缘政治变动的核心，云南内部地缘结构复杂，非传统安全因素和民族问题突出，使内缘安全环境面临较多的不确定性。就当下而言，民族主义盛行，云南及沿线各国面临较大的安全风险和安全威胁。再加上近年来中国建立各种航运枢纽，对外进行商业基地建设、能源管道建设和海陆空航道建设等大型项目投资，云南作为中国战略枢纽密集分布地区之一，地区风险性较高，阻碍了征信业的发展。

（三）云南省征信体系建设与发展取得的成绩

1. 征信法律法规建设

云南省积极落实国务院的指导意见，加快推进社会诚信建设，强调在政府职能转变的基础上，结合云南省实际情况，因地制宜积极推进守信联合激励和失信联合惩罚制度建设。云南省为规范省内信用信息建设，积极进行调研，征求各方意见，就省内征信体系建设制定一系列政策法规，如表 3－22 所示。为企业和个人征信发展提供指导方针，为征信发展明确了方向和目标。

表 3－22　　云南省征信建设相关政策法规

时间	相关政策法规
2020 年	云南省社会信用体系建设部门联席会议办公室关于印发 2020 年社会信用体系建设工作要点的通知 云南省发展和改革委员会关于加快推进中国（云南）自由贸易试验区建立健全以信用为基础的新型监管机制有关事项的通知
2019 年	云南省人民政府办公厅关于建立营商环境“红黑榜”制度的通知 云南省发展和改革委员会关于印发《云南省加快推进“信易＋”守信激励工作方案》的通知
2018 年	云南省发展和改革委员会办公室关于开展社会信用体系建设有关重要文件落实情况督察的通知
2017 年	云南省人民政府印发关于加强政务诚信建设实施办法的通知 云南省人民政府办公厅关于加强个人诚信体系建设的实施意见
2016 年	云南省人民政府印发《云南省关于建立完善守信联合激励和失信联合惩戒制度加快推进社会诚信建设实施方案》的通知
2014 年	关于贯彻落实《社会信用体系建设规划纲要（2014—2020 年）》的实施意见

资料来源：信用云南

2. 征信市场建设

首先，云南省将征信业划分为政务诚信、个人诚信、诚实信用、特色领域信用、中小企业和农村信用体系和其他领域，明确各领域重点建设的内容和牵头单位，以推进各领域的信用建设，如表3－23所示。

表3－23　　云南省各领域信用建设概况

领域	主要内容	责任单位
政务诚信	认真贯彻落实国务院《关于加强政务诚信建设的指导意见》（国发〔2016〕76号），各地、各部门要把政府诚信作为优化营商环境的重要内容，加强政府采购领域、政府与社会资本合作领域、招标投标领域、招商引资领域、地方政府债务领域及街道乡镇、村居委会政务诚信建设；建立公务员诚信档案，将全省各级人民政府和公务员在履职过程中，因违法违规、失信违约被司法判决、行政处罚、纪律处分、问责处理等信息纳入政务失信记录；研究制定公务员调任人选的信用记录查核规程。	省公务员局牵头，省财政厅、省发展改革委、省招商合作局、各州（市）人民政府按职责分工负责
个人诚信	认真贯彻落实《关于加强个人诚信体系建设的指导意见》（国办发〔2016〕98号），建立健全重点领域个人诚信记录，以食品药品、安全生产、消防安全、交通安全、环境保护、生物安全、产品质量、税收缴纳、医疗卫生、劳动保障、工程建设、金融服务、知识产权、司法诉讼、电子商务、志愿服务等领域为重点，以公务员、企业法定代表人及相关责任人、律师、教师、医师、执业药师、评估师、税务师、注册消防工程师、会计审计人员、房地产中介从业人员、认证人员、金融从业人员、导游等职业人群为主要对象，相关部门要加快建立和完善重点人群信用信息归集机制，将相关事项纳入自然人信用信息目录，及时向省信用信息平台归集有关人员在相关活动中产生的信用信息，确保信息真实准确、及时更新动态。	省发展改革委牵头，省直有关部门（单位）、各州（市）人民政府按职责分工负责
城市信用	省内各地区按照国家城市信用监测预警指标体系要求，推进城市信用建设工作。纳入国家城市信用监测并且排名靠前的昆明市、保山市要继续巩固提升现有排名，积极探索开展信用创新工作；排名相对靠后的曲靖、玉溪、昭通、丽江、普洱、临沧及其他纳入监测的县级市，要按照创建示范城市的相关指标，作为衡量本地区信用建设标尺，全面推进社会信用体系建设，力争排名大幅提升；未纳入监测的州（市），要参照监测标准，切实推进本地社会信用工作。	各州（市）人民政府负责

续表

领域	主要内容	责任单位
特色领域信用	服务云南打造八大重点产业和世界一流“三张牌”工作部署，积极推动信用综合评价、信用积分在旅游、物流、电力市场化交易、花卉拍卖、高原特色农产品等领域的应用；加强相关领域信用信息归集共享，加快省信用信息共享平台与一部手机办事通、一部手机游云南、一部手机云品荟等系统信用数据共享，发挥信用在旅游市场监管、高原特色农产品交易中的基础支撑作用；建立健全以信用监管为基础、不断创新自由贸易园区监管机制，依法依规归集信用信息，建立健全以信用为基础，与负面清单管理方式相适应的事中事后监管体系。	省发展改革委、省农业农村厅、省商务厅、省文化和旅游厅、省能源局，昆明市、红河州、德宏州人民政府按职责分工负责
中小企业和农村信用体系建设	认真贯彻《社会信用体系建设规划纲要（2014—2020年）》关于中小企业和农村信用体系建设的工作要求，建立健全信息征集、信用评价办法，依托云南省农村信用体系建设管理平台和云南省信用引领融资对接平台建设；强化信用信息应用与社会服务，支持金融机构发现客户、创新产品、动态管理信用风险；完善中小微企业、农户等主体的支持政策措施，以信用评定为基础，在资金、技术服务、保险等方面给予中小微企业和农户等涉农主体政策支持；建立信贷风险补偿、奖励基金和考核奖励机制，引导金融机构根据信用评价等级确定信贷准入、信贷额度及利率水平，提升中小微企业和农户等涉农主体的融资可获得性，降低融资成本，切实发挥“服务政府、辅助银行、惠及企业和农户”的作用。	人民银行昆明中心支行牵头，省直有关部门（单位）、各州（市）人民政府按职责分工负责
其他领域	继续推进科研领域诚信体系建设，实现省信用信息共享平台和科研诚信信息系统互联互通，建立覆盖科技计划全流程诚信管理制度；加快“信用交通省”建设，推进交通运输信用系统建设；加强工程项目建设审批信用建设，加快完善建筑市场失信联合惩戒机制；加强家政服务诚信建设，以推进家政企业、家政服务人员信用记录制度化为重点，坚持守信激励与失信惩戒并举、行业自律与政府监管并重，促进家政服务业规范发展；强化司法、海关、食品、药品等行业信用体系建设。	省科技厅、省交通运输厅、省住房城乡建设厅、省商务厅、省司法厅、省市场监管局、省高院、省检察院、昆明海关、省卫生健康委按职责分工负责

资料来源：信用云南

其次，云南省积极与第三方合作，与各类社会组织、行业协会金融机构等信息服务机构建立共享机制，关注治理征信市场乱象，重点关注优化小微企业征信问题，采用“政府+市场”驱动模式，借助相关平台和网站实现征信体系一体化，如表3－24所示。除此之外，积极开展“信易+”应用，丰富“信易+”场景，使守信主体切身体会到信用红利。

表3－24　　　　云南省征信建设一体化具体内容

一体化包括内容	具体内容
平台建设	加快建设省、州（市）社会信用信息一体化平台，推进省信用信息共享平台与国家公共信用信息共享平台有效衔接，推进省、州（市）已建平台与省一体化平台数据协同共享和平稳过渡。按照“八个一体”（政务外网环境、共享交换平台、信用数据中心、信用信息目录、信用主体编码、信用数据标准、汇集系统软件、门户服务体系一体）的要求，2020年4月底前完成州（市）信用信息一体化平台上线，2020年6月底前初步建成省、州（市）一体化平台。
网站建设	按照全国信用门户网站一体化建设的要求，加快建设“信用中国（云南）”网站群。2020年5月底前，实现省、州（市）信用网站统一网站名称、风格、标识、基础栏目、基本信息服务事项，实现网站群资讯展示、信息公示、信息查询、信用服务等功能的高效统一。
系统对接	推进信用信息共享平台全面对接。2020年6月底前，实现省级部门信用数据横向联通，州（市）、县（市、区）人民政府分级推动信用信息共享平台与本级涉信部门数据对接，除了国家有明确要求不能自动对接的以外，其他统一采取接口互联或前置机交换互联方式接通。各级政务服务大厅、“互联网+监管”系统与全省信用信息共享平台全面对接。

资料来源：云南省发展和改革委员会

3. 征信管理建设

云南省主要从信息归集、信用信息应用、信用监管机制、征信体系创新4个方面建设征信监管机制。一是加强信用信息共享，严格按照国家相关部门规定对信用信息进行归类，借助一体化平台、信用网站及时披露信用信息，加强信息公示。二是普及信用信息应用场景，对市场主体进行评价，出具信用报告，将信用报告嵌入业务办理过程，提高工作效率。三是完善信用监管机制，对失信行为联合惩戒，对守信行为给予激励，实施黑名单制度，对黑名单人员作为重点监管对象，将限制其乘坐飞机、高铁等作为惩罚措施。实施信用分级监管，设置绿色通道，提高业务办理效率，降低监管成本。四是积极鼓励征信创新，借鉴他省成功案例，形成云南省独具特色的监管方案，收集典型案例向全国推广。

4. 征信宣传教育建设

云南省积极宣传征信知识。为提高广大群众的诚信意识，以社会主义核心价值观为基础，中国人民银行昆明中心支行开展以“珍爱信用记录，维护信用权益”为主题的宣传活动，各金融机构积极响应，对群众就征信报告提出的相关问题予以解答，提高群众的维权意识；通过宣传使广大人民群众意识到征信带来的好处与便利。从下文案例可以看出，云南省为加大宣传力度，让群众保护切身利益，拓展宣传渠道，积极举办“诚信建设万里行”“诚信兴商宣传月”等活动，提高云南省市民信用；通过广播、电视、论坛和第三方平台等渠道宣传征信知识。

昆明市征信宣传典型案例

2017 年 9 月 8 日，昆明市在南屏步行街组织开展了“2017 年诚信主题宣传暨诚信万人签名活动”，活动以“汇集诚信力量，共建信用昆明”为主题，昆明市发展改革委、人民银行昆明中心支行、昆明市中院、昆明市工商局等 11 家社会信用体系建设部门联席会议制度成员单位，开展了涵盖各领域、各行业的诚信主题宣传活动，通过设置诚信宣传展板，发放诚信宣传手册等方式，重点宣传守信的重要性、失信带来的危害、各行业诚信公约以及守信联合激励、失信联合惩戒等内容。活动期间组织开展了“诚信万人签名活动”，邀请广大市民在诚信墙上签名，留下自己对诚信的感想、感悟。通过开展此次活动，旨在进一步弘扬诚信文化，倡导诚信道德规范，引导人们珍惜信用、恪守诚信，从而在全市营造诚信和谐的社会氛围，推动诚信体系建设。

资料来源：信用云南

5. 征信文化建设

为加强征信文化建设，云南省积极转变工作思路。首先转变传播渠道，充分发挥信用云南网站、信用信息交流平台和微信公众号的传播作用，提高市民信用意识，鼓励群众披露不守信用的行为；对相关信用动态及政策变动及时进行推送，引导广大群众树立诚信理念；对云南省金融机构等相关征信工作人员进行定期培训，举办信用信息建设论坛，将征信文化建设渗透到企业文化建设中，成为员工行为准则，严厉打击员工不守信行为，规范企业运营管理，提高企业在整个行业中的公信力。

四、广西壮族自治区征信体系建设与发展：谋求丝绸之路经济带重要门户地位

（一）广西壮族自治区征信体系建设与发展的历史机遇

1. 贸易畅通促进广西征信实现跨境合作

广西是古代海上丝绸之路始发地之一。互联互通是丝绸之路经济带建设的重点内容，作为西部沿海省域，广西紧紧抓住这一机遇积极与沿线国家开展经贸合作。贸易畅通是各国实现互联互通的前提，近年来丝路经济带沿线各国为实现贸易畅通积极投资，打破国际贸易壁垒，增加国际贸易发展的活力。广西在优化周边营商环境方面积极采取措施，经国务院批准设立试验区、保税区和边境合作平台以推动沿线改革试点。开放试验区自获批准以来取得了良好成果，荣获 8 个“全国第一”和 20 个“广西第一”。广西布局建设股权交易中心，建立第一个人民币与越南盾交易平台，人民币结算量连续 7 年保持我国西部第一。广西深化与港澳台、东盟地区合作，巩固欧美市场，加强与印度、新西兰等国家的合作，并拓展俄罗斯等新兴市场。广西与越南开展友好合作，实施周末与节假日通关对接机制，提高通关效率。以上措施能够为广西征信体系开放合作拓展新空间、提供新平台、创造新机遇。

2. 资金融通是征信体系建设的重要支撑

丝绸之路经济带建设需要沿线各国的积极参与与努力，亚洲基础设

施投资银行、金砖国家开发银行、上海合作组织开放银行和丝路基金等国际金融机构的有序运行也有利于跨境征信合作。中国人民银行致力于开发金融产品，股份制银行也积极布局金融产品，为经济走廊建设提供资金支持。为实现贸易融通，我国与多个沿线国家签订双边合作协议，与越南央行合作推动本外币结算，构建本外币结算系统，提升金融对接效率，在沿线国家直接使用人民币进行交易，在提升贸易化水平的同时加强了金融合作，有助于广西金融开放，为征信体系建设提供充足的资金。

3. 民心相通成为征信建设的社会根基

互惠互利是丝绸之路经济带建设始终遵循的原则。丝绸之路经济带的建设为各国经济发展带来机遇，同时也让广大民众感受经济发展成果。广西地理位置优越，是我国少数民族聚居地，因其独特的文化在国际事务过程中扮演着不可替代的角色。广西与各国的频繁交流增加了各国之间的人文交流，为征信跨境合作奠定了扎实的思想基础。为深化贸易合作，广西通过在他国建立人文交流基地，积极与越南等周边国家开展人文合作。广西与周边国家的文化交流次数越来越频繁，形式也逐渐多样化，金融机构、金融合作平台人才方面的交流也日趋增加，必将积极推动广西征信体系的建设，也为广西征信开放带来新的机遇。

（二）广西壮族自治区征信体系建设与发展面临的挑战

1. 监管对象复杂

近年来，随着大数据、云计算、区块链等先进技术在金融领域的应用，信用数据的渠道来源不再局限于传统的金融机构。网络信贷平台、网购平台等结合互联网技术产生了大规模交易数据，在获取方式、处理方法和数据整合方面其效率都远远超过传统信贷模式。信用数据的管理方式也随互联网的发展更加多元化，个人信用报告的获取更加便利，涌现出一大批私人信用报告机构。机遇与挑战共存，丝绸之路经济带建设为征信带来便利的同时也为个人和企业带来了巨大挑战。随着信用主体日趋多元化和复杂化，监管范围远超出传统金融机构，现有监管体系已无法满足企业与个人信用监管的需求，不利于对征信主体进行统一监管。

2. 征信机构良莠不齐

广西作为西部为沿海省份（区），积极响应国家政策开放经济领域和金融领域，经济金融的融合也将推动相关部门和行业的合作。征信行业作为支撑国际贸易的重要部分，各国在征信领域的合作必不可少。但各国征信机构在征信意识、征信岗位设置、征信业务流程、征信管理制度等方面存在差异，征信业务合作流程尚未形成统一标准，甚至出现征信业务空白，严重阻碍了广西与各国跨境征信合作的步伐。

3. 内控制度不健全

在丝绸之路经济带建设过程中，自治区内企业征信机构积极主动与沿线国家合作。为避免企业合作资金链断裂的风险，在进行国际贸易前需要对相关企业征信进行调查，在此过程中接入其他国家传统和新型金融机构的信用信息数据，方便国内企业在合作前进行咨询、查询相关信息；在合作过程中提高工作效率；处理合作过程中的异议，规范合作流程，完善内部操作制度，解决合作过程中出现的问题。各国在征信制度报备方面存在时滞性，顽疾类问题屡纠屡犯，没有得到各国的高度重视，征信跨境合作内部制度不健全。

（三）广西壮族自治区征信体系建设与发展取得的成绩

1. 征信法规建设

社会信用体系作为社会主义市场经济制度的重要组成部分，健全的征信体系是防范经济风险的有力保障。为构建诚实守信的信用国家，国务院于2016年6月14日制定《社会信用体系建设规划纲要（2014—2020年）》作为社会信用体系建设的指导性文件。广西壮族自治区人民政府为贯彻落实纲要中内容下发意见指导，南宁市人民政府积极部署社会信用体系建设工作方案。为防范不同领域、不同信用信息主体失信行为带来的不利影响，广西就完善征信体系建设出台一系列指导性文件，如表3-25所示。

表 3-25　　广西征信建设相关法律法规

2008 年	广西壮族自治区人民政府关于进一步加快社会信用体系建设的意见
2016 年	广西政务信息资源共享管理暂行办法 广西壮族自治区人民政府关于贯彻落实《社会信用体系建设规划纲要（2014—2020 年）》的实施意见 关于加快推进失信被执行人信用监督、警示和惩戒机制建设的意见
2018 年	广西加强政务诚信建设的实施方案 广西加强个人诚信体系建设的实施方案 广西全面加强电子商务领域诚信建设的实施方案 广西壮族自治区发展和改革委员会关于加快推进信用信息数据归集共享工作的通知
2019 年	广西壮族自治区人民政府办公厅关于广西加快推进社会信用体系建设构建以信用为基础的新型监管机制的实施意见 广西壮族自治区人民政府办公厅关于加强市场主体信用监管的实施意见 广西壮族自治区守信联合激励和失信联合惩戒对象名单管理暂行办法 广西壮族自治区公共信用信息管理暂行办法

资料来源：信用广西

广西为进一步健全社会信用体系，由南宁市发改委和市法制办牵头，出台了《南宁市企业信用信息征集和发布管理办法》和《南宁市个人信用信息征集使用管理办法》，积极推进收集、公开共享信用信息数据的步伐。南宁市对特殊领域进行整治，为防范南宁市旅游业的失信行为，南宁市结合本地旅游业发展状况实施《南宁市旅游行业“红黑名单”制度》，公开处理旅游投诉问题，并将失信行为纳入社会信用联合惩戒系统；为引导相关机构和工作人员树立诚信理念，南宁人民政府出台《南宁市旅游服务机构与导游人员信用监管制度》作为行动指南；在保护消费者合法权益方面，南宁市制定了《南宁市旅游业消费者意见反馈和投诉记录与公开制度》。以上制度在旅游业信用管理过程中发挥着至关重要的作用，是相关部门监管旅游业的重要手段之一。

2. 征信市场建设

2015 年年底，由广西发改委牵头的“信用广西”网站和信用信息共享交换平台正式上线，与“信用中国”和国家信用信息交流平台互联互通。据统计，广西信用信息平台和“信用广西”网站积极收集各州市、相关部门、企业和个人数据达3,714.8万条。央行信用信息数据库对广西企业和个人信贷信息进行收录，包括16.05万家企业和2,882.84万自然人。2020年7月12日，经南宁市审批局审批通过广西第一家市级信用联合会，作为第三方信用服务机构，联合会将为政府、企业提供征信服务，成为社会信用体系的有益补充。信用联合会由广西鼎星信用评级机构等5家公司发起，目前包括41家会员单位。信用联合会为相关部门宣传诚信文化、协助企业交流信用信息、推广信用产品，结合云计算、大数据、区块链先进技术，提高收集信用信息数据的效率，提高信息主体信用自律意识，丰富征信相关部门、行业和企业的应用场景，有利于完善广西社会征信体系，协助企业和个人树立诚实守信的理念。

3. 征信管理建设

中国人民银行南宁中心支行高度重视征信业的发展和对征信业的监管，认为相关部门应分属地、逐级对征信进行管理，保证企业在使用数据时合法合规，防止企业触及信息安全红线。为此，制定以下征信监管目标。一是监管机构全覆盖，重点监管。相关部门应掌握征信机构概况，目前广西有26家征信机构涉及征信业务，但未向相关部门备案，此外还有许多代理公司和加盟商直接开展征信业务。人民银行南宁中心支行应严格按照《企业征信机构备案管理办法》规范企业备案，对备案机构真实性进行认真审核，对通过备案的企业征信机构依法进行监管，重点对用户设置、查询权限等业务进行监管。二是构建征信管理系统。目前广西可以提供信用报告的查询点有81个，各查询点通过无纸化操作流程减少了征信业务办理过程中的风险。相关部门应严格管理查询密码，专人专户查询，杜绝超权限、滥用职权售卖信息获利违规行为的发生。三是完善快速反应和处置异常查询的机制。人民银行南宁中心支行构建了异常查询监测系统，当用户信息被盗或者泄露时，征信相关工作人员要及时拦截，以保护信用信息主体权益。四是联合惩治失信行为。将受处罚的信用信息数据报送至“信用广西”或信用信息共享交换平台进行公示，实施“红黑名单”管理制度，对“老赖”进行联合惩戒，情况严重者依法追究其刑事责任。

4. 征信宣传教育建设

广西征信部门重视在商务领域的征信教育宣传。2016年广西开展“诚信兴商宣传月”活动，组织14.62万人和457个单位共举办了419场宣传活动。在宣传活动期间，评定商务领域诚信品牌，宣传诚信经营行为并树立典范；倡导企业诚信经营，拉动广大群众和企业直接和间接进行消费，消费总额高达30亿元。2017年9月30日，广西商务厅与人民银行南宁中心支行、市政府为弘扬征信文化，向全社会倡导“诚信光荣，失信可耻”，督促商家诚信经营，保障消费者权益，促进社会公平，实现经济增长。除此之外，百色市高校开设征信相关的选修课，通过学习《现代征信学》，向广大师生普及征信知识。

5. 征信文化建设

征信文化建设任重道远。首先，广西壮族自治区将现有征信理论作为征信活动的行动指南，在信用建设过程中通过实际调研，积极探索并不断积累经验，完善征信理论体系。自治区还积极借鉴北京、上海等地区的征信文化建设思路，因地制宜采取相应措施完善本地征信文化体系。在《征信》等杂志上发表对现有征信文化体系的思考与见解，为征信文化建设提供理论依据，提高征信文化在征信体系建设过程中的引导力。其次，通过征信课堂、征信论坛和讲座形式普及征信文化。自治区举办征信文化宣传活动，动员广大人民群众和企业从自身做起，积极投身到征信文化建设实践中来，在社会主义核心价值观的大背景下树立诚信文化的理念，成为建设诚信社会的行动指南。

第四章

创新丝绸之路经济带征信体系建设的新举措

第一节　共建丝路征信机制，推动征信跨境合作

一、共建丝路征信机制

（一）构建征信合作机制

1. 建立信息交流机制

近年来，中国与丝绸之路经济带沿线国家建立了系列对话交流机制，成功举办了两届“一带一路”国际合作高峰论坛，已奠定了建立信息交流机制的基础。与丝路沿线国家信息交流机制的建设，可从以下几方面强化：第一，建立双（多）边跨境信息交流合作长效机制，实现双（多）边征信政策、征信法规、征信市场动态等信息沟通；第二，引导各国有实力的信用服务机构积极参与，开展信用评级、信用调查、信用咨询等跨境征信合作；第三，依托已有的各类合作平台，加快跨境征信服务的国际磋商进程。信息交

流机制的建立，可增加中国与沿线国家跨境征信合作的内容，通过高层定期沟通交流的形式明确跨境征信合作的方向，通过协商对话化解征信合作过程中的分歧与矛盾，切实照顾沿线国家尤其是丝绸之路经济带内大国的关注事项，增强沿线国家对跨境征信合作的信心与决心，拓宽征信信息共享范围。

2. 建立智库合作机制

国别层面的相关智库可与沿线国家的高等院校、研究中心（所）、俱乐部、全国联合会等共同建立国际智库合作委员会，建设智库联盟与合作网络，充分发挥智库的作用。沿线各国还可分别推荐（联系）征信领域的专家组成专家咨询组，负责调研与分析沿线各国的征信需求、市场状况、企业（个人）信用意识等情况，起草征信合作的制度、规则与协议，充分发挥征信领域的专家引领作用。积极推动成立丝绸之路经济带沿线国家征信研究中心专家库，探索推进与丝绸之路经济带沿线国家跨境征信合作的路径与模式，加快跨境征信合作的顶层设计、基层实践与征信服务的国际磋商进程，为征信体系建设的国际化提供智力支持。同时，通过咨询指导、开放市场等形式争取国际评级机构对跨境征信合作的认同，发挥国际评级机构在征信评级领域的专业优势，为跨境征信合作提供支持。

3. 建立人才培育机制

在与丝路经济带沿线国家扩大信用教育合作与人才培育方面，可通过扩大互派留学生规模、提供政府奖学金名额、设立丝绸之路专项奖学金、鼓励国际文教交流等方式不断推进。与沿线国家的征信人才培育机制建设，可从以下几方面强化：第一，建立高校跨境征信相关学科与专业交换生制度，为合作培养跨境征信人才奠定基础；第二，建立校企合作机制，探索跨境征信人才培养新模式，打造跨境征信产业生态链；第三，推出“百城千校—百万英才”跨境征信人才培养项目，打造“人才服务商 + 学校 + 企业”的跨境征信人才培养基地。通过建立与沿线国家的跨境征信人才培育机制，可以有效推进教育合作，建立跨境征信人才储备库，优化跨境征信人才结构，合理配置人才资源，为与丝绸之路经济带沿线国家的跨境征信合作储备人才。

（二）搭建征信合作平台

1. 加强双边合作

加强双边合作，开展多层次、多渠道沟通磋商，推动双边关系全面发展。推动签署合作备忘录或合作规划，建设一批双边合作示范项目；建立完善的双边联合工作机制，研究推进丝绸之路经济带征信体系建设的实施方案、行动路线图；充分发挥现有联委会、混委会、协委会、指导委员会、管理委员会等双边机制作用，协调推动合作项目的实施。

2. 强化多边合作

强化多边合作机制作用，发挥上海合作组织、中国—东盟“10+1”、亚太经合组织、亚欧会议、亚洲合作对话、亚信会议、“一带一路”国际智库合作委员会、“一带一路”可持续城市联盟、“数字丝绸之路”倡议、多边开发融资合作中心等现有多边合作机制作用，与相关国家加强沟通，让更多国家和地区参与丝绸之路经济带征信体系建设。

3. 夯实现有平台

在现有双（多）边合作机制的基础上，促进建立丝绸之路经济带征信体系建设合作平台；将合作平台建设与亚洲基础设施投资银行、丝路基金、上海合作组织银联体甚至金砖银行有效对接，形成相辅相成的合作新平台；继续发挥“一带一路”国际合作高峰论坛、博鳌亚洲论坛、欧亚经济论坛、“一带一路”创新发展平台、国际商事争端预防与解决组织、“一带一路”海关信息交换和共享平台、“一带一路”经济信息网络等平台的建设性作用。

表4－1为在第二届“一带一路”国际合作高峰论坛框架下建立的多边合作平台。

表4－1　第二届“一带一路”国际合作高峰论坛框架下建立的多边合作平台

平台名称	平台内容
海上丝绸之路港口合作机制	中国与埃及、斯里兰卡、阿联酋、拉脱维亚、斯洛文尼亚、比利时、西班牙、斐济、意大利、荷兰、丹麦、罗马尼亚、新加坡13个国家的33个政府交通和海关等机构以及重要港口企业、港务管理局和码头运营商的代表共同成立海上丝绸之路港口合作机制并发布《海丝港口合作宁波倡议》。

续表

平台名称	平台内容
“一带一路”绿色投资原则	中国与英国、法国、新加坡、巴基斯坦、阿联酋、中国香港等有关国家和地区主要金融机构共同签署《“一带一路”绿色投资原则》。
多边开发融资合作中心	中国财政部联合亚洲基础设施投资银行、亚洲开发银行、拉美开发银行、欧洲复兴开发银行、欧洲投资银行、泛美开发银行、国际农业发展基金、世界银行集团成立多边开发融资合作中心。
“一带一路”创新发展平台	中国国家发展改革委与联合国开发计划署共同发起“一带一路”创新发展平台建设项目，授权国家开发银行以这一项目下的“一带一路”创新发展中心名义执行。
“一带一路”会计准则合作机制	中国与俄罗斯、巴基斯坦、蒙古国、老挝、尼泊尔、新西兰、沙特阿拉伯、叙利亚、越南等国家会计准则制定机构共同建立“一带一路”会计准则合作机制，并发起《“一带一路”国家关于加强会计准则合作的倡议》。
“一带一路”税收征管合作机制	中国国家税务总局与哈萨克斯坦财政部国家收入委员会等有关国家（地区）税务主管当局召开首届“一带一路”税收征管合作论坛，签署《“一带一路”税收征管合作机制谅解备忘录》，建立“一带一路”税收征管合作机制。
“一带一路”绿色发展国际联盟	中国生态环境部与安哥拉、亚美尼亚、柬埔寨、古巴、爱沙尼亚、埃塞俄比亚、芬兰、冈比亚、危地马拉、伊朗、以色列、意大利、肯尼亚、老挝、马尔代夫、毛里求斯、蒙古国、缅甸、尼日尔、巴基斯坦、俄罗斯、新加坡、斯洛伐克、多哥、阿联酋25个国家环境部门以及联合国环境署、联合国工业发展组织、联合国欧洲经济委员会等国际组织、研究机构和企业共同启动“一带一路”绿色发展国际联盟。
《关于进一步推进“一带一路”国家知识产权务实合作的联合声明》	中国国家知识产权局与俄罗斯联邦知识产权局、巴基斯坦知识产权组织、老挝科技部、新加坡知识产权局、波兰专利局、匈牙利知识产权局、马来西亚知识产权局、泰国商务部知识产权厅等49个共建“一带一路”国家的知识产权机构共同发布《关于进一步推进“一带一路”国家知识产权务实合作的联合声明》。
“一带一路”能源合作伙伴关系	中国与阿尔及利亚、阿塞拜疆、阿富汗、玻利维亚、赤道几内亚、伊拉克、科威特、老挝、马耳他、缅甸、尼泊尔、尼日尔、巴基斯坦、苏丹、塔吉克斯坦、土耳其、委内瑞拉、冈比亚、佛得角、刚果（布）、蒙古国、苏里南、汤加、柬埔寨、乍得、塞尔维亚、吉尔吉斯斯坦、匈牙利28个国家建立“一带一路”能源合作伙伴关系。

续表

平台名称	平台内容
“一带一路”可持续城市联盟	中国国家发展改革委（城市与小城镇中心）与联合国人居署、世界卫生组织、世界城市和地方政府在组织亚太区、欧洲城市联盟、能源基金会等机构共建“一带一路”可持续城市联盟。
国际商事争端预防与解决组织	中国国际贸易促进委员会、中国国际商会与欧盟、意大利、新加坡、俄罗斯、比利时、墨西哥、马来西亚、波兰、保加利亚、缅甸等30多个国家和地区的商协会、法律服务机构等共同发起成立国际商事争端预防与解决组织。
“一带一路”地震减灾合作机制	中国地震局与亚美尼亚、蒙古国、俄罗斯、巴基斯坦、哈萨克斯坦、亚洲地震委员会、非洲地震委员会等13个国家和国际组织共同成立“一带一路”地震减灾合作机制。
“关铁通”	中国海关总署倡议实施“海关—铁路运营商推动中欧班列安全和快速通关伙伴合作计划（简称‘关铁通’）”。
中国—拉美开发性金融合作机制	中国与拉美国家建立中国—拉美开发性金融合作机制。
“一带一路”青年创意与遗产论坛	联合国教科文组织与中国联合国教科文组织全国委员会合作举办“一带一路”青年创意与遗产论坛，并发布《长沙倡议》。
“一带一路”国际科学组织联盟	中国科学院与联合国教科文组织、比利时皇家海外科学院、保加利亚科学院、智利大学、哈萨克斯坦科学院、吉尔吉斯斯坦科学院、奥克兰大学、巴基斯坦科学院、俄罗斯科学院、斯里兰卡佩拉德尼亚大学、泰国科技发展署、欧洲科学与艺术院等37家共建“一带一路”国家的科研机构和国际组织共同发起成立“一带一路”国际科学组织联盟。
丝绸之路国际博物馆联盟	中国国家博物馆与俄罗斯、英国、意大利、阿塞拜疆、埃塞俄比亚等33个国家和地区的157家博物馆或研究所共同成立丝绸之路国际博物馆联盟，并签署《丝绸之路国际博物馆联盟展览合作框架协议》。
丝绸之路国际图书馆联盟	中国国家图书馆与蒙古国、新加坡、文莱、塔吉克斯坦等26个国家和地区的图书馆共同成立丝绸之路国际图书馆联盟，并发布《丝绸之路国际图书馆联盟成都倡议》。
丝绸之路国际艺术节联盟	中国上海国际艺术节与克罗地亚、保加利亚、摩洛哥、沙特阿拉伯等40个国家和地区的159个艺术节和机构共同成立丝绸之路国际艺术节联盟，并发布《2018丝绸之路国际艺术节联盟合作计划》。

续表

平台名称	平台内容
丝绸之路国际剧院联盟	中国对外文化集团有限公司与俄罗斯、欧盟、日本、菲律宾等37个国家和地区的106家剧院、文化机构共同成立丝绸之路国际剧院联盟并通过《丝绸之路国际剧院联盟共同发展倡议》。
丝绸之路国际美术馆联盟	中国美术馆与俄罗斯、韩国、希腊、白俄罗斯、哈萨克斯坦、越南、斯里兰卡、乌克兰、立陶宛、保加利亚、孟加拉、匈牙利、土耳其、摩尔多瓦、亚美尼亚、波兰等18个国家的21家美术馆和重点美术机构共同成立丝绸之路国际美术馆联盟。
“一带一路”国际智库合作委员会	中国有关智库与哈萨克斯坦纳扎尔巴耶夫大学、印尼战略与国际问题研究中心、保加利亚“一带一路”全国联合会、非洲经济转型中心、新加坡国立大学东亚研究所、韩国“一带一路”研究院、俄罗斯瓦尔代俱乐部、美国哈佛大学艾什中心等智库共同发起成立“一带一路”国际智库合作委员会。
“一带一路”共建国家出版合作体、“一带一路”纪录片学术共同体、“一带一路”新闻合作联盟	中国与有关国家（地区）出版商、学术机构和专业团体共同建立“一带一路”共建国家出版合作体，与有关国家共同组建“一带一路”纪录片学术共同体。人民日报社与有关国家媒体共同建设“一带一路”新闻合作联盟，评选国际传播“丝路”奖。
“一带一路”经济信息网络	新华社与波兰通讯社、意大利克拉斯集团、俄罗斯国际文传电讯社、阿塞拜疆通讯社等32家机构共同成立“一带一路”经济信息网络。
“一带一路”可持续投资促进中心	中国与联合国开发计划署共同开展“一带一路”可持续投资促进中心项目，并在埃塞俄比亚等国进行试点。
“丝路环境专项”	中国科学院启动实施“丝路环境专项”，与沿线各国科学家携手研究绿色丝绸之路建设路径和方案。
“一带一路”国家货币当局能力建设、“一带一路”国家成员机构经济政策培训、“一带一路”国际金融交流合作研修班	中国人民银行与国际货币基金组织合作建立的中国—基金组织联合能力建设中心与欧洲复兴开发银行就共同加强共建“一带一路”国家货币当局能力建设达成共识，并在基金组织维也纳联合学院举行了首次联合培训班；中国工商银行在“一带一路”银行间常态化合作机制下为共建“一带一路”国家成员机构开展经济政策培训；中国银行开展“一带一路”国际金融交流合作研修班。

资料来源：根据第二届“一带一路”国际合作高峰论坛网站资料整理

（三）创建征信跨境机构

1. 组建跨境信用评级机构

伴随着丝绸之路经济带建设的不断深入，仍然有许多沿线国家的企业面临由于信息不对称而导致的跨境融资难困境。究其原因，这种信息不对称与沿线国家（地区）的信息传递阻碍、信息技术发展不平衡、融资制度不完善等因素相关。而这类信息不对称仅凭企业自身之力是很难有效避免的，因此借助第三方信用评级机构的服务便成为有效途径。一方面，各国企业在跨境融资中通过信用评级机构的专业服务，可以增强企业间信息对接与互信，提升跨境融资的可行性与效率。另一方面，信用评级机构也可间接监督融资企业。信用评级机构既可以在企业获得融资前对金融机构进行事前预警，又可以在企业获得融资后向投资方提供风险信息，还可以在企业融资契约到期后对融资企业信用进行评估，以形成日后可供参考的企业信用档案。但是，丝绸之路沿线国家的信用评级机构普遍存在跨国服务能力较弱与缺乏国际评级话语权等问题，因此较难满足各方的跨国信用服务需求。为此，除了增强与沿线国家信用机构的跨境合作，还应该联合各国组建跨境信用评级机构，通过跨境信用评级机构提供跨国企业评级、国家主权信用评级等专业服务，满足企业贸易畅通与资金融通需求，助力丝绸之路经济带建设。

2. 建立跨境征信合作监管机构

推动建立中国与丝绸之路经济带沿线国家跨境征信合作委员会。在“共商、共建、共享”的前提下，征信合作委员会负责制定征信合作规划，监督沿线各国的征信合作进展，协调各国在征信合作工作中的难点与争议。征信合作委员会下可考虑设立各国负责推进征信合作的具体机构。根据中国与沿线国家的征信制度，也可确定各国中央银行为推进征信合作的执行机构，具体负责跨境征信合作的推进。根据征信数据跨境流动的现实需要，探索针对设立沿线各国征信数据安全监管机构认可的中立机构，以征信数据跨境流动为业务对象，探索针对征信数据跨境流动的政策措施。在“合作、互利、保密、安全”的基础上，由跨境征信合作委员会牵头沿线国家签订丝绸之路经济带跨境征信合作的框架协议，对双边（多边）信用信息共享中的征信信息采集标准、征信信息共享、征信信息使用、征信信息保护、违约惩戒措施以及与民营信用信息机构合作等方面进行规范，逐步建成丝绸之路经济带沿线国家间统一的信用信息共享网络，实现征信信息在共享网络间的安全传输。跨境征信合作委员会应制定措施，充分利用民间信用信息机构的灵活性和专业性，推动沿线国家间的征信产业合作。

3. 成立跨境区块链征信服务机构

征信跨境合作存在信息标准不统一、信息可信度低、信息维度少等不足，从而不利于征信跨境合作的有效开展。伴随着区块链技术的兴起，区块链技术具有的可提供去中心化平台（建立信息查阅标准）、提高征信数据可信度（原始数据不可篡改性）、提升征信数据信息维度（可查询交易者所有的交易情况）等优势，可以在征信跨境合作中发挥不可低估的作用。为此，在助推丝绸之路经济带沿线国家跨境征信合作的进程中，可考虑在双边（多边）达成征信跨境合作的前提下，成立跨境区块链征信服务机构，探索运用区块链技术开展征信服务，以弥补传统征信业存在的诸多不足。可以通过参考金融行业的做法构建跨境区块链征信服务机构，建立区块链信息共享平台，运用去中心化黑名单共享模式提供征信服务。也可参考在沿线国家政府的领导下开展跨境征信相关业务，并制定跨境征信行业细分领域的技术标准与应用标准，不断完善区块链技术与征信跨境应用的兼容体系。

二、推动征信跨境合作

（一）完善征信合作对话协商机制

丝绸之路经济带沿线国家和地区的政府、信用服务机构、社会组织之间应建立深层次、多类型、广领域的信用对话协商机制，以增进合作互信，达成合作共识，共同制定信用合作措施，整合开发信用信息资源，促进信息共享，推动征信市场建设。

1. 征信合作对话协商的原则

征信合作对话协商机制的建立应该以需求为导向，本着“互惠互利、优势互补、安全保密、逐步推进”的宗旨，充分利用沿线国家已有的多领域（层次）合作对话机制，加强对征信数据跨境流动问题的沟通协商。对话协商遵循的原则有：第一，求同存异，互补共赢。由于各国在政治（经济）体制、文化传统、宗教、语言、风俗习惯等方面存在较大差别，相应地跨境征信合作对话需要沿线国家相互尊重多样性与差异性的客观存在，需要沿线各国政府不断协商并达成共识。既要发挥沿线征信业较发达国家的优势，又要兼顾沿线经济相对落后国家的利益。第二，充分协商，平等自愿。协商、平等、自愿等原则既是市场经济的内在要求，也是保障征信跨境合作深入推进的前提。沿线各国政府应坚持独立自主原则，运用灵活高效的沟通手段，保证成员国间协商常态化，确保对话协商公平有效。沿线各国政府应当以良好的政治意愿建立完善的对话协商机制，在充分征求各方意见的情况下确定协商内容、制定协商日程并提供必要的行政支持，保证对话协商活动达到预期效果。

2. 征信合作对话协商的层级

目前，中国同部分沿线国家已建有相对完善的对话协商机制，并形成了多领域深层次的合作框架。但是，为减少新建合作机制带来的不足，可通过夯实合作对话协商机制的四个层级为征信合作有效助力：一是多边国际合作机制。有效利用已有的上海合作组织（SCO）、亚欧会议（ASEM）、中亚区域经济合作（CAREC）等多边合作机制，增加跨境征信合作的协商内容；保持副部级对话级别；由沿线成员国金融监管部门牵头，组织社会信用体系建设相关部门（机构）针对跨境征信合作中存在的问题开展讨论。二是双边国际合作机制。可以利用诸如中国—东盟商务理事会、“空中丝绸之路南南合作伙伴联盟”、中亚地区财长和央行行长会议组织等发挥促进丝绸之路沿线国家征信合作的机制性作用，充分反映各国企业对于信用信息的使用需求。三是非正式国际合作机制。可以通过中国—东盟博览会、中国—欧亚博览会等对话平台，利用博览会、展览会、研讨会、论坛、恳谈会等形式，促进多方之间相互交流，为跨境征信合作创造前提。四是“走出去”企业的合作机制。可以通过倡导国际产能合作园区的方式迅速推进企业组团“走出去”，并提高此类企业与当地政府和社会团体的协商谈判能力，发挥产能合作园区高效务实的话语传动作用。

3. 征信合作对话协商的平台

由于丝绸之路经济带沿线国家在政治、经济和文化等方面背景各有不同，在征信体系建设相关制度和征信行业标准上也存在较大差异，主要体现在各国采集信用数据的范围、信贷业务类型划分、采集的数据项、频率和信用报告形式和设计等方面。同时，各国征信数据库系统架构和技术水平也参差不齐，使得开展数据转移和交换存在一定困难。因此，升级征信系统业务和技术标准，构建征信合作对话协商平台成为必然。通过统一征信系统建设的业务规则、技术框架的标准，可以极大降低数据跨境转移的成本并提升效率。具体可参照国际征信业标准，优化升级征信系统业务和技术标准，在信用信息范围的界定、采集内容、数据格式规范、代码标准、存储规则、信息安全和网络基础设施标准等方面积极与国际接轨，为实现跨境批量数据转移奠定坚实的基础。同时，在评分模型设计、增值产品开发、大数据征信和云计算技术等方面积极创新，便于对转移数据的再加工和利用充分发挥数据价值。当然，还应该共同制定征信信用服务标准，规范征信市场行为，以提高信用产品和服务的质量，为丝绸之路经济带沿线国家间的经贸、投资、融资合作提供优质的信用服务。

（二）完善征信信息采集与共享机制

1. 征信信息采集机制

第一，加速信息传递，实现信息共享。实现信息共享是丝绸之路经济带征信体系建设的重要环节。随着丝绸之路经济带建设的不断推进，国家之间、企业之间、个人之间的合作将会日益频繁，而信息不对称会引起交易成本的上升，归根结底是缺乏信息传递的渠道和实现信息共享的途径。移动客户端、手机 APP、网络终端等技术的不断创新，能够实现区域内各国家、各部门信用数据库的对接，加速信息传递，实现信息共享，提升区域经济运行效率。

第二，依托大数据，搭建信用信息数据库。丝绸之路经济带涵盖范围广，覆盖国家多，且征信行业对信用数据的质与量要求较高，要收集相关企业（个人）的信用信息着实不易，仅靠传统征信方法较难满足现实需求。伴随着互联网、大数据、云计算等先进技术的兴起，对信息数据的加工与处理更加经济效率。借助网络科技不但可以弥补传统征信在数据收集、信息传递和信息共享上的不足，而且可以减少信息不对称导致的交易成本上升问题。

2. 征信信息共享机制

（1）征信信息共享模式。征信信息共享模式主要有点对点共享模式、第三方机构参与共享模式和普遍共享模式三种。

第一，点对点共享模式，即信息主体发起模式。这一模式主要指由信息主体从本国征信机构获取自身信用报告，并提供给境外授信方使用；或者信息主体通过委托本国征信机构向境外授信方直接发送信用报告，如图4－1。

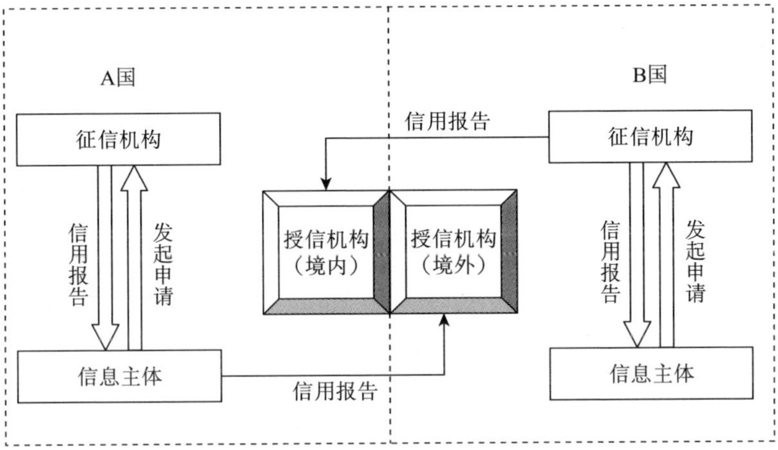

图4－1　点对点共享模式

第二，第三方机构参与共享模式，即征信机构代理查询模式。这一模式主要指由境外征信机构作为代理方，帮助本国授信方间接从他国合作征信机构处获取借款人的信用信息，通过单笔信用报告查询请求实现单个借款人信用信息转移，满足授信方的信息使用需求，如图4－2所示。

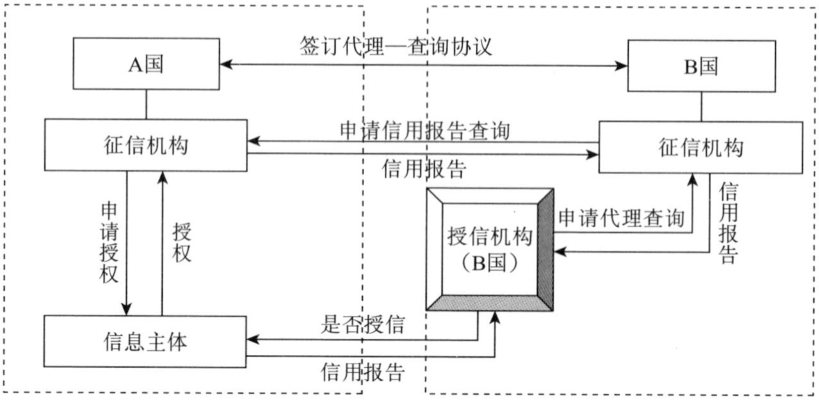

图 4－2　第三方机构参与共享模式

第三，普遍共享模式，即征信机构交换数据模式。这一模式主要指国家之间或政府相关部门之间签订数据交换协议，通过传递接口或互联网等方式定期实现跨境借款人信息的批量快速转移，以高效满足境外信息使用机构的信息需求，如图 4－3 所示。

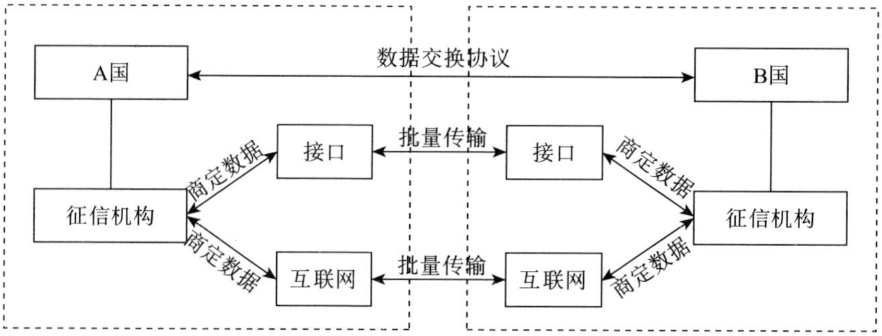

图 4－3　普遍共享模式

总之，为有效地完善征信信息共享机制，可通过以下三方面进一步推进：一是尽快将互联网金融数据纳入丝绸之路经济带沿线国家的征信系统，建立各个主权国家信息互换机制；二是开放丝绸之路经济带沿线国家数据交易，设立统一的数据交易平台，打破各主权国家数据资源壁垒；三是加快推进丝绸之路经济带沿线国家数据开放，疏通信息共享渠道，打破“信息孤岛”，连点成面。

（2）征信信息共享范围。沿线各国在判断相互之间的基本情况及其变化时，由于信息不对称的客观存在会产生阻碍并影响合作进程。开展主权信用评价、投资评价，共享国别信用报告、双向投资报告及区域内公开的社会信用信息，能够有效规避国别信用风险与投资风险，稳固国际合作基础。

第一，共享主权级别信用报告。近年来，有关国别信用评价的研究逐渐展开，一些机构、学者时有相关成果发布。2017 年 9 月 9 日，北京国合信用研究院发布《“一带一路”国别信用报告》，这既是国内评级机构首次发布的国别信用报告，也是我国自主建立的国别信用评价品牌。这一信用报告从政治信用、经济信用、金融信用、社会信用及环境信用等多维度设计信用评价指标体系，在开展国别信用评价时，主要对被评对象的国家管理能力、经济实力、金融实力、外债实力、财政实力、外汇实力以及社会环境等要素进行多元考核。此外，还有其他科研机构与高等院校的专题成果也相继推出，都为沿线国家防范主权信用风险提供了有力参考。

第二，共享有价值的双向投资报告。建设丝绸之路经济带的愿景就是沿线国家能够合作共赢。由于丝绸之路经济带跨度大，沿线国家众多，而各个国家的文化、政策法规等各有特色，因此发布具有价值的双向投资报告可以进一步降低信息的不对称性，加强对“引进来”和“走出去”战略的实施。双向投资报告的有价值共享，需要构建国际投资合作交流平台、强化信息服务平台、建设信息资源共享机制与打造媒体宣传平台等多环节有效衔接，有效为沿线各国企业提供国别政策、投资环境、市场需求、项目合作等资讯，并对合作过程中的信息进行合规归集、对合作良好案例进行宣传推广，从而为企业“走出去”提供综合信息支持，推动项目企业同金融机构等多方沟通，扶助企业提高国际化知名度与影响力。

第三，共享跨区域公开的社会信用信息。21 世纪是合作共赢的时代，由于信息不对称因素的存在，在贸易过程中必然会存在风险行为，而丝路经济带信息共享平台的建立，将有助于推动消除“信息孤岛”，推进公共（市场）信用信息间的沟通融合，为协同监管搭建信息基础。畅通的丝绸之路经济带信息沟通渠道，会助推沿线国家间的有效合作。建立丝路经济带信息共享平台，归集并发布各地区（部门）向社会公开的信用信息，为沿线国家政府等相关部门提供“一站式”查询便利服务，查询内容既包括政府采购等行政事项查询，又包含可公开发布的行政许可、行政处罚、受惩“黑名单”等信息。

（三）完善征信信息披露机制

1. 征信信息的披露内容

丝绸之路沿线各成员国征信信息的披露应该遵循真诚、互利、安全、保密的原则，形成统一的信息数据处理方式、传输格式与语言转换，并明确信用信息的具体披露内容。征信信息的披露内容应有助于参与国家准确衡量个人或企业信用状况，便于双方开展经济金融合作。共享的信用信息有公开信息与非公开信息两类。公开信息有企业基本信息、经营活动、借贷信息、财务状况等，尤以企业发展前景与负债状况的信息为重。非公开信息涉及个人隐私等信息，如表4－2所示。

表4－2　丝绸之路沿线国家征信跨境合作信息采集和共享、披露机制

信息采集	采集模式：政府主导，私营为辅
信息共享	共享模式：点对点，普遍共享，第三方机构参与
信息披露	披露渠道：可公开数据由制定部门机构提供，不可公开数据由代理查询 披露内容：个人与企业信用信息

资料来源：依据公开资料整理

2. 征信信息的披露渠道

第一，通过信息交流数据库查询。沿线国家出资建立统一的信息交流数据库。沿线国家的征信管理机构按标准向数据库传输与更新各自的合规信息，各国的信息需求方注册为会员后就可以借助专用的共享网络便利查询。为了保护数据安全，既可利用5G技术、云计算、人工智能、大数据等信息技术，又可探索利用区块链技术，以提升跨境征信数据的可信度与多维度。

第二，可公开信息分类查询。对于可以向市场公开的部分数据，可以分为免费公开、付费公开、政府审批三种进行分类查询。免费公开的信息可由各国征信管理部门或指定的征信服务机构将信息数据加工处理后，面向政府部门、金融机构、个人或企业查询使用；付费公开的信息是指企业在经贸往来中颇具商业价值的数据，需要平台建设与信息权益保护等保障措施的跟进，在信息需求者查询时可适当对其收取费用；政府审批的信息通常是不可向市场公开的，信息需求者可就其使用目的与用途提交申请表，经相关部门审核通过后方可查询使用。

第三，不可公开的个人信息委托代查。对于不能向市场完全公开的个体数据，信息需求方可以向沿线各国官方机构（私营机构）申请代理查询信用信息。一般通过私营机构代理查询，会有滥用信息的风险。在具体操作中，通常借助官方机构代理查询较为可靠。官方机构会在遵从合法、安全的原则之下，通过规定数据共享频率（模式）等方式，对信用信息进行保护。

（四）完善征信信息保护机制

1. 征信信息使用范围

由于丝路沿线国家跨境征信信息牵涉多国个人隐私和商业机密，各国除严格遵守已签订的信息共享框架协议外，还应制定相应的法律法规与隐私保护政策，对信息使用范围从法律层面进行规范，以寻求信息保护和信息披露之间的平衡。在立法过程中除明确信用信息和商业机密的界限外，还应区分公开信息与涉密信息的范围，尤其应注意严格规定信用信息的使用范围。可规定信息需求者必须依照信息提供者的授权协议，才可进行信息查询与信用报告的使用。同时，严格确定信息的使用途径，诸如仅限用于贸易双方、金融机构等开展贷款、信用卡交易、担保、贸易往来、投资等用途。

2. 信息主体享有权利

信息主体应享有以下权利：一是查询的权利。信息主体可以通过征信管理部门查询自己的已共享信息，主要是对涉及自身的相关资料（处理目的、资料类别、资料接收方等）进行确认。二是更正、删除的权利。如若共享信息存在不全或错误时，信息主体有权要求征信机构予以更正或删除；如若造成重大影响，可要求征信管理机构采取措施消除影响。三是拒绝共享的权利。在披露跨境共享信用信息前，应当征求信息主体意见，信息主体有权拒绝同他国共享。在征信数据跨境流动时，为防范对信息的滥用，保障信息主体的正当权利，应该对跨境信用报告的查询记录与使用目的进行法规要求。信用报告查询与使用可采取有偿方式，查询别国个人信用报告时可按次数收取查询费。

3. 信息保密与异议处理

随着征信数据的跨境流动，企业商业秘密泄露、个人隐私受到侵犯等问题也随之暴露。为确保跨境征信数据的保密和合法使用，丝绸之路沿线各国征信监管部门应在共享对方信用信息时，通过立法、制定制度、运用区块链等方式，建立与权益保障相关的跨境信息提供、海外信用修复、数据泄露应对等制度，对共享信息数据进行严格的保密管理，以保护信息主体权益不受非法侵犯。同时，信息使用必须遵守国际保密规则。保存完整的跨境征信报告查询记录与使用目的记录，这一记录不仅便于信息主体了解自身信用信息的使用情况，而且有利于征信监管机构的监督检查。各国采集的信用信息可能在国际信息交流过程中会出现信息遗漏、错误提交等问题，应为信息主体提供申请异议的途径。当征信客体提出质疑时，本国的征信管理机构（采集机构）应该进行异议处理，及时纠正相关信息。

（五）完善征信违约惩戒机制

丝绸之路沿线国家在进行跨境征信合作时，还需建立违约惩戒机制，对参与各方的行为进行有效约束。

1. 明确责任条款

对各个信息共享方及其工作人员的相关责任与违规受罚措施作出明确规定：如若信息共享国未能依照所签的共享框架协议要求提供必要的信用信息，应该明确对此类违约行为的惩罚机制；如若征信管理部门、数据使用机构、信贷机构工作人员，未能依照所签的共享框架协议内容进行信用信息的传输、处理、披露、记录等事宜，应该明确此类违约行为要承担的相应责任，情节严重时甚至应该承担民事或刑事责任，细化到对责任内容、处罚、赔偿标准等作出具体规定。

2. 明确惩戒措施

对于信用信息使用违规行为，应规定明确的惩戒措施：如若违反信用信息使用目的与范围，应该在相关法规中明确对此类违约行为的惩罚措施；如若不当使用信用信息（第三方不当使用或披露信息主体资料或潜在跨境合作方基于错误、过时、不完整或不相关信息资料作出决定）造成信息主体利益受损的，应该对信息使用方的违约行为作出惩戒，信用信息主体亦应得到相应赔偿。

3. 保证惩戒公平

保证违约惩戒的公开性和公正性：如若违反沿线国家征信合作共享框架协议、征信法律法规、征信惩戒措施等规定，应该对此类违约行为进行惩戒，并及时在合作平台上公开，同时给予违约者适时的申诉权，允许其限期改正；不能依照国家大小、经济实力强弱而对惩戒措施进行调整，要保证惩戒的公开性与公平性。

第二节 加强丝路征信立法，促进征信标准化建设

一、加强丝路征信立法

（一）协调征信立法关系

1. 处理好信息共享与信息保护的关系

征信要发挥防范信用风险、降低交易成本等功能，有赖于信用信息的自由流动与依法共享。同时，在信用信息共享的过程中，也应该充分注重对信息主体有效权益的保护。从世界各国（地区）征信行业发展判断，对公共利益与个人权益的有效兼顾、对信息共享与隐私保护的充分关注，既是征信行业健康发展的经验之谈，也是各国积极推进征信体系建设的核心要求。

2. 处理好征信效率与信息安全的关系

在征信活动开展过程中，如果只讲求征信速度、征信规模与征信利益，

而忽略对信息安全的有效保障，那么征信活动也会变得杂乱无序，进而影响征信市场的健康发展。通常，征信效率与信息安全之间是相辅相成的。加强技术创新是提升各类征信系统安全运营与风险管控的前提条件，也是处理好征信效率与信息安全之间关系的有效途径。

3. 处理好业务创新与合规管理的关系

征信业需要参与主体进行业务创新，同时还应注重风险防控，力求业务创新与其风险防控能力相适应。征信机构在对征信产品与服务进行创新时，要注重以下三点：一是既评估自身面临的风险，又分析对市场全局的影响；二是既注重经济效益，又关注社会影响；三是既满足市场需求，又合乎监管要求。只有将业务创新与合规管理有效结合，才能推进征信市场高效发展。

（二）开拓征信立法国际合作

1. 拓宽征信法律服务合作领域

拓宽与沿线国家的征信法律服务合作领域，需要引导法律服务机构创新服务理念，加大对征信法律服务人才的交流与培养力度；加强在重大工程（项目）领域的征信法律服务合作，妥善处理互联互通建设进程中面临的征信法律问题；加强在专利转让、新商业、新产业等领域的征信法律服务合作，切实保障当事人的正当权益；加强在资金融通领域的征信法律服务合作，为亚投行、丝路基金等多边投融资体系建设与运营提供相关征信法律服务，防范金融风险，确保融资安全。

2. 拓展征信法律服务合作机制

拓展与沿线国家的征信法律服务合作机制，需要立足发展新格局开拓谋划，以期为丝绸之路经济带建设提供高效的征信法律服务。加强与沿线国家的司法协助，推动在打击各类犯罪领域的切实合作；建立丝绸之路经济带建设法律服务委员会，作为政府间法律服务的合作平台；统筹丝绸之路经济带建设过程中的法律服务合作，推进丝绸之路经济带建设征信法律服务合作形成合力；构建信用法律制度研讨机制，在信用法律法规、征信机构监管、数据标准规范、文化观念等方面促进趋同，以便于征信合作的有效开展。

（三）加强征信法规建设

1. 完善征信业管理法规建设

征信业管理法规主要就征信机构的市场准入、经营内容、从业资格、信息使用以及征信监管部门的监管方式、违规处罚等事项进行规范，其目的是规范机构运营、促进行业发展、保护信息安全与维持社会稳定。目前，对于征信数据的采集渠道和征信信息的使用方式，大多数国家都通过征信法律法规作出了明确规定。在加强丝绸之路经济带征信业管理法规建设的进程中，一方面，应建立信息安全保障体系，减少对信息主体权益的损害。建设全面有效的安全保障体系，加强数据库信息的安全保障，落实信息安全等级保护制度，推进电子签名、数字认证以及网站认证等安全认证体系，守好信息安全边界；保障各类征信系统内部信息安全，完善用户管理制度，防止计算机病毒和黑客攻击；建立应急预案，实施简便有效的争端处理机制和消费者赔偿途径，提高信息安全及时处理效率。另一方面，应提升征信立法层次，守好信用信息应用安全边界。随着丝绸之路经济带建设的深入推进，提升征信立法层次、规范信用信息应用边界、健全沿线国家征信法规制度等问题日渐迫切。为此，严格监管公共信用信息的市场化应用，为其他领域的应用树立典范，并有效避免对个人隐私权的侵犯，这些立法措施已成为助推丝绸之路经济带征信体系建设的必要法律保障。

2. 强化权益保障类法规建设

权益保障类法规涉及对政务、企业和个人多方面的信用权益保护，主要就界定信息公开范围，明确政府部门、企业信息公开的权责，确定个人信息主体权益内容，保护信息主体权益等事项进行规范，其目的是提高企业信息透明度，保障商业秘密和个人隐私不受侵害。在加强丝绸之路经济带征信权益类保障法规建设进程中，一方面，应强化对信息主体权益的保护。对个人信息采用授权与告知、保障与救济制度，对非法公开个人信息的行为实施侵权责任追究制度，对非法信息采集活动进行严厉打击，以避免由于错误提供不良信息而对信息主体造成侵害。另一方面，应缓冲对征信信息安全的威胁。征信机构在传统征信技术下，对于征信信息的界定，征信数据的采集、核实、处理与合法传播等方面存在着一定的边界。然而，互联网技术的快速发展以及大数据、区块链等新兴技术在征信领域的不断应用，外加部分征信机构数据的虚拟化与分散化特征，使得征信信息的覆盖面延伸，征信数据的应用场景扩大，征信服务的范围界限模糊，征信行业的边界较难把控。同时，部分拥有大数据资源的科技公司进军征信业务，这一类机构有可能借信用服务机构之名，行非法获取信息、倒卖信息之实，从而造成信息泄露事件频发，并对信息主体的合法权益构成威胁。征信立法应与时俱进，进一步强化信息主体权益保障类法规的建设。

二、促进征信标准化建设

（一）完善征信标准体系

1. 信息采集标准

对于构建丝绸之路经济带信用信息数据库，应积极尝试选取新的变量，开发新的评分体系，不断提高大数据在丝绸之路经济带征信领域的运用水平。在数据采集、筛选、处理、应用等各个环节，形成较为规范和专业的标准，如表 4－3 所示。

表 4－3　征信机构信息采集及产品

公司	信息来源	产品及定位
金融信用信息基础数据库	各类放贷机构、政府各部门等	信用报告、数字解读
社会化企业征信机构	多年评级业务积累和数据沉淀，合作的金融机构，多方搜集整理的数据	信用评分、分行业多版本信用报告、征信综合解决方案
申请成立的社会化个人征信机构	电商平台、社交平台、P2P 交易平台、各类支付平台以及第三方合作平台和公共机构等	系列信用评分、发欺诈云平台等
评级机构	参评企业内部数据和公开的行业信息等线下调查整理的各类数据	多版本评级报告

资料来源：依据公开资料整理

第一，数据采集，导入大量非传统数据。除传统的金融信贷信息外，在依托大数据构建丝路经济带信用信息数据库时，还要采用大量的非传统信用数据，如社交媒体数据、消费及财务数据、日常活动数据、特定行为数据等。多维度的征信大数据使征信数据库不完全依赖于传统数据，从而多角（维）度地对征信主体的信用状况进行深入量化评估。

第二，数据筛选，首选和信用风险强相关的数据。对于各类非金融信贷信息，丝路经济带信用信息数据库并非全部采用，而是首先收集采用和信用强相关的大数据，如通信预付费、房租缴费、公共事业缴费等支付数据，且应在运用的过程中逐步深入。

第三，数据处理，构建新的信用风险评估体系。依托信用信息数据库，并通过数据输入（借贷者的原始数据及大量第三方数据）、数据转换（发现数据之间的关联性并进行数据转换）、数据分析（将转换数据再次整合形成测量指标，输入不同数据分析模型）与输出分数（依据模型投票原则形成最终信用分数）四个步骤构建新的信用风险评估体系。

第四，数据应用，应注重保护消费者合法权益。应当加快个人信息保护立法，联合沿线各主权国家制定专项制度与法规，对信用信息的来源、应用等作出明确规定。

2. 信用评级标准

对于征信市场管理，由于监管标准与业务规范的相对缺乏，既无法保障信用评级质量，也无法保护投资者与商业银行的利益。外加目前征信法律法规建设滞后，对信息提供者、征信机构、信息使用者及其从业人员的运作程序与职业操守等方面都需要加强规范，以维护征信市场秩序，保障征信主体的正当权益与信息安全，促进征信体系健康发展。信用评级规范标准可分为信用评级主体规范、信用评级业务规范与信用评级业务管理规范。通过制定信用评级规范标准，可以有效规范信用评级机构的运作程序，强化信用评级人员的职业操守，提高信用评级质量，保护投资人与商业银行的正当利益，引导评级业健康发展。对于信用评级主体规范，应该从法律地位、权利义务、组织制度、发展模式、市场准入、行为准则及法律责任等方面对信用评级机构作出明确规定；还应明确规定外资信用评级机构不能涉足的领域。对于信用评级业务规范，主要是针对信用评级机构进行信息采集、分析、评估、审核及结果的发布等活动作出规范。对于信用评级业务管理规范，主要是针对信用评级机构与从业人员合规开展业务进行规范，可通过建立备案管理制度、统计报告制度、信息披露机制等，对信用评级机构与从业人员进行执业行为监督。2019 年 6 月，中英标准化合作委员会会议由中国组织召开，会议就智慧城市、共享经济、绿色金融、法制营商环境国际标准、“一带一路”建设标准化合作等内容达成了多项合作共识，为共建“一带一路”信息标准体系提供了有力的支持。

3. 信息共享标准

在丝绸之路经济带互联互通建设进程中，由于沿线国家间存在征信标准各异、部分信息分类标准不合时宜、缺乏统一的数据接口等问题，使得信用信息共享联通受到阻碍、信息资源共享范围受到限制、征信数据公信力受到质疑、征信市场有效发展受到制约。通过信息共享标准建设，可缓解上述问题，为有效推动征信体系建设发挥重要作用。为推动信息共享标准化建设，可考虑在征信合作中采用共享数据的标准化转换，对信用信息诸多元素如各类指标、统计口径、评估方法、评估标准等进行统一，固定企业和个人的相关信用信息格式如身份信息、资产、负债、信用交易、贷款、不良记录等，将各国标准各异的信息数据转换为统一标准信息，统一翻译为通用语言，以便于实现沿线国家间各级（类）数据交换平台与征信系统的互联互通、信息共享，确保信用信息采集范围的拓展、服务领域的扩大以及数据整合质量的提高。近年来，中国在推进“一带一路”标准信息共享中取得了较多成果，诸如设立“一带一路”海关信息交换和共享平台（由中国海关总署发起，与智利、巴基斯坦、新加坡、格鲁吉亚等国家共建原产地电子联网、共享项目信息数据）；建立“一带一路”共建国家标准信息平台（由中国国家标准化管理委员会发起，以加强与有关国家间的标准信息交换和共享），平台于 2019 年 4 月 23 日上线启动，开创了中国对“一带一路”沿线国家就标准化领域进行信息分类和翻译的先河。平台针对 35 个国家及 ISO 等 5 个国际组织的标准题录信息进行数据集成，并提供精准检索服务；平台应用可视化手段，及时跟踪沿线各国及国际标准化组织的标准化最新动态；平台还构建了

4,200 万中文字符和 2,200 万英文单词的权威标准化英汉语料库，为标准联通共建丝绸之路经济带提供了重要的语言支撑。

（二）打造征信标准文化环境

1. 强化协同创新战略

丝绸之路经济带征信标准化建设，需要国际国内标准组织与沿线各国标准化机构协同创新，加强战略研究。一方面，可由沿线国家的专业领域专家通过多种形式与国际标准组织（国家标准化机构）加强交流合作，并就标准化战略定位、战略目标、标准体系、标准机制、标准实施、标准国际化等进行战略研究。另一方面，可通过加强科技成果转化、总结推广技术标准试点经验、筹建国家技术标准创新基地等方式进行征信标准化创新发展。近年来，中国在推动沿线国家征信标准化协同创新方面取得了较多成果。例如，推动《国家标准化体系建设发展规划（2016—2020 年）》《消费品标准和质量提升规划（2016—2020 年）》等中国战略规划与沿线国家（区域）标准化战略规划寻求合作契合点，研究建立合作机制；开展沿线重点国家以及国际、区域标准组织的标准化政策、战略研究，编纂《全球标准化战略汇编》；以《关于加强标准合作，助推“一带一路”建设联合倡议》为契机，加快与俄罗斯等 12 个签署协议国家合作对接，推动将标准化纳入国家间合作框架协议。

2. 加大宣传推广力度

通过开展多（双）边交流活动，加大对政策与信息的宣传力度，发挥沿线国家政府部门的作用，在信息引导、政策扶持、沟通协调等方面给予支持。调动协（学、商）会、产业联盟等组织的积极性，多层次开展宣传推介工作，调动沿线国家参与标准联通建设的积极性；进一步完善国家标准全文公开系统功能、建设行业（地方）标准信息服务平台、促进沿线国家征信标准有效对接国际标准信息平台、制作发布征信标准宣传片，在世界标准日等时间节点普及宣传国家征信标准知识；推进沿线国家标准信息交换，并以此带动标准互认；加强多元标准信息服务，激励沿线国家的政府、智库、企业、社会组织与公众共同参与；提供丝绸之路经济带建设标准信息服务，通过提供专业标准信息服务助推沿线国家企业“走出去”；加强区域标准研究中心信息服务，发布丝绸之路经济带建设标准化信息；推动建设沿线国家信息标准博物馆；与中国—东盟信息交流中心等国际组织合作，推进“绿色智慧标准馆”等项目建设，拓展与沿线国家的标准信息资源共享渠道。

3. 加强人才队伍建设

伴随着经济全球化的快速发展，在丝绸之路经济带征信体系建设的过程中，信用标准化建设成为沿线国家间进行经济、贸易、文化与技术等交流不可或缺的手段，标准化教育与人才队伍建设也成为沿线各国标准化建设的重要支撑。推进标准化学科建设、拓宽标准化职业教育、开展标准化科普活动、开办标准化专业、探索标准化嵌入式教学、举办国际标准化教育科研合作论坛，这些措施将有效推动沿线国家的标准化人才队伍建设与文化交流。2018 年 5 月 20 日，“一带一路”标准化教育与研究大学联盟在中国计量大学成立，联盟由 30 余国的 100 多所大学联合发起。联盟以“标准化教育与研究合作”为主题，为“一带一路”搭建了标准化人文交流之桥，为沿线国家的标准化教育与人才队伍建设构建了合作平台。2019 年 10 月 31 日，第二届“一带一路”标准化教育与研究合作论坛在西安交通大学举行，论坛以“标准助推世界互联互通”为主题，“一带一路”标准化教育与研究大学联盟的国内外成员单位及众多标准化工作者齐聚西安交通大学，共同探索标准化在完善全球治理、国际贸易以及促进可持续发展中的积极作用，为培育沿线国家征信标准人才队伍建设谱写了新篇章。

（三）加强征信标准国际合作

1. 增强征信标准国际参与度

增强征信标准的国际化合作，通过政府推动、市场主导、多方参与、协同推进打造新格局，开创交流互鉴、开放包容、互联互通、成果共享的新局面。第一，不断深化标准开放合作。提升沿线国家与不同区域的标准化合作水平，拓展与相关区域的标准化合作渠道，全面建设标准化合作机制。第二，加快标准“走出去”步伐。推动与沿线国家发布互认标准，打造沿线国家标准化示范工程，推进援外标准化培训项目。第三，鼓励参与国际标准制定活动。鼓励沿线国家相关单位参加国际标准化活动，编译国际标准化活动指南，制定参与国际标准化活动程序；提升沿线国家标准与国际标准体系的融合度，制定征信领域的标准名录，加强国别标准在丝绸之路经济带建设中的应用。

2. 拓展征信标准双（多）边合作

加强与沿线国家标准化战略的对接，促进沿线国家间标准体系的有效兼容，加速沿线国家标准的国际化进程，增强征信标准与政策规则的衔接，以标准“软联通”打造合作“硬机制”，努力提升标准体系兼容性，为推进沿线国家征信体系建设提供坚实的技术支撑与有力的机制保障；积极参与泛美标准组（COPANT）、欧洲标准化委员会/欧洲电工标准化委员会（CEN/CENELEC）、太平洋地区标准大会（PASC）、非洲区域标准组织（ARSO）等区域标准化组织的相关活动，加强与上述组织及域内国家标准化领域的交流合作；召开标准化合作机制会议，对接标准化战略，推动智慧城市等专业领域标准合作，组织标准化双边会谈；筹建区域标准化研究中心，作为标准化国际合作支撑团队，在标准委的授权下开展标准化双（多）边交流合作。

第三节　完善丝路征信监管体系，推进征信市场培育

在丝绸之路经济带建设如火如荼进行的同时，沿线国家也在不断合作探索丝绸之路经济带征信体系的建设且初见成效。然而，由于跨境经贸合作与人文交流涉及不同主权国家、不同主体信用信息的跨境征集和流通以及多国籍从业人员交错办公等因素的存在，使得丝路征信跨境监管体系的建立难度依然较大，跨境征信市场的建设还不够完善，为跨境经贸合作及人文交流保驾护航尚有距离。为此，筹建具备国际属性的政府部门间征信监督管理专门机构，为进一步完善丝路征信监管体系，推进跨境征信市场的有效培育，营造良好的营商环境成为势之必然，如图 4 -4 所示。

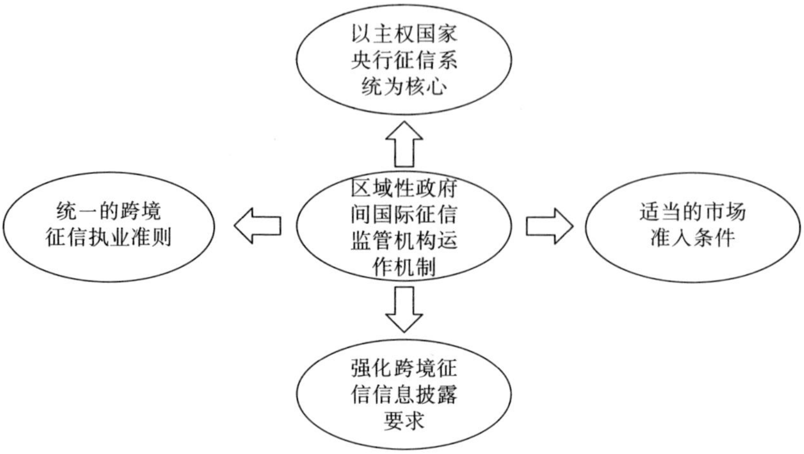

图 4－4　区域性政府间国际征信监管机构运作机制

一、完善丝路征信监管体系

建立区域性政府间国际征信监管体系，首先要以主权国家中央银行征信系统为核心会员机构，并以权威企业征信机构为辅助，充分利用其掌握的信贷信息以及征信监管信息，优化区域内征信资源，协力制定统一标准的监管政策和监管手段，确保丝路经济带北线、中线、南线各个线路经济金融活动的正常开展，以此避免单一主权国家对于进出口贸易的重复监管或者遗漏监管。

但是，由于丝路经济带各个国家的征信指标体系建设总体水平参差不一，征信数据资料跨境流动存在一定的困难，再加上国际政治关系的不稳定，区域性政府间国际征信机构的建立具有一定的难度。创建国际性征信监管机构需要各国承认和尊重彼此发展不同阶段的多样性和个体差异，各国政府首脑和各界的不断交流和磋商，在发挥地区经济较发达国家征信业技术资源优势的同时，兼顾经济落后国家的利益。

此外，各国还应该积极推动跨境征信会议的举行，利用数字经济时代的便利性，逐步探讨建立区域间政府性质的国际组织标准。例如，泰国与我国在2017年举行的跨境征信会议上提出一系列举措，以科技手段搭建监管协调合作平台，以建立完善的监管信息共享制度。综合征信监管体系发达国家的标准来看，监管体系的建立首先要从征信机构的监管、对征信业务的监管和对从业人员的监管出发，如图4－5所示。

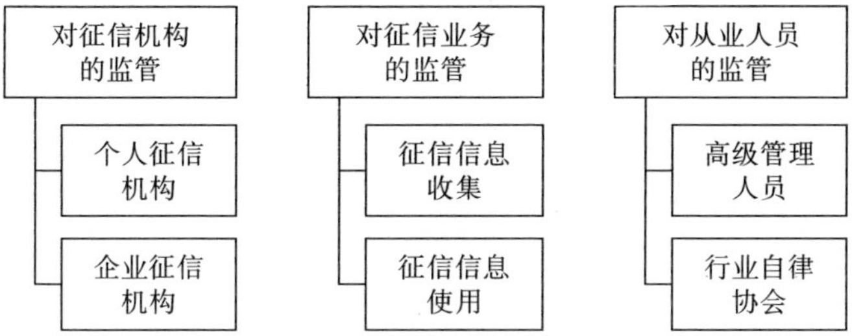

图4－5　丝路征信监管机构具体监管业务图示

（一）对跨境征信机构的管理

1. 对个人征信业务的机构准入管理

在个人征信市场中，主要是对机构的准入标准、机构日常业务的合规性以及机构退出程序和从业人员资质核定四个方面的监管。对于机构准入来说，跨境个人征信业务涉及个人信息的隐私性，而互联网技术的发展加重了信息泄露的程度；另外，机构非法获取数据的途径繁杂，对于其监管比较困难，所以在门槛准入方面要比企业征信机构严格。

第一，在个人征信机构准入监管方面，要结合丝路经济带贸易伙伴本国内的征信准入机制并进行多方讨论交流，制定合适的跨境机构准入门槛。个人征信机构要获得本国征信监管机构颁发的跨境征信业务许可牌照才可以经营跨境征信业务，而固定比例以上的核心资本能够应对大环境的不确定性。

第二，跨境征信监管机构应该建立数据跨境流动的统一标准，不符合信用信息跨境流动标准的公司应该退出跨境征信业务的经营管理。对于国际征信监督管理机构的统一数据监管标准的制定，应该由丝绸之路经济带各个沿线国家积极参与，建设监管协调和信息共享的制度以及良好的法制环境。尽管现如今还没有国际性政府间征信监督管理机构成立的先例，但在各国逐步尝试跨境征信合作的迫切条件下，跨境监管的一系列措施也将被提上日程。

2. 对企业征信业务的机构管理

目前，对于企业征信业务的跨境监管主要有两大问题：一方面，如果获得跨境征信业务资质的企业增多，就会加剧市场的竞争程度，就会使数据割裂和信息孤岛问题雪上加霜，反而不利于对统一的区域性跨境机构进行监管；若反其道而行之，企业征信机构由于利益关联，其获得的数据来源也不能持续稳定。

鉴于以上矛盾，对跨境征信业务的监管可以采用将跨境征信数据和跨境征信服务拆分监管的方式，如图 4－6 所示。征信业务是对于企业的基本信息和经营活动信息进行采集、加工和处理，这一过程是数据体永久存储介质的过程；而征信服务是通过利用信用信息生产征信产品并提供对外服务，是信息向外流动的过程。两者在跨境监管机构进行审核注册时可以是两家不同的公司，以保障征信机构的客观性和独立性。

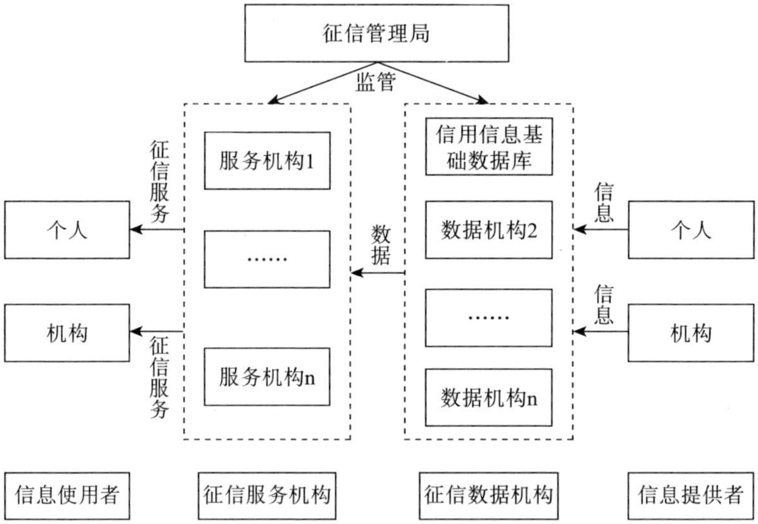

图 4－6 跨境征信机构拆分监管模式

除此之外，监管机构对于企业征信机构还应该采取以下措施：

第一，在统一征信机构执业准则方面，可以打破行业限制，围绕评级质量控制体系、利益冲突管理、信息披露和保密等核心内容制定统一的丝路征信机构执业标准，进而逐步将标准内容纳入相关监管法规、制度，增强对征信业务的日常管理，监督专门机构不断完善内部业务管理标准，提高征信信息的真实性和可靠性，树立丝路征信行业的公信力。

第二，尽快建立跨境征信机构的信息披露制度，包括一般披露和定期披露，并且逐步扩大披露的内容和范围。一般披露主要包括日常经营业务的披露和利益关联方的披露；定期披露则是按照披露要素陈述各类信息、利害冲突和过去相同情况所导致的结果，并且对于影响客观和判断的元素逐一公布，供客户参考进行习性判断和对征信监管机构的理性监督。而跨境征信监管部门逐步建立以违约率为核心的征信结果事后监督机制，并且建立淘汰机制，对于不能够达到监管要求的征信机构实施暂停整顿甚至强制退出市场等措施，以此实现对跨境征信机构的科学监管。

（二）对跨境征信业务的监督管理

1. 对征信业务的一般管理

对于征信业务的一般性监管，比出台国际性监管政策法规更为紧迫的是对信用信息的违规采集、查询和使用，以及信用信息被私自贩卖进行恶意竞争甚至获取不法利润等行为的监督管理。发达国家针对以上问题，在对信用信息的保护和监管立法方面的经验值得借鉴。

在发达国家的征信行业，规范个人和企业的信用信息行为本质上就是保护消费者的利益以及规范征信机构的运营。以英国和德国为例，英国在1984年通过了《数据保护法》，其中对于数据跨境流动做了规定，主要内容归纳为：数据传送至英国以外其他国家和地区时，必须将传送目的地名称以及相关信息予以登记，对于未经批准的数据传输是禁止的。换言之，英国只对本国向境外传递的数据进行监管，而对于外来数据的控制和监管并没有明确的监管和控制。德国对于跨境数据的共享进一步进行了限制，但是只针对公务单位向外的数据传输有所限制，对于个人数据跨境传输的相关规定依旧处于空白。综上，虽然英国和德国在对数据跨境流动的防范和监管上处于世界领先位置，但是对于数据传输主体的定义模糊不清，而数据信息犯罪也针对此漏洞一直存在。

反观发展中国家的征信行业，因为其征信体系发展稍微落后，在跨境征信监管中这些国家担任的角色主要是执行者和借鉴者。以中亚国家哈萨克斯坦（以下简称哈国）为例，哈国的征信体系建设正处于起步阶段，在其初步发展过程中形成了由中央银行为监管主体和国家征信机构一体化并且有市场化征信机构参与的模式，其在发展过程中尤其重视对征信数据的监管，对于信息提供的前提条件以及最低要求都作了严格的规定。由于哈国国内征信行业仍处于初步发展阶段，对于跨境数据的流通和监管仍处于探索阶段。

除了监管本国信用信息合法合规与否，还要对境外输入的信用数据进行明确监管。跨境数据的流动涉及主体的范围广、利益多，因此相关政策法规难以协调一致：如果优先选择对于己方有利的法律，也会相应违反了他国的法规。因此，国际社会需要舍弃一定的自身利益来达成相关协作机制，从而保障数据流通的安全。

2. 对信息查询机构业务的管理

一般来说，信息查询机构注册地在某一主权国家，并对内对外提供信息查询服务。而在丝路经济带建设中，其提供的业务要符合跨境征信监管机构的各项规定，特别是对于收录信息主体的披露要求。个人征信机构信息主体的披露要求显而易见比企业征信机构更为严格。而理论上来说信息不对称是信息披露制度产生的基础。究其根本原因，是为了让本国企业征信市场的发展与国际监管规则相吻合，从而使其有更广阔的发展空间。例如，欧盟作为区域性国际组织，在信息主体的披露要求上，各国适用法律虽然不尽相同，但其共同点是都适用于欧盟成员国内部，具有明确的法规描述及内容解析，如表 4－4 所示。

表 4－4　　欧盟主要成员国征信监管机构和法律法规

国家	监管机构	适用法律
奥地利	奥地利数据保护委员会	奥地利数据保护法（DGS2000）
比利时	财政部经济事务部	中央个人征信登记法（2001 年 10 月）
捷克	数据保护办公室	数据保护法、商法典
德国	联邦数据保护局	德国联邦数据保护法（BDSG）

续表

国家	监管机构	适用法律
丹麦	丹麦数据保护局	个人数据保护法（Persondataloven）
芬兰	数据保护监察员	信用数据法
希腊	数据保护局（DPA）、国会	个人数据保护法
克罗地亚	无	克罗地亚登记法
匈牙利	国会	征信机构和金融企业法
爱尔兰	数据保护局	数据保护局规章
意大利	数据保护局	数据保护法、行为准则（Code of Conduct）
荷兰	荷兰数据保护局	个人数据保护法
挪威	数据保护局经济部	个人数据法 银行法
波兰	个人数据保护总视察员	个人数据保护法（Persondataloven）

数据来源：根据公开数据整理

依据上表显示，对于信息查询机构的监管，除央行主掌舵之外，在数据流通监管方面也可以成立专门的数据保护局。对于跨境征信监管体系在丝路征信体系建设中的迫切性和发展的困难程度来看，政府部门应当扮演评级市场的有力推动者和监管者的双重角色。如果一味只讲发展不讲监管，则可能重蹈个别社会中介业出现行业性诚信危机的覆辙而失去丝路征信业应有的社会功能；而只讲监管不讲发展，则可能使丝路征信体系建设继续严重滞后，延误经济发展的大好时机。

（三）对从业人员的管理

1. 对高级管理人员的任职资格管理

第一，对于国际性政府间跨境监管征信机构来说，对从业人员的监督管理是保障机构有效运行的条件。对从业人员的管理主要分为两类：一是对高级管理人员的任职资格的管理，二是对一般从业人员任职资格的管理。作为区域性的国际征信监管机构，应设置会员制，参与国家自愿成为机构会员，最具决定权的是由全体会员国家参与或者会员国家权威征信机构组成的会员大会，也可以是机构的审议机构，只要半数通过即决议有效；大会通过的决议不具有法律效力，但是可以对参与国家产生一定的约束力。

第二，对于会员机构高级管理人员任职能力的管理，主要从法律法规、管理能力和退出条件等方面进行条款规定。对于经营征信业务的会员机构的中高级工作人员，其不但需要熟悉本国征信业务相关的政策法规，还要熟悉跨境国家以及地域有关征信业务的规范性文件，才能在法律层面保证合法有效地采集数据。另外，跨国征信业务涉及地域广泛，法律文件繁多，对于高级管理人员自身的职业素质如决策能力、组织能力和协调能力具有一定的要求。

第三，征信业务具有较强的专业性，经营征信业务的高级管理人员应该具备处理征信业务技术问题的能力，包括掌握必要的专业知识，能够从事复杂的跨境征信问题的分析研究，熟练掌握并运用各地区的法律法规以避免重大问题的发生，必须熟练运用专业工具和方法。

2. 对从业人员职业资格的管理

对于一般从业人员任职资格的管理，行业自律协会起到了非常重要的作用。行业自律是指在行业中各参与主体在共同价值观基础上的自觉规范行为。征信行业自律要发挥真正作用，必须具备三个基本要素：一是在适用于本国法律的前提下，协商制定共同的自律规则；二是建立共享的信息平台；三是建立违规惩罚机制。有效发挥行业自律作为政府监管的有效补充手段，使丝路征信自律机制发挥其积极作用。

在征信行业，一般的行业自律协会为信用管理协会或者征信业行业协会，行业自律组织则是指除政府以及监管当局之外自发建立的监管条例得到充分贯彻执行的非营利性组织协调机构。以行业协会为代表的行业自律组织的建设是提高信用评级质量的重要支撑。在行业协会逐步建立和规范的基础上，监管部门应建立与行业协会的监管协商机制，就监管问题进行经常性的沟通和磋商，以分析行业发展的需求、反映行业动态、制定行业发展的指导性规定和政策，促进行业的规范发展。

进一步来说，建立跨国征信行业自律协会并使其发挥真正的作用，需要一定的内部条件和外部条件作为支撑。内部条件是自律协会各国参与者的共同利益，是行业自律得以实现的基础，这些共同利益包括较低的征信成本和利好政策、信息共享快速便捷以及一致对外预防风险等共同措施。外部条件则指合法的个人以及企业数据收集环境和权益保护的制度建设，是跨国征信自律行业实现的前提。

二、推进征信市场培育

（一）对信息主体合法权益的保障

目前征信行业所呈现的特点是互联网与征信有效连接，弥补了传统征信行业的不足，互联网征信方兴未艾。随着数据井喷式产生，对于数据的生产主体企业和个人来说，其信用信息的处理、所属权以及保护问题都是跨境征信的重点监管对象。

1. 对个人合法权益的监管

由于互联网征信机构可以凭借其平台优势，在用户下载并登录软件程序时使用默认条款，普通用户在登录过程中一般并不会详细关注用户条款，从而导致其信息在无形中被搜集和使用。例如，2017 年花呗的用户条款中就默认用户允许机构采集其信息，再比如 2018 年 Facebook 的用户信息泄露事件。从上述例子可以看出，目前互联网征信依旧存在诸多问题，如何将其纳入有效的跨境监管范围，这一问题亟待解决。

在互联网征信机构采集信息时，对采集范围需要明确规定。由于个人基本信息包括个人外观信息、个人身份信息、个人生物识别信息、个人医疗信息、个人生活信息等（景欣，2020），在采集个人信息时，应针对不同国家的具体要求采集信息。在丝路经济带沿线国家中，一部分国家和地区对个人信用信息的保护有法可循，例如欧盟和中国（表 4－5），而征信体系欠发达国家应首先为本国个人信用信息的跨境征集和使用提供法律保障。

表 4－5　部分国家及地区互联网征信机构信息征集管理

国家（地区）	信息数据保护条例	征信机构被允许采集的信息	禁止采集的信息
美国	《公平信用信息披露法》	个人外观信息和身份信息以及财产现状、总量信息	种族、宗族、生活方式、医疗记录和政治派别等敏感性信息

续表

国家（地区）	信息数据保护条例	征信机构被允许采集的信息	禁止采集的信息
欧盟	《一般数据保护法案》	一般信息分为数据主体和非数据主体的分类	敏感性信息，除刑事定罪或有关安全措施的信息
中国	《个人信息保护法》（尚在制定中）	除一般信息外，个人收入、存款、保险、纳税额等经济信息存在相对豁免情形	生物识别信息，医疗信息和宗教信仰信息

资料来源：根据网络公开资料整理

无论是在线上还是线下，对于信用信息个人数据的跨境采集和使用，应严格审慎地制定相关跨境个人信用信息保护法律，准确表述跨境个人信用信息的监管主体、监管对象以及监管范围。在跨境数据的采集上，应该明确各国关于个人数据流通的相关规定，在此基础上制定统一的跨境采集标准；在征集个人信用信息时，应提前与客户签署“同意”书，即知晓并同意，并且给予用户取消同意的权利但不限制用户使用范围和效果。

2. 对企业合法权益的监管

在丝路经济带建设的背景下，沿线国家电商企业在境外的需求增大、订单增多、海外征信需求激增，但信息不对称是开展境外贸易合作最大的挑战。

企业提供的信用报告信用信息涉及面广泛，私密性较高，采集的数据质量有问题会导致对企业商誉的损害。以哈萨克斯坦某出口企业信用报告为例（见图 4－7），报告提供被征信企业总体的信用刻度：通过注册信息、工商变更、地址信息、员工人数判断企业基本实力情况；通过股权结构、法人高管信息等进行股东关联；涉诉信息关系企业历史信用记录；借助财务数据评判企业财务质量；通过主要进出口地区、主要客户、主要供应商信息判断企业经营情况。从图 4－7 可以看出，企业征信搜集的信息详尽广泛，征信机构在提供此类报告时要进行详细信息披露，让交易双方有充分的知情权，既保护了信息输入方的权益，也使得信息输出合法合规。

Previous Names	TOVARISCHESTVO S OGRANICHENNOY OTVETSTVENNOSTYU "SAMPLE"	
Trading Names, Brands	SAMPLE+	
Office Address	Sample street 1, Almaty, Almaty region, 111111, Kazakhstan	
Legal Address	Sample street 1, Almaty, Almaty region, 111111, Kazakhstan	
Contacts		
Phone	(7 727) 1111111, 2222222	
Fax	(7 727) 3333333	
E-mail	sample	
WWW	www.sample.kz	
Incorporation	05.06.2005	
Important Notes		
2007	ALERT: *Assets division* 2007 the company separated a part of business into a new structure - TOO SAMPLE-2. Separation was made to optimise the business operation. New company SAMPLE-2 took over the logistic activity.	
Registration Data		
Registration number	BIN 111111111111	
Registr. authority	Ministry of Justice (Kazakhstan)	
Date of registration	05.06.2005	
VAT number	222222222222	
Registr. authority	Tax Board (Kazakhstan)	
Statistics number	33333333	
Registr. authority	Statistics Board (Kazakhstan)	
Legal Form	TOO (Ltd by Kazakhstanian Law)	
Share Capital	600 mio KZT *(registered)*	
Shareholders		
-	AO "SAMPLE GROUP" *(Kazakhstan)*	80.00 %
-	Mr Sample, Turarbek Emelyanovich *(Kazakhstan)*	20.00 %
Board / Executives ***Executives***		
General director	Mr Sample, Turarbek Emelyanovich *(Kazakhstan)*	
Chief Accountant	Mrs Aslambekova, Oyusel *(Kazakhstan)*	

图 4-7 哈萨克斯坦国家某企业信用报告

资料来源：宸信征信有限公司

另外，跨境征信监管机构应联合第三方征信机构确保企业数据的采集质量，避免形成各个国家企业数据信息孤岛。例如，我国部分企业在进行出口贸易时，要求国内权威征信机构为其提供商业信用报告，实际是为企业信用背书。在此过程中，应避免企业与征信机构的利益关联，导致信用报告的真实性有所误差。信息搜集不仅包括企业信息，还包括企业主以及利益关联者的个人信息。因此，在跨境监管机构制定相关条例和规定时，已然不能通过传统的线下征信原有的法律法规文件进行覆盖，需要结合当下形势对相关规范文件予以修订和完善。

（二）对跨境征信的管理

在丝路经济带建设的过程中，将5G、区块链和移动互联网应用载体等技术应用于跨境征信体系建设，有利于跨境征信体系的发展和完善。而部分研究表明，区块链技术在征信业中的应用非常广泛，不仅可以应用于征信场景的建设，还可以应用于对征信主体和征信机构的监管。但目前这一研究还处于理论阶段，如何进一步将其应用于实践中，需要丝路经济带沿线各国共同努力。

1. 区块链征信的跨境应用

区块链技术对于众多行业来说已经不陌生，而我国目前盛行的是“区块链+信用经济”，这一理论与实践在我国的征信体系建设中得到了较好的应用。在跨境征信体系的建设中，区块链依旧是热门话题，将其应用于跨境征信体系的建设可以节省各国企业出口的成本，为跨境征信机构节省跨境数据的搜集成本，推动丝路征信体系的建设和完善。

区块链技术的工作原理核心包括去中心化、分布式账本以及不可篡改性，可以很好地与跨境征信建设机制相结合。跨境征信机构由各个参与会员国所领导，其特点与去中心化的分布式账本相类似，并无中心地位的主权国家领导，而是由各个参与会员国家共同管理。

各个国家企业和个人征信的数据采集可以由各会员国自行选择纳入分布式节点并与其他国家共享数据，很好地利用到了区块链技术分布式账本的特点。各个会员国或者机构将本国个人和企业的信用数据通过分别记账、传播和储存的方式，将信用信息记录在所有参与会员国的公开账本上，每一个会员国的权限相同。任意会员国数据质量或时效性问题不会影响到其他国家的数据质量。换言之，整个依托于区块链技术的跨境征信系统是完整有效的。去中心化的分布式账本工作原理，如图4-8所示。

除此之外，基于区块链技术平台建立的跨境征信数据库比传统数据库数据质量高并且泄露风险小。一方面，区块链数据具有不可篡改性的特点，如果各会员国家上传的数据在交易中得不到交易对手的认可，则交易无法继续进行并提出反馈。因此，上传的数据必须有较高的可信度，避免因不可篡改

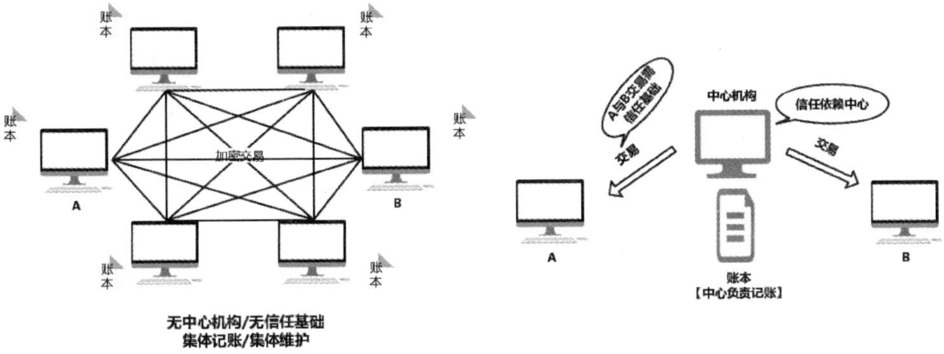

图 4－8　区块链技术应用于跨境征信的原理

资料来源：陆启木，等．区块链技术应用于跨境征信合作的浅析[J]．区域金融研究，2019（12）：76－79

所带来的交易成本。另一方面，在区块链上查询信用信息数据时需要得到信用主体所属会员国家或者机构的授权同意，这种优势既保护了信用信息主体数据的权威性，也防止了商业信息和个人信息泄露的风险。

2. 区块链征信的跨境监管

区块链征信虽然对于跨境征信来说有诸多优势，但也有许多弊端使其距离应用于实际的跨境征信监管体系建设还有一段距离。

第一，区块链技术虽然使各个会员国家利用分布式账本上传共享信用数据，但是一旦触及本国利益时，不排除对于信用数据的加工，而伪数据又会影响跨境经济贸易的有效交流合作。因此，在跨境监管上，要有第三方中立的国际征信机构参与，并作为链上的技术监督员，为每一项数据进行审查盖戳认证，从而保证各个主体上传的数据质量。

第二，区块链的去中心化技术对于丝路经济带上的主权国家来说不一定具有接受度。丝路经济带涵盖各个主权国家的主权信用风险不尽相同，一些主权国家风险较高，对于信用数据的敏感程度较高，导致其会尽可能地去搜集其他国家的信用数据，而且尽可能地保留本国的数据，会导致“搭便车”行为，不利于跨境征信监管体系的发展。

第三，区块链技术目前在一些发达国家应用场景较多且程度较深，而相对于一些中亚、南亚发展中国家来说，区块链技术还属于比较新兴的技术，这对于跨区域征信区块链平台的监管技术有不小的挑战。针对此问题，在跨境征信机构中应该建立技术帮扶对象，既发展了本国征信监管体系，又让跨境征信监管在技术与理论交流中得到创新。

3. 大数据征信的跨境监管

大数据与信息化、海量数据的概念并不是等同的。CFA 协会（特许金融分析师协会）在定义大数据的特征时总结了三个特性：Volume、Variety、Velocity，即大量性、多样性、快速性。在丝路经济带建设的过程中，对各个主权国家企业和个人在对外经贸往来、人文交流活动中所产生的大数据信息也要给予监管考虑，将海量数据安全转化为促进丝路经济带各区域经济建设发展的无形宝贵财产。

对于大数据的监管，跨境监管机构可以参照美国在这一领域的监管范例，借鉴其优秀经验。大数据的监管核心在于其风险控制从更广阔的维度进行风险评估。以美国传统的信用评估公司 FICO 与新兴科技信用评估公司 ZestFinance 为例（表4－6），从表4－6 可以看出在数据挖掘的过程中要对数据进行深度学习，才能从多方面保障信用评估的客观性。另外，美国公平信用报告法（FCRA）也指出，任何不同于客户原本评级水平的操作都要向客户解释具体操作细节以及不同操作的原因。此条法律对于大数据监管具有一定的效力，缘由是各个数据分析机构对于数据挖掘与分析的算法是最为核心的商业机密，是其最具竞争力的生存本领，因而没有任何数据挖掘公司愿意将本公司的数据算法完全公开。但此条法律的效力将大数据征信带入合法合规、有法可依的有效监管的领域。

表4－6　传统信用风险评估体系与大数据信用评估体系比较

	传统信用风险体系评估体系	基于大数据的信用风险评估体系
代表企业	FICO	ZestFinance
服务人群	有丰富信贷记录的（约占85%）	缺乏或无信贷记录的（约占15%）
数据格式	结构化数据	结构化数据＋大量非结构化数据
数据类型	信贷数据	信贷数据、网络数据、社交数据
理论基础	逻辑回归	机器学习

续表

	传统信用风险体系评估体系	基于大数据的信用风险评估体系
变量特征	还贷记录、金额、贷款类型	传统数据、IP 地址、邮箱姓名、填表习惯等网络行为
数据来源	银行提交给第三方的数据和银行当地数据	第三方（如电话账单和租赁历史等）和借贷者本身提供的数据
变量个数	15—30（变量库 400—1,000）	多达几千到 10,000 个

资料来源：刘新海，丁伟．大数据征信应用与启示——以美国互联网金融公司 ZestFinance 为例[J]．清华金融评论，2014（10）

除了对社交媒体产生的个人大数据进行风险评估，还要对于监管盲区进行立法，这关乎大数据的合法合规性。大部分数据的获取是通过互联网，但是其获取途径却是监管盲区，监管机构也有心无力。根据世界隐私论坛的报告，当前可被用于买卖的数据包含人口学信息、联系方式、就医记录、资产信息等各类个人信息（Alloway，2015）。这些数据的非法贩卖也许就来源于互联网非法入侵所获取的数据，也可能是有安全漏洞的网站自身泄露用户的信息。因此，对于此类现象在监管立法中也要充分考虑到。

对跨境大数据征信监管的实施步骤，一是要充分考虑到最基本的标准是大数据的共享，并且要建立标准化的公共信用信息数据库，做到对一系列信用产品、信用评价、信用关系的详细监管立法或出台监管条例。二是要建立标准的区域间信用监管平台，从而发布权威的信用报告、为跨境信用查询、失信修复等提供技术支撑；由监管确认合法合规的数据源后，再将数据应用于生产经营贸易活动中。三是对搜集到的严重失真或者虚假谎报的数据，对其提供主体进行惩戒、并计入相关目录产生一定约束条件。

综上所述，对于跨境大数据的监管，要求丝路征信监管机构协同各个丝路经济带沿线国家拥有的先进征信法律制度、数据挖掘算法、征信评价体系多维度地建立丝路征信机构，从而更好地服务于跨境征信市场以及丝路经济带的建设。

第四节　普及丝路信用文化建设，强化诚信宣传教育

在丝绸之路的建设中，“民心相通”是重要内容，也是关键基础。“民心相通”的关键就是相互理解尊重彼此的价值观念、历史文化以及宗教风俗。信用文化的发展和传播是丝路经济带征信体系建设的重要精神内容。国之交在于民相亲，诚信宣传教育可以促进各国普通民众之间相互了解，既立足本国实际，也要相互关照包容。

一、普及丝路信用文化建设

（一）借用现代数字科技增强信用文化建设

1. 数字媒介助力推广信用文化

近年来，新媒体时代流媒体技术的飞速发展为我们的生活带来了便利。在我国，微博、微信、短视频为代表的新兴媒体迅速占领了大众的日常生活，各种信息的输入和获取非常便利。新媒体技术使得学术型专业化的知识在大众中变得普及。而这些大众接受度高的媒体软件在海外也有一定的影响力。新兴媒体具有广泛性、快捷性、精准性的优势，利用这些优势可以让信用知识的普及和宣传工作不仅在国内得到认可，也使信用文化在国际间得到交流和碰撞。利用新媒体技术推广信用文化，具体可采取以下举措。

第一，加强对宣传内容的转化创新。建议有关部门联合高校，充分利用多媒体的视听属性和社会性，将晦涩难懂的征信知识、法律条款转化为公众更容易接受的短视频、漫画等，让公众在消遣娱乐的同时吸收接纳信用文化和征信知识。权威部门也应该建立知名度高且权威性强的网站。例如，中国人民银行建立了“信用中国”官方网页，各省市积极响应并建立专属本省的信用门户网站。此类网站不仅为个人和企业征信查询提供了便利，并且实时

更新公布失信守信名单以及针对具体个人和企业信用奖惩措施，在一定程度上也做到了对征信知识和信用文化的普及。

第二，网站利用新颖的形式实时发布与信用文化相关的知识宣传以及更新各个省份社会信用体系建设取得的重大进展等。例如，2019 年 6 月全球 30 多个国家在北京共同成立了“一带一路”经济信息共享网络，由我国新华社倡议发起，以“新华丝路”信息平台为基础，推动了各国之间信息互联互通，减少了传播成本，促进参与各方实现互利共赢。再比如，每年的 6 月 14 日是我国“信用记录关爱日”，在这一天各地政府和非政府组织通过微信和手机短信等多种方式向群众宣传信用文化知识，并组织各式各样的信用或诚信主题活动，受到了广大群众的欢迎。

第三，深入调研各个区域之间信用文化的异同并进行针对性宣传。通过开展对信用版块短视频实时流量的监控，可以根据不同需求利用算法推送特色信用知识。另外，通过开展网上问卷调查、开设官方政务微博、建立微信公共平台等方式，及时了解企业和个人对于跨境征信以及不同国家信用文化的认知水平。由此开设丝路经济带信用文化、普及微博或微信公众平台等，向群众普及各国信用知识以及跨境征信的相关信息。

2. 消费信用促进信用文化发展

相关研究显示，在新闻、广告以及其他传播形式对于信用消费政策、信用消费文化的宣传推广中，大众传媒是普通群众获取信用消费相关信息最主要的渠道。新闻媒体对于扩大信用消费传播效应以及构建消费信用文化都起着关键的作用。

在丝路经济带信用文化的传播过程中，信用消费文化作为其中一部分，可以借助大众传媒的力量，在各个征信主权国家进行传播。由于各个国家发展层次不一，征信体系建设完善程度也各不相同，因此，本国新闻媒体应通过联合各国央行及征信企业，与其他国家就信用文化进行对比，向普通大众普及不同的信用知识与信用文化，为建立丝绸之路经济带征信体系提供精神食粮。

3. 企业活动助力信用文化传播

欧美发达国家发展征信行业的历史已经超过了 100 多年，根据世界银行的一项调查，在20世纪60年代以前，只有7个国家建立了市场化的征信机构，到现在，已经有几十个国家建立了市场化的征信机构。但是在竞争激烈的市场化进程中，存活到现在并且具有一定影响力的只有少数几家征信机构。这些征信机构通过一系列商业行为，例如兼并收购、参股等形式使其业务在新兴国家落地，以此使得当地的征信机构在更加激烈的竞争中提高经营标准，促进了当地征信行业的发展以及信用文化的普及。除此之外，也有研究表明跨国非法集资欺诈案例在某些国家与客户的消费信贷风险之间具有一定的关联性，大型跨境征信机构所搜集的个人和企业的信用信息在一定程度上能够帮助其关联信贷银行和保险机构等商业服务机构精准且有效地控制信用风险。

（二）拓展信用文化交流与合作的空间

1. 推动政府间的信用文化交流，共同确定合作发展方向

信用是打造丝绸之路经济带国际商贸合作的诚信基石，丝绸之路经济带征信体系建设需要在良好的信用环境下进行。丝绸之路经济带涉及国家众多，但各国信用环境有所不一，信用文化程度差异较大。例如，我国在2016年进入信用经济时代，个人征信体系建设逐步完善，企业征信机构数量井喷式增长，但其质量参差不齐；其他中亚国家虽然初步建立起本国的社会信用体系，但是由于其市场经济发展缓慢，信用在市场经济中的作用还没有凸显出来，企业和个人的信用意识低下，征信行业大环境不容乐观。因此，发挥丝绸之路经济带征信强国的区位优势，以强带弱，推动各国之间信用文化的交流。要充分发挥信用文化发展程度相对较高的国家在丝绸之路经济带所处的区位优势，加大其对周边发展中国家的扶持力度，借助信用文化的宣传、征信知识普及和信用意识培养，让信用文化跨国界传播。

另外，通过"政府+市场"模式让优秀的征信知识和传统的信用文化走出去，促进周边国家信用文化的建设与信用环境的营造。以我国推动征信体系建设的成果为例，2019年9月，大连市成为我国第二批创建国家社会信用体系建设示范城市，多方联动塑造社会诚信氛围，并在此基础上推动城市信用建设走出国门。

2. 促进民间信用文化交流，营造良好的合作环境

丝绸之路经济带的建设离不开个体的经营活动，而良好的信用意识不仅丰富了个体的精神，而且提高了个体在日常生活和经营活动中的守信授信素质。这不仅为征信行业的发展提供了坚实的精神支柱，而且为整个丝路经济带的发展提供了丰富的精神食粮。对于传统中西方国家来说，各国对信用的侧重点也有所不同。因此，在丝路经济带经贸合作以及人文交流的互融互通中，促进民间文化的交流和传播具有重要的意义。可以从大众传媒路径和旅游路径采取具体措施促进民间信用文化的交流。

从大众传媒方面来说，传播主体可以分为整块时间和碎片时间的信用文化传播，在不同时间段输入不同形式的信用文化，可以更好地让受众在不同模式下有效吸收信用文化。第一，整块时间信用文化的传播以影视剧的传播为主，这种方式即系统地展示一国信用文化的大体框架和发展历程，又体现本土信用文化的细枝末节，观众在剧情中浸入式体验，信用的意识形态也在潜意识中得到扩大传播。第二，利用碎片化时间扩大信用文化的传播力度和影响力度。例如，风靡海外的短视频 APP TIKTOK，被各国广大青年所喜爱，故可以利用类似的短视频平台以及创新性的传播形式增强信用文化的渗透力。

从旅游方面来说，丝绸之路经济带沿线国家具有相当的人口规模，人口红利优势明显，因此，通过旅游渠道传播信用文化不失为一种方式。根据相关统计，包括中国在内，截至 2017 年年底“一带一路”参与国家的总人口达到 46.41 亿人，占世界总人口的 62.35%。但是，其经济发展成果相对于人口规模而言显得微不足道。丝路经济带沿线多为发展中国家，人均 GDP 为 5,372.2 美元，在世界经济整体的发展标准内衡量处于中下水平，与非丝路经济倡议合作国家相比，人均 GDP 仅仅占其人均 GDP 的 30.69%。由此来看，旅游可以作为一种有效的减贫方式发挥重要作用。另一方面，旅游业的发展带动人口和信息的流动，可以将本国的信用文化与旅游文创产业相结合，在产品创意方面接入信用元素，使得信用文化在旅游途径中得以传播。

（三）增强信用文化的国际传播能力

1. 确定文化产业项目，打造信用文化特色品牌

由于信用文化属于意识范畴，其自身需与其他产业相结合。只有将信用文化贯彻到产业发展的方方面面，才能使其在丝路经济带征信发展过程中发挥出其真正的作用。例如，在丝路经济带征信行业发展过程中，文化产业是具有一定的技术含量、知识密集型的新型绿色产业，具有高附加值和投资回报高的特点，并且在丝路经济发展中占据重要的一环。

目前来说，丝绸之路沿线国家由于地域相近，且大多数发展中国家与我国的文化产业发展具有相似性，除了少数沿线发达国家之外，大部分国家的文化产业精品少、产品多，且涉及领域广，但是实际覆盖率较低；在对外文化输出中，尤其在“一带一路”文化建设方面，缺乏有针对性的营销发展策略。因此，应针对多数国家文化产业发展的痛点对症下药，在文化产业的种子期植入信用文化的理念，在发展期培养文化企业的信用意识，在产品设计和生产阶段也要贯彻信用文化的传承。换言之，要促进文化产业信息平台的建设，在创新产业结构和产品设计理念中结合信用文化，在文化产业对外输出的同时带动信用文化的输入，从而扩大信用文化的传播途径和受众群体。

2. 深化信用意识，形成优势互补的先进文化理念

一些学者指出信用文化的动机特点是商业利益，即社会保障最低水平的相反方面——公民在经济膨胀时享受提前消费的机会。这一观念源于欧美发达国家的价值观念。但是，现在亚洲多数国家的信用观念也逐渐趋同，信用文化作为一种价值观念已经从国外输入国内并且被广大消费群体所接受。

信用文化的传播不仅是价值观念的改变，更是很多举措的落实，如各国推进信用合作城市的建设以及国际性信用会议的召开等。例如，2015 年“一带一路”信用产业发展推进会在北京举行，借助中阿博览会的巨大影响力，大力发展信用产业，将多维度、立体化的信用产业链发展模式带入实体企业，并合力打造以信用为先决条件的网络商城，为我国的信用产品和文化打通国际通道，并引进其他国家的优秀信用产品，赢得更广阔的国际市场。

在信用经济的背景之下，个人和企业在丝路经济带经贸活动中产生的良好信用，可以作为一种无形资产享有一定的优先权利，为其在生产经营活动中提供无形的便利。在商业信用方面，西方发达国家已经普遍建立了完善的商业信用模式。但是，丝绸之路沿线国家的商业信用观念远不及欧美国家，主要还是因为亚洲很多地区缺乏信用文化，因此推动信用文化的发展和传播至关重要。丝路沿线国家政府和企业应不遗余力地促成优秀信用文化的交流和引进。

二、强化诚信宣传教育

（一）开展诚信教育活动

道德作为意识形态，对信用环境的建设有着积极的作用。道德作为一种软性约束，与硬性的征信法律制度相比，强调主体的自觉性和自发性；其更偏向于人们的自觉遵守，可以有效降低征信法律的执行成本，与征信法律法规的建设同等重要。加强丝绸之路经济带道德教育、普及信用文化，能够提高丝绸之路经济带各个主体的信用意识、优化整体信用环境，从而可以有效压缩失信违约行为生存的空间。

但是，普及丝绸之路经济带信用文化、加强信用道德教育、营造整体信用氛围不是一蹴而就的，它是一项系统性的文化工程，需要丝绸之路经济带各国联手合作。一方面，要加强丝绸之路经济带道德教育。要使道德教育作为一门必修课覆盖丝绸之路经济带，但基础教育只是道德教育的一个阶段，在初等教育和高等教育阶段同样也要加强信用意识培养，要使道德教育贯穿于整个丝绸之路经济带教育的全过程。只有不断积累和学习信用知识，才能提高丝绸之路经济带整体信用意识，进而营造良好的丝绸之路经济带信用环境和氛围。

（二）培养信用专业高精尖人才

1. 深化信用人才培养，打造扎实稳定的合作基础信用人才是信用社会发展的营养血脉。以我国为例，据中国市场学会的统计，在未来10年内中国至少需要50万信用管理人才。随着丝路经济带经贸合作不断加深，80%的跨境企业合作和50%的境内中小企业都需要建立贯穿企业经营和交易各个环节的信用管理制度，建成内容完备、管理规范和定期归存的企业信用档案。另外，在丝路经济带沿线人文交流愈加紧密以及我国本土化人才国际化的过程中，出现了一些诸如诚信缺失、不遵守国际信用规则等一系列问题，导致近年来国际社会对于中国大学生乃至中国公民的诚信素质的质疑增多。正因为如此，各个国家在培养国家化信用人才的过程中，应该注重培养人才对于国际规则的理解以及认识各个国家信用文化的不同和征信模式发展历程的异同点。在人才培养方面具有大局观，才能更好地服务于丝绸之路跨境征信体系的建设。

丝路经济带合作国家也应不遗余力地从道德意识教育和人才培养抓起，为丝路经济带信用环境注入新鲜血液。例如，在我国2019年2月举办的“一带一路”高峰论坛会议中，中国财政部发布《“一带一路”债务可持续分析框架》中强调，与丝路沿线国家共同提高债务管理水平，促进可持续融资、实现可持续、可包容性增长；中国政府继续实施“丝绸之路”奖学金项目，增加硕士、博士学位奖学金名额等，这些举措都在不遗余力地为丝路经济带建设输入新鲜的信用人才。

2. 提供国际资质考试，统一跨境人才评估标准

信用文化的普及，不仅要靠政府、组织机构等牵头带领，还要上下合力，使人民群众参与其中，共同建设诚信社会。在信用教育方面，各个国家可以联合培养和储备信用人才，为日后建立跨境信用机构和行业自律机制打下坚实的基础。例如，开展信用人才的培训工作，制定信用管理人员职业资格标准等，并举行国际统一考试，提高其含金量和专业程度。除此之外，为各类群体提供公益培训，普及信用知识，为丝路经济带的长远发展提供智力支持。个人诚信教育应着重体现在大学生诚信教育，诚信教育不仅要体现民族性，更要体现世界性，培养具有创新意识、国际思维理念的复合型人才。

3. 鼓励跨境学术交流，实现包容性信用教育

跨境学术交流可以让学生学会用发展的眼光看待诚信教育，汲取不同国

家诚信教育的优点，将不同维度的诚信教育在自我意识之下融合为多元的诚信教育资源。这不仅是对传统诚信文化的一种传承，也在不同意识形态的国家中接受了新的诚信教育，体现了诚信教育与时俱进的特点。

不同意识形态的国家，其诚信教育体系有所不一。例如，在西方发达国家，从孩子有意识起就开始培养其对于诚信的意识，并突出强调诚信的重要性，进而随着其教育接受程度的不断提高而对其进行系统完善的诚信教育。亚洲以发展中国家居多，以我国为例，诚信教育呈现片段化且诚信教育体系不够完善，诚信文化更多的是从意识角度灌输给学生。所以，在高中以上的教育阶段，要充分鼓励跨境学术交流，因为从高中阶段开始，学生会形成自己的一套认知系统并能够进行批判性思考。

除此之外，跨境学术交流可以让学生具备国际视野，掌握国际信用准则。参考国际经济法中国际信用的概念，是指无论是国家、企业、银行、法人或者自然人等不同主体相互之间的金融融通的关系和信用关系。对于与我国发展程度相似的一些发展中国家来说，信用教育加入素质教育和大学教育的时间较晚。我国公民的个人信用基础数据库于 2006 年 1 月建成，并且大部分学生由于脱产信息不公开的原因被排除在外，大学生的诚信度考核也只能在小范围开展，并且教育效果不明显。因此，鼓励开展信用教育多样化学术交流，提升信用教育的水平，为丝路经济带信用人才的储备打下坚实的基础。近些年，“互联网 + 教育”的模式逐步取代了传统的线下教育模式，使得教育的功能最大限度地发挥出来；再结合先进的教育手段，使得各个阶段的学生教育都找到了最合适的途径和方法。在知识互联互通背景下，在大学生的诚信教育方面，借助互联网的便利性和易可得性，汲取并总结国外诚信教育的先进理念和方法，为大学生提供具有国际化水平的诚信教育，并且为信用教育的发展建立更好的平台。

（三）推动企业诚信教育的建设

对于企业的诚信建设，需要从经济路径出发。丝路经济带的发展给各个国家和企业都带来了无限商机，但同时也隐藏着看不见的挑战和风险。从图 4 9 我国进出口贸易额中可以看出，随着丝路经济带贸易往来的逐渐紧密，企业作为经贸合作的主体，其信用体系建设的重要性不言而喻。

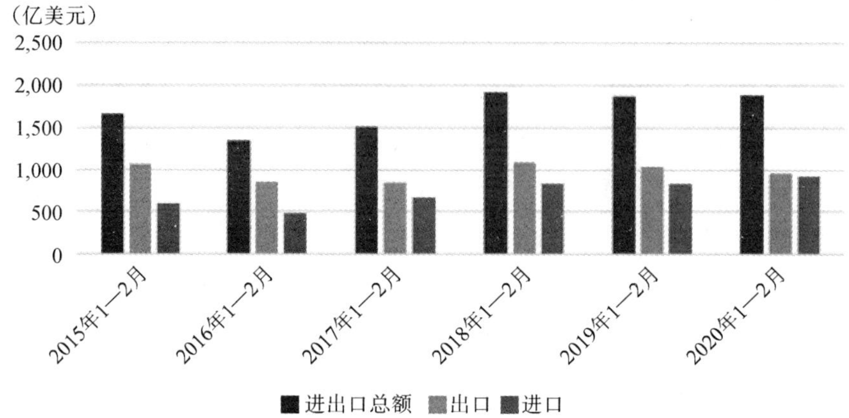

图 4－9　2015 年以来 1—2 月“一带一路”贸易情况

数据来源：根据海关总署网站公开数据整理

1. 推广商业诚信文化深入企业，巩固良好的营商环境

信用文化作为现代企业的隐性资产，更是企业软实力的一种体现。在信用经济时代，信用文化更是一种商誉资产的体现。因此，如果企业缺乏信用文化，意味着其在一定程度上会失去市场；而一个信用良好的企业，其抵抗风险能力与其信用评级程度呈正比。因此，随着企业评级制度在世界范围内的广泛实行，发展中国家的企业信誉也会受到评级影响，以此可以看出信用对于企业来说无疑是很重要的筹码和约束条件。

以我国企业的信用体系建设进程为例，从 40 余年的发展经验中不难看出，融资问题已经成为企业发展的桎梏，其中信用风险是关键。例如，三鹿乳业、长生生物因为产品质量问题破产和退市；拼多多因为其不当的竞争行为遭到来自互联网的口诛笔伐。我国已经在国际贸易中因为企业信用问题跌倒过一次，而在丝路经济带倡议这一发展机会面前，绝对不能因为同样的问题而影响我国的经济发展。

这些问题追根溯源是企业一味追求发展速度、市场份额等硬性指标，从而忽略了商业诚信文化的建设。因此，企业加强商业诚信文化建设，不但能够积累良好的企业信誉，还能在信用评级中获得优良的等级，对企业之后的融资大有裨益。企业信用已经越来越成为企业在市场中等效于审计报告的“健康体检报告”（信用评级的效果在一定程度上优于审计报告，审计报告只反映企业的财务状况），只有诚实守信，企业才能获得客户、供应商以及投资方的认可，从而为企业未来的生存发展铺平道路。

2. 建立企业守信联合奖惩机制，维护信用大环境的稳定

由跨境征信监管机构对参与跨境经济活动的企业信用作出评价并建立红黑榜，并与各个会员国家制定联合奖惩机制。这种机制的存在既需要大量的数据作为支持，同时也可以在各个监管机构之间共享信用信息数据，从而形成一个有海量信用信息数据的数据池，再依托迅猛发展的数据科学，违约行为将会无处遁形，潜在的失信者也将越来越难有藏身之地。与此同时，信用评级优秀的经济个体将会登上信用红榜，在发展前进的道路上一路绿灯。

建立信用联合奖惩机制的目的是改善营商环境、提升社会信用状况。各个区域与各国政府应齐心协力，进一步扩大信息收集范围，拉长信息收集的时间，打通各个机构、各个部门之间的信息壁垒，将其之间的数据孤岛联结起来形成信息网络。同时推动各行业监管机构协同作业，共同加强信用联合奖惩机制的建设与维护，将信用优良的个体收拢在信用的“护城河”之内；拦截信用低劣的经济个体于对岸，力争在全社会营造“知信、用信、守信”的良好氛围。

3. 开展企业员工诚信教育，推进在意识层面达成共识

商业诚信文化深入企业、政府与市场，对企业信用的监督绝不应该仅仅停留在对企业的所有者以及管理层的影响与监督上，而是应该从上到下深入到对企业每一个员工的诚信意识培养上。诚信作为一种道德品质，企业很难通过制定具体的标准去对员工进行量化考核，只能通过长期的、持续的诚信教育来培养员工的诚信意识，这对于企业的所有者和管理者来说并非易事。对企业员工的诚信教育应从以下三个维度展开。

第一，明确奖惩机制。无论是对于企业还是具体的某一个员工，奖惩机制显然有很好的矫正作用。从经济学的角度来分析，个体之所以会作出违约或者失信的行为，显然是因为这种行为给个体所带来的收益大于履约或者守信行为所带来的收益。管理者需要关注企业中每一个员工所处的环境可能出

现的这种“失信缝隙”，从而在奖惩机制中进行补偿，从源头上对不诚信行为进行封堵。

第二，提供更适合员工的工作岗位。鉴于大部分中小企业提供的岗位及薪资只能满足人的基本需求，但是根据马斯洛的需求层次理论，人追逐的最终需求是自我价值的实现，因此员工在满足其基本的生存需求之后会进一步追求尊重与自我实现。从事不合适岗位的员工会对工作产生厌烦情绪，从而有可能作出不尽职或者违反劳动合同条款等失信行为；而从事适合自己岗位的员工，会让自己的效用最大化，不仅能实现自我价值，而且对公司的忠诚度较高。

第三，管理者需起到表率作用。在企业中，领导的行事风格会对雇员产生较大的影响，企业中宝贵的企业家精神及其优良的管理经验和标准的行政职业能力往往将经营做到大于预期的效果，而管理者往往又处于商业诚信文化深入企业教育的前线，更应该以身作则，通过自身的影响力持续地培育员工的诚信意识。

附录

附录 1　2020 年 7 月中阿论坛第九届部长级会议
附录 2　中哈双边贸易统计
附录 3　南非国内生产总值（GDP）及其增长率
附录 4　中国与南非双边贸易统计
附录 5　重庆出台的征信方面法规政策表
附录 6　四川出台的征信方面法规政策表
附录 7　我国对“一带一路”国家贸易和投资合作趋势
附录 8　中国对外货物进出口总额
附录 9　中国对外承包工程合同金额（2010—2016 年）
附录 10　西部五省（区）获得外商投资企业投资总额（2012—2016 年）
附录 11　西北五省（区）外贸依存度对比表（2010—2017 年）
附录 12　2018 年甘肃省兰州新区出台的企业扶持优惠政策
附录 13　西北五省（区）出台的征信方面法规政策表
附录 14　西北五省（区）联合成立“丝绸之路文化遗产保护工匠联盟”
附录 15　新丝绸之路经济带产业联合会《长安宣言》
附录 16　第二届“一带一路”国际智库峰会《北京宣言》
附录 17　“一带一路”跨境电商物流合作联盟《兰州宣言》
附录 18　“一带一路”建设思想的发展历程
附录 19　第二届“一带一路”国际合作高峰论坛成果清单

附录1　2020年7月中阿论坛第九届部长级会议

2020年7月6日，中国—阿拉伯国家合作论坛第九届部长级会议通过视频连线的方式召开。会议由中华人民共和国国务院委员兼外交部长王毅和约旦外交大臣萨法迪共同主持。会议除发表《中国和阿拉伯国家团结抗击新冠肺炎疫情联合声明》外，还通过了《中国—阿拉伯国家合作论坛第九届部长级会议安曼宣言》（以下简称《安曼宣言》）、《中国—阿拉伯国家合作论坛2020年至2022年行动执行计划》（以下简称《行动执行计划》）。

一、《安曼宣言》表达了双方进一步深化中阿关系的愿望，阐述了双方共同秉持的国际关系基本原则。关于进一步深化中阿关系，双方积极评价2018年7月10日在北京成功召开的中阿论坛第八届部长级会议，并再次赞赏中国国家主席习近平提出的共建“一带一路”倡议及其为互利合作带来的广阔前景，一致认为双方应在中阿共建“一带一路”框架下进一步共商、共建、共享。双方还强调应进一步加强“全面合作、共同发展、面向未来的中阿战略伙伴关系”，实现发展和互利共赢，努力携手打造面向新时代的中阿命运共同体，为推动构建人类命运共同体作出贡献。

二、《行动执行计划》明确了2020年至2022年双方各领域合作需要和规划。强调应继续加强论坛机制建设，保持包括论坛部长级会议、高官会、高管级战略政治对话在内的现有合作机制和日常联络渠道，进一步加强多领域合作。

资料来源：《人民日报》2020年7月8日版

附录2　中哈双边贸易统计

单位：亿美元

年份	进出口额	中方出口	中方进口	差额
2013	285	125.0	160.0	-35.0
2014	224.2	127.1	97.1	30.0
2015	143	84.4	58.6	25.8
2016	130.93	82.89	48.04	34.85
2017	180	116.43	63.57	53.86

资料来源：中国海关

附录3　南非国内生产总值（GDP）及其增长率

年份	市场价格 GDP/亿兰特	实际 GDP 年增长率/%
2013	29, 732	2. 5
2014	30, 281	1. 8
2015	30, 668	1. 3
2016	30, 842	0. 6
2017	31, 249	1. 3

资料来源：“一带一路”官网

附录4 中国与南非双边贸易统计

年份	进出口/亿美元	同比/%	中国出口/亿美元	同比/%	中国进口/亿美元	同比/%
2013	651.5	8.6	168.3	9.8	483.2	8.2
2014	602.9	-7.6	157.0	-6.7	445.9	-7
2015	460.4	-23.6	158.6	1	301.8	-32.3
2016	353.4	-23.2	128.5	-19	224.9	-25.4
2017	391.7	11.7	148.2	15.3	243.5	9.5

资料来源：中国海关

附录5　重庆出台的征信方面法规政策表

时间	征信相关政策法规及来源
2019	重庆市文化和旅游发展委员会关于实施旅游服务质量提升计划的通知
	重庆市人民政府办公厅《关于印发重庆市个人信用体系建设工作方案的通知》
	重庆市人民政府办公厅《关于开展中小企业商业价值信用贷款改革试点工作的通知》
2018	重庆市发展和改革委员会关于遴选“个人信用评价与应用”课题研究单位的通知
	南岸区社会信用体系建设联席会议办公室关于印发《重庆市南岸区公共信用信息目录(2018年版)》的通知
	重庆市人民政府关于印发重庆市开展市场准入负面清单制度改革试点总体方案的通知
	重庆市渝北区公共信用信息目录（2018年版）
	关于印发《“信用九龙坡”平台公共信用信息目录（2018年版)》的通知
	重庆市社会信用体系建设联席会议办公室关于印发《重庆市公共信用信息目录（2018年版)》的通知
	重庆市人民政府办公厅关于推进重大建设项目批准和实施领域及公共资源配置领域政府信息公开的实施意见
	重庆市璧山区发展和改革委员会关于做好公共信用信息归集共享工作的通知
2017	重庆市农业委员会办公室关于在委内行政管理事项中查询“红黑名单”等信用记录并实施守信激励和失信惩戒工作的通知
	重庆市人力资源和社会保障局关于印发《重庆市用人单位劳动保障违法行为失信惩戒办法》的通知
	重庆市城乡建设委员会办公室关于在行政管理事务中查询“红黑名单”等信用信息并实施守信激励和失信惩戒工作的通知
	重庆市文化委员会重庆市文化市场行政执法总队关于印发重庆市文化市场红名单管理办法（试行）的通知
	重庆市质量技术监督局工业企业质量信用等级评价管理试行办法

续表

时间	征信相关政策法规及来源
2017	重庆市规划局关于在行政管理事项中查询“红黑名单”等信用信息并实施守信激励和失信惩戒工作的通知
	重庆市农业委员会办公室关于建立农资和农产品生产经营主体信用档案的通知
	重庆市人民政府办公厅关于加强市级政府投资项目统筹管理的意见
	重庆市人民政府办公厅关于进一步推进“多证合一”改革的实施意见
	重庆市人民政府办公厅关于印发重庆市市级高新技术产业开发区认定和管理办法（修订）的通知
	重庆市人民政府办公厅关于印发重庆市政府网站管理办法的通知
	关于印发重庆市企业环境信用评价办法的通知
	重庆市人民政府关于向中国（重庆）自由贸易试验区下放市级行政审批等管理事项的决定
	重庆市税收征管保障办法
	重庆市人民政府办公厅关于优化行政审批流程促进行政审批提质增效的通知
	重庆市人民政府办公厅关于贯彻落实新形势下加强打击侵犯知识产权和制售假冒伪劣商品工作意见任务分工的通知
	重庆市人民政府办公厅关于印发重庆市创新跨境电子商务监管服务工作方案的通知
	重庆市人民政府办公厅转发市文化委市财政局引导城乡居民扩大文化消费试点工作实施意见的通知
	重庆市人民政府办公厅关于印发重庆市整顿规范房地产开发销售中介行为专项工作方案的通知
	重庆市人民政府关于建立完善守信联合激励和失信联合惩戒制度加快推进社会诚信建设的实施意见
	重庆市人民政府关于修订《重庆市关于开展对部分个人住房征收房产税改革试点的暂行办法》和《重庆市个人住房房产税征收管理实施细则》的决定
	重庆市人民政府关于印发重庆市内陆开放高地建设“十三五”规划的通知
	重庆市人民政府关于印发重庆市加快推进“互联网+政务服务”工作方案的通知
	重庆市人民政府关于印发重庆市建设国内重要功能性金融中心“十三五”规划的通知
	重庆市人民政府办公厅关于进一步规范国有资金投资项目招标投标活动的通知

续表

时间	征信相关政策法规及来源
2016	重庆市企业信用信息管理办法
	重庆市人民政府关于促进外贸回稳向好的实施意见
	重庆市人民政府办公厅关于贯彻落实国务院降低实体经济企业成本工作方案任务分工的通知
	重庆市人民政府办公厅关于加强和改进行政应诉工作的实施意见
	重庆市人民政府办公厅关于印发重庆市创建国家食品安全示范城市实施方案的通知
	重庆市人民政府办公厅关于加强地方政府债务管理的通知
	重庆市人民政府办公厅转发市发展改革委市政府法制办关于做好《重庆市招标投标条例》贯彻实施工作意见的通知
	重庆市人民政府办公厅关于做好国家企业信用信息公示系统先行建设工作的通知
	合川区公共信用信息目录（2016 年版）
2015	严重违法失信企业名单管理暂行办法
	重庆市环境保护局关于印发重庆市企业环境保护行为信用等级评价暂行办法（修订）的通知
	重庆市交通委员会关于印发重庆市公路设计企业信用评价实施细则的通知
	重庆市建筑施工企业诚信综合评价体系企业质量行为评价标准
	重庆市企业法人法定代表人任职资格信用修复暂行办法
	重庆市人民政府办公厅关于加快推进全市社会信用体系建设的意见
	重庆市食品药品监督管理局保健食品经营信用等级分类管理制度（试行）
	重庆市人民政府办公厅关于印发重庆市贯彻落实社会信用体系建设规划纲要（2014—2020 年）工作任务分工的通知

资料来源：信用重庆

附录6　四川出台的征信方面法规政策表

时间	征信相关政策法规及来源
2019	四川省内江市发展和改革委员会　内江市人力资源和社会保障局　关于贯彻落实《关于对拖欠农民工工资“黑名单”进行联合惩戒的通知》的通知
	阿坝州印发《阿坝州农村及旅游文化产业信用体系建设提升实施方案》
	资阳市人民政府关于加强政务诚信建设的实施意见
	资阳市人民政府办公室关于全面放开养老服务市场提升养老服务质量的实施意见
	资阳市诚信“红黑名单”发布工作方案
	泸州市印发《关于加强个人诚信体系建设实施意见》
2018	构建可持续的农村地区信用重建机制——人行广元中支等九部门联合下发《关于创新机制扎实推进我市农村地区信用救助工作的实施意见》
	绵阳市《关于加强政务诚信建设实施意见》
	绵阳市《加强个人诚信体系建设实施方案》
	资阳市发展和改革委员会印发《全市石油天然气输送管道建设安全生产诚信体系建设实施方案》
	资阳市发展和改革委员会印发《粮食行业安全生产诚信体系建设实施方案》
	广元市个人诚信体系建设实施方案
	宜宾市工程建设施工企业信用评价管理办法（试行）
	四川省关于印发加强个人诚信体系建设实施方案的通知
	四川省人民政府关于加强政务诚信建设的实施意见
	四川省财政性资金管理使用领域失信“黑名单”联合惩戒实施办法（试行）（送审稿）
	四川省建立完善守信联合激励和失信联合惩戒制度加快推进社会诚信建设实施方案
	四川省国土资源厅关于印发四川省政府投资地质灾害防治项目建设市场主体信用评价管理暂行办法
	绵阳市建筑行业“黑名单”管理办法
	四川省人民政府办公厅关于印发2018年全省政务信息系统整合共享工作重点任务的通知

续表

时间	征信相关政策法规及来源
2017	四川省人民政府办公厅关于印发四川省 2017 年食品安全重点工作安排的通知
	四川省农业厅关于印发 2017 年全省农资打假专项治理行动实施的通知
	四川成都企业年度检验办法
	四川省人民政府关于印发四川省社会信用体系建设规划（2014—2020 年）的通知
	四川成都市产品质量监督条例
2016	成都市中介机构信用信息管理规定
	四川成都市发展计划委员会关于成都市企业信用信息系统项目建议书的批复
	交通运输部关于加强交通运输行业信用体系建设的若干意见
	四川省国家税务局、四川省地方税务局、四川省工商行政管理局关于转发国家税务总局、国家工商行政管理总局关于工商登记信息和税务登记信息交换与共享问题的通知
	四川成都市企业信用信息收集和公布管理规定
	成都市企业信用信息管理办法

资料来源：信用中国（四川）

附录7　我国对“一带一路”国家贸易和投资合作趋势

单位：%

年份	中国外贸增长率	中国与“一带一路”国家贸易增长率
2013	7.56	7.86
2014	3.39	6.55
2015	-8.10	-9.97
2016	-6.32	-6.51
2017	7.45	13.45

资料来源：海关总署

附录8　中国对外货物进出口总额

单位：亿元人民币

年份	进出口总额	出口总额	进口总额
2012	244, 160. 2	129, 359. 3	114, 801
2013	258, 168. 9	137, 131. 4	121, 037. 5
2014	264, 241. 77	143, 883. 74	120, 358. 02
2015	245, 502. 93	141, 166. 83	104, 336. 1
2016	243, 386. 46	138, 419. 29	104, 967. 16
2017	277, 922. 99	153, 320. 57	124, 602. 42

资料来源：海关总署

附录9 中国对外承包工程合同金额（2010—2016年）

年份	对外承包工程合同金额/亿美元	对外承包工程完成营业额/万美元	对外劳务合作派出劳务人数/人
2010	1, 343. 67	9, 217, 000	186, 800
2011	1, 423. 32	10, 342, 400	209, 065
2012	1, 565. 29	11, 659, 697	278, 380
2013	1, 716. 29	13, 714, 273	255, 674
2014	1, 917. 56	14, 241, 066	292, 570
2015	2, 100. 74	15, 407, 423	276, 800
2016	2, 440. 10	15, 941, 749	264, 009

资料来源：中国“一带一路”网

附录10　西北五省（区）获得外商投资企业投资总额（2012—2016年）

单位：百万美元

年份	陕西省	甘肃省	青海省	宁夏回族自治区	新疆维吾尔自治区
2012	31, 130	6, 979	2, 829	3, 098	6, 655
2013	36, 629	6, 510	2, 981	3, 537	6, 453
2014	44, 734	6, 764	3, 095	5, 164	7, 586
2015	51, 571	7, 657	7, 396	8, 972	8, 518
2016	56, 081	7, 529	7, 527	8, 707	9, 666

资料来源：中国“一带一路”网

附录 11　西北五省（区）外贸依存度对比表（2010—2017 年）

年份	陕西省	新疆维吾尔自治区	甘肃省	宁夏回族自治区	青海省
2010	12.0%	31.5%	18.0%	11.6%	5.8%
2011	11.7%	34.5%	17.4%	10.9%	5.5%
2012	10.2%	33.5%	15.8%	9.5%	6.1%
2013	12.4%	32.6%	16.2%	12.5%	6.6%
2014	15.5%	29.8%	12.6%	19.7%	7.5%
2015	16.9%	21.1%	11.7%	12.8%	8.0%
2016	15.4%	18.3%	9.5%	10.3%	5.9%
2017	18.4%	18.9%	6.5%	14.6%	2.5%

资料来源：根据国家统计局资料整理所得

注：外贸依存度可以衡量一个国家或地区的对外开放程度，反映某个省份或国家经济对进出口贸易依赖程度。一般外贸依存度可以表示为外贸出口额与国内生产总值之比

附录12　2018年甘肃省兰州新区出台的企业扶持优惠政策

项目	奖励、优惠及补贴细则
投资奖励	固定资产投资起点为2,000万元人民币，投资强度最低200万元/亩，其工业土地价格为1类用地16万元/亩（配套完善区域）；2类工业用地15万元/亩（配套较为完善区域）；代征用地价格为13.9万元/亩。
税收优惠	新区纳税企业年纳税总额在200万元以内的，每50万元给予企业1个奖励个人缴纳所得税60%的名额；200万元以上的，以5个名额为基数（1个奖励个人所得税100%的名额，两个奖励个人所得税60%的名额，两个奖励个人所得税30%的名额），每200万元为1档倍数递增。
科技创新奖励	国家级工程技术研发中心和重点实验室，给予100万元奖励； 省级工程技术研发中心和重点实验室，给予50万元奖励； 国家级检测中心，开展工作时间达到3个月的，给予50万元奖励；省级检测中心，开展工作时间达到3个月的，给予20万元奖励。
住房、社保补贴	对新区引进的两院院士、千人计划专家、万人计划专家、长江学者，免费提供不低于200平方米的住房。

资料来源：每月甘肃网

附录13 西北五省（区）出台的征信方面法规政策表

时间	相关政策法规及来源
2011年以前	陕西省公共信用信息条例
2013年	关于在行政管理事项中使用信用记录和信用报告的实施意见
	关于在商务领域行政管理事项中使用信用记录综合信用等级和信用报告的实施方案
	关于加快推进社会信用资源整合共享工作的通知
2014年	陕西省人民政府关于落实《企业信息公示暂行条例》促进企业诚信建设的实施意见
	青海省社会信用体系建设规划（2014—2020年）
2015年	陕西省发展和改革委员会关于印发《全省发展改革系统在行政管理事项中使用信用记录和信用报告的实施方案（试行）》的通知
	陕西省人民政府办公厅关于运用大数据加强对市场主体服务和监管的实施意见
	陕西省发展和改革委员会关于印发《关于做好行政许可和行政处罚等信用信息公示工作的实施方案》的通知
	陕西省精神文明建设指导委员会关于深入推进“诚信陕西”建设的实施意见
	甘肃省人民政府办公厅印发《甘肃省2015年社会信用体系建设重点工作任务的通知》
	宁夏回族自治区社会信用体系建设规划（2015—2020年）
	宁夏回族自治区人民政府办公厅发布《宁夏回族自治区公共信用信息指导目录》
	青海省社会信用体系建设规划（2014—2020年）
	青海省人民政府办公厅关于印发《青海省社会信用体系建设规划（2014—2020年）任务分工》和《青海省社会信用体系建设两年重点工作任务（2015—2016年）》的通知
2016年	陕西省人民政府办公厅关于印发企业信息互联共享管理暂行办法的通知
	陕西省人民政府关于“先照后证”改革后加强事中事后监管的实施意见
	陕西省人民政府办公厅关于印发《陕西省推广随机抽查规范事中事后监管工作实施方案》的通知
	陕西省人民政府关于建立完善守信联合激励和失信联合惩戒制度加快推进社会诚信建设的实施意见

续表

时间	相关政策法规及来源
2016 年	陕西省违法失信“黑名单”信息共享和联合惩戒办法
	陕西省人民政府办公厅关于印发陕西省推进“五证合一、一照一码”登记制度改革工作实施方案的通知
	陕西省发展和改革委员会关于印发《全省发展改革系统落实违法失信“黑名单”信息共享和联合惩戒制度的实施方案》的通知
	陕西省精神文明建设指导委员会关于印发《陕西省重点领域失信“黑名单”发布制度》的通知
	陕西省人民政府办公厅关于印发政府部门涉企信息统一归集公示工作实施方案的通知
	甘肃省人民政府办公厅印发《甘肃省“十三五”社会信用体系建设规划》
	甘肃省企业质量信用等级评价管理办法
	省政府印发《甘肃省建立完善守信联合激励和失信联合惩戒制度加快推进社会诚信建设的实施方案》
	宁夏社会信用体系建设 2015—2017 年重点任务及分工
	宁夏回族自治区公共信用信息管理暂行办法
2017 年	陕西省人民政府关于印发 省“十三五”社会信用体系建设规划的通知
	陕西省企业信用监督管理办法
	陕西省发展和改革委员会 中国人民银行西安分行关于印发《陕西省企业综合信用等级评价管理细则（试行）》的通知
	关于印发《陕西省诚信典型选树和联合激励办法（试行）》的通知
	陕西省发展和改革委员会关于印发《陕西省市场主体信用承诺工作指引》的通知
	陕西省发展和改革委员会 中国人民银行 西安分行关于印发《陕西省守信联合激励和失信联合惩戒工作指引》的通知
	陕西省政务诚信评价办法（试行）
	甘肃省加快推进失信被执行人信用监督、警示和惩戒机制建设的实施意见
	甘肃省省级科技计划（专项、基金等）严重失信行为记录规定（试行）
	宁夏回族自治区人民政府印发《关于加快推进个人诚信体系建设实施方案》
	银川市用人单位劳动保障守法诚信等级评价实施细则
	银川市卫生计生行业诚信“红黑名单”制度
	青海省人民政府关于青海省加强政务诚信建设的实施意见
	青海省委办公厅　省政府办公厅《关于加快推进失信被执行人信用监督、警示和惩戒机制建设的实施意见》的通知

续表

时间	相关政策法规及来源
2017 年	青海省《全面加强电子商务领域诚信建设的实施意见》
	新疆维吾尔自治区企业信用信息公示实施办法
2019 年	新疆维吾尔自治区社会信用信息管理暂行办法

附录 14 西北五省（区）联合成立“丝绸之路文化遗产保护工匠联盟”

2020 年 6 月 9 日，陕西、甘肃、青海、宁夏、新疆西北五省（区）文物局共同支持建立的全国首家“丝绸之路文化遗产保护工匠联盟”在陕西韩城宣布成立。这一联盟旨在通过资源的整合配置，坚持创新性发展，形成文物保护修复与传统工艺合作长效机制，构建起集传统工匠联盟、传统工艺研究、文物保护修复项目实施于一体的区域性合作平台，立足中国、服务丝路、面向世界。

丝绸之路是目前全世界体量最大、分布最广的线性世界文化遗产。做好丝绸之路文化遗产保护，对于传承中华优秀传统文化、坚定文化自信、服务丝绸之路经济带建设意义重大。

“丝绸之路文化遗产保护工匠联盟”是由丝路沿线省、自治区文物局及直属系统文博单位、社会文物保护企业、民间文物保护相关传统技术传承人和知名工匠等共同成立的，为丝绸之路文物保护事业、传承发展传统技艺服务的区域性技术合作组织。这一联盟的成立，对于推动我国区域性文物保护高技能人才队伍建设具有里程碑意义。

联盟成立后，每年由一个省（区）轮流牵头组织联盟活动。今后，联盟将坚持“创新、协调、绿色、开放、共享”的理念，聚合相关领域传统工匠的资源和力量，通力协作，互惠共赢，在技艺研究、人才培养、工匠认证、成果交流等方面开展全方位的交流与合作，共同创建专业性、科学性、规范性的文化遗产保护平台，共同致力于人类文化遗产的保护、传承、利用，更好地传承中华文明、讲好中国故事。

附录 15　新丝绸之路经济带产业联合会《长安宣言》

2013 年 9 月 7 日，中国国家领导人在哈萨克斯坦阿斯塔纳纳扎尔巴耶夫大学发表演讲，提出共建“丝绸之路经济带”战略构想，得到相关国家、经济体以及国际组织和个人的高度认同和广泛响应。为促进新丝绸之路经济带的经济合作，共建共享繁荣成果，陕西长河实业有限公司首倡并联合达成共识的组织和个人共同发起“新丝绸之路经济带产业联合会”（以下简称联合会），在古丝绸之路的起点长安，发布以下宣言：

一、联合会是关注新丝绸之路经济带产业发展的组织和个人，自愿联合、共同发起的跨界别、跨行业、跨地区的非营利性的经济合作组织。

二、共同发起组织和个人享有永久性发起理事的荣誉；联合会会址设在陕西省西安市；联合会联络机构设在北京。

三、联合会旨在促进和深化新丝绸之路经济带产业发展；为政界、商界、学界、媒体领袖、青年群体、社会公众提供共商新丝绸之路经济带产业发展的战略对话平台；通过联合会与各界建立的工作网络为成员与成员之间、成员与非成员之间日益扩大的经济合作提供全方位服务，促进新丝绸之路经济带产业的繁荣发展。

四、联合会基于以上宗旨将促进以下业务发展：

（一）召开联合会年会、研讨会以及其他会议，发布新丝绸之路经济带发展年度报告，讨论新丝绸之路经济带产业发展的重大议题；

（二）提出行业性、地区性或全球性的倡议，促进和加强政界、商界、学界、媒体领袖、青年群体、社会公众之间在新丝绸之路经济带的合作；

（三）跟踪研究影响新丝绸之路经济带产业发展的政策动向与市场动态，甄别可能影响新丝绸之路经济带产业发展的各种问题，收集和发布相关信息，突显新丝绸之路经济带产业合作机会；

（四）通过联合会建立的工作网络，增进行业、区域内外组织和个人相互之间分享理论、管理技术和经验，独立或合作开展有助于实现联合会宗旨的信息、人才、资本、技术、管理、项目、研究等方面的交流与合作，为成员提供全方位服务；

（五）创建具有全球影响力的新丝绸之路经济带产业研究中心，为成员提供高端、前沿、全面、权威的智库支持与咨询服务；

（六）促进有助于实现联合会宗旨的其他业务发展。

附录16 第二届“一带一路”国际智库峰会《北京宣言》

2017年5月13日，第二届“一带一路”国际智库峰会暨第四届金砖国家经济智库论坛在清华大学苏世民书院举行。来自金砖五国的顶尖学者，以及欧洲、墨西哥等国家和地区的重要嘉宾代表，就金砖机制建设所要应对的挑战、探求务实合作的新手段新途径、金砖机制建设前景、金砖国家发展战略与“一带一路”倡议的协同性等展开深入的对话，并共同发起旨在促进金砖国家更好协同发展的《北京宣言》，呼吁金砖国家参与“一带一路”建设发展，建议“一带一路”国际合作高峰论坛与金砖国家领导人峰会有一个制度化的对接，让“一带一路”与金砖国家更好协同发展，相互促进。

一、“一带一路”倡议不仅有助于推动区域经济一体化进程，与联合国《2030年可持续发展议程》紧密对接，更将打开全球经济治理的新局面，有助于消除全球经济治理困局的根本症结，加快全球经济再平衡。

二、本轮逆全球化潮流暴露了传统全球化模式存在的深层次问题，特别是目前全球不平等问题和贫富差距问题。与会专家学者认为，全球化的趋势总体不会逆转，但不可否认的是全球化逆转的风险仍然存在。“一带一路”倡议本着“共商共建”“共赢共享”“包容开放”理念，将是新型全球化的主要平台。

三、“一带一路”倡议涉及亚洲、中东等诸多国家和地区，很多国家和地区在国家（地区）治理体系和治理能力现代化建设方面相对薄弱，深刻制约着区域的经济社会发展。“一带一路”国家和地区应加强在国家（地区）治理体系和治理能力现代化方面的交流与合作，可以推广“一带一路”部分国家以及金砖国家在国家治理体系和治理能力现代化建设方面的经验，以供区域国家和地区借鉴，不断在这一区域探索并构建切实科学可行的体制机制，不断完善国家（地区）现代化治理体系建设，从制度上保障这一地区未来的可持续健康发展。

四、“一带一路”区域应加强金融安全网络建设，不断增强地区经济金融联系和金融市场的韧性，增强本地区抵御外部金融危机冲击的能力。相关国家和地区应加强金融微观审慎监管合作，加强宏观经济政策对话以及构建多层次区域金融合作平台。

五、建议中国成立“一带一路”国际开发署，加强对外投资的产业布局、战略布局和国别投资布局的顶层设计，带动民间投资，鼓励中资企业之间建立良性的合作关系，为海外中资企业提供优质、高效的服务支持工作。

六、与会专家学者注意到“一带一路”倡议与沿线许多国家经济发展战略有协同性，建议沿线各国更加紧密合作，让各国战略与“一带一路”倡议有机对接，相关论坛、交流应长期化、制度化，特别是“一带一路”国际合作高峰论坛应该长期、制度化办下去。

附录 17 “一带一路”跨境电商物流合作联盟《兰州宣言》

我们——来自“丝绸之路经济带”和“21 世纪海上丝绸之路”沿线城市及企业、社会组织的代表，在“探寻经济增长新渠道，开创地区合作新模式”主题的引领下，共同出席了由兰州市人民政府发起的“一带一路”跨境电商物流合作联盟首次会议。本着“平等、合作、共建、共享、互助、互惠”的原则，我们一致同意将本次会议成果作为“兰州宣言”正式发表，以表达我们共建“丝绸之路经济带”的强烈愿望，推动“一带一路”国家间跨境自由贸易往来与交流合作的坚定信心！

为此，我们共同倡议：

1. 建立城市协同合作发展机制

建立以跨境电商物流为主要协作目标的城市电商物流联建、联通、联动发展机制，通过共商、共建、共享，促进“一带一路”城市在跨境电商物流空间布局、产业协作、交通网络、物流基础设施等方面的协调联动发展，强化资源整合，深化区域合作，携手推动更大范围、更高水平、更深层次的大开放、大合作、大发展。

2. 建立跨境电商物流运输网络

以扩大开放、规模效益为原则，推进“一带一路”沿线城市间跨境电商物流大通道基础设施建设，完善城际间交通网络建设，综合提升互通互联的城市铁路、公路、航空、信息服务功能，推进建立统一的全程运输协调机制，协同创造适宜跨境电商物流发展的顺畅衔接的网络体系，激发释放合作活力。

3. 优化跨境电商物流发展环境

促进“一带一路”沿线国家城市在跨境电商物流方面的经验交流，协同推进有利于跨境电商物流及上下游发展的环境和氛围，注重沿线城市发展战略对接。共同推动完善物流供应链条的形成，推动集合运输与快递分拨配送，积极参与国际市场竞争。

4. 推动跨境电商物流联合规划

协调和整合“一带一路”国家城市的区位和资源优势，建立跨区域的跨境电商物流园区、电商服务平台，实现各方产品、电商平台、物流企业的充分集纳和有效对接，形成服务“一带一路”区域内各方的跨境电商物流体系，实现资源共享、信息共享、成果共享。

5. 强化骨干企业带动作用

在联盟区域内，按照区位优势、经济规模和有利条件，重点支持节点城市形成以跨境电商为主导的商贸物流中心；重点吸纳一批积极参与商品跨境流通的平台企业、物流企业加入联盟，帮助其成为跨境商贸流通的生力军，更好地促进联盟内电商物流企业的发展，推动联盟内商品的自由流动。

6. 建立跨境电商人才培养机制

按照跨境电商及物流产业发展规划，协同推动区域内物流技术、物流人才交流合作与培养，探索共同培养市场急需物流人才的机制，建立适宜跨境电商及物流产业发展的管理人才库及人才培训体系，定期召开以产业为导向的学术研讨会，交流、推广跨境电商贸易发展的前沿技能，实现人才的信息共享、互为流通。

7. 建立跨境电商物流行业统一标准

积极倡议建立跨境电商物流行业统一标准，为不同产业形态之间的合作提供基础。每年定期举行城市间交流会议，及时借鉴和调整相关政策，为跨境电商贸易提供政策支持，充分发挥联盟平台的传导、辐射效应。

新思路、新愿景、新希望。让我们精诚合作、相向而行，为“一带一路”建设筑路建桥，共同开创区域跨境电商物流发展的新未来！

附录18 “一带一路”建设思想的发展历程

丝绸之路经济带（“一带”）这一倡议是由中国国家主席习近平于2013年9月7日在哈萨克斯坦纳扎尔巴耶夫大学发表演讲时首次提出的，其同随后10月习近平主席访问东盟国家时提出的21世纪“海上丝绸之路”共同构成了新时期中国的陆海两翼倡议，即“一带一路”。同年11月，这一倡议被作为构建中国开放型经济新体制的一部分正式写入中国共产党十八届三中全会关于全面深化改革若干重大问题的决定。2015年3月28日，由中国三部委（国家发展改革委、外交部和商务部）联合发布的《推动共建丝绸之路经济带与21世纪海上丝绸之路的愿景与行动》（后文简称《愿景与行动》）标志着中国“一带一路”开始从倡议正式向实实在在的行动转化。经过7年多的努力，这一倡议已从最初大量对外宣传的认识强化阶段迈向了目前具体的实施推进阶段，并已收获一定早期成效。截至2020年9月，中国已同全球138个国家和30个国际组织签署了“一带一路”合作协议，一大批实体合作项目正紧锣密鼓地开展中。此外，在2017年10月举行的中共十九大闭幕后，“一带一路”建设还被正式写入了中国共产党党章，这也进一步凸显了中国对这一倡议建设的高度重视以及坚定推进这一区域国际合作的决心与信心，“一带一路”已成为中国未来对外发展的重要方向。

习近平“一带一路”建设思想的发展历程分为萌芽期（2013年4月—2013年9月）、形成期（2013年9月—2014年12月）。在2015年举办的亚洲博鳌论坛上，中国发改委、外交部、商务部共同颁布的《推动共建丝绸之路经济带和21世纪海上丝绸之路的愿景与行动》，标志着“一带一路”建设思想的正式形成。2015年至今，习近平“一带一路”建设思想深化发展，不断完善。

截至2015年11月，中国和其他沿线各国的双边贸易量为8，203.93亿美元，我国企业对这些国家的投资数量也上升到了131.7亿美元，增幅为

36.7%，而其他各国对于我国的投资量达到了64.9亿美元，增幅为14%。

2016年1月，亚洲基础设施投资银行正式成立。习近平致辞表示，希望其他各国能和中国一起，乘坐“顺风车”，共同发展经济。对于亚洲基础设施投资银行的运营中国将会给予一臂之力，从而促使其尽快运营，进一步推动“一带一路”建设。2016年4月，习近平在首都义务植树活动中指出，绿化是全人类都应该担负起的责任，要从各方面打造绿色中国，而且应利用“一带一路”建设多边合作体系，在合作的基础上开展绿化工程，缓解生态压力，建设“绿色丝绸之路”，更好地解决气候变暖等问题，为保护环境出一份力。2016年4月，习近平在中共中央政治局第三十一次集体学习中指出，对于“一带一路”建设不能只考虑本国的经济、文化等各个方面的发展，而是要借此机会，让其他各国能够借着我国发展的机会，实现本国经济的快速发展。也就是说，要给予其他各国一定的帮助，以实现共同发展；确立准确的义利观，以义为先，关注长远的发展。

2016年9月，习近平在二十国集团工商峰会上指出，可以为其他国家供应一定量的公共产品。“一带一路”建设通过中国经济的迅速发展带动其他各国家发展，从而实现共同发展。目前，相关建设已经取得较为丰硕的成果，海上丝绸之路也在不断地进行发展和建设。2016年10月，习近平在同金砖国家领导人与“环孟加拉湾多领域经济技术合作倡议”成员国领导人的对话会中指出，一方面应该积极推进“一带一路”建设，另一方面也要将“环孟加拉湾多领域经济技术合作倡议”的规划与其完美地融合在一起，从而提高发展水平，达到共同发展这一目的。2016年11月，习近平在第二十四次领导人非正式会议上指出，中国方面会进一步为“一带一路”建设作出努力，同时推动亚太互联互通事业，有效推动基础设施建设，愿意发展各个方面的合作，达到合作共赢，形成协同效应。

2017年1月，习近平会见吉尔吉斯斯坦总统阿塔姆巴耶夫时指出，应该将“一带一路”建设和欧亚经济联盟完美融合在一起。在近期的发展当中，双方一起建设“一带一路”已取得初步成效。在下一步的发展当中，应进一步促进基础设施完善，实现产能投资合作，在经济、教育、科技、旅游等方面建立良好的合作模式。2017年1月，习近平在与瑞士主席洛伊特哈德进行会晤的过程中指出，应有效促进各个国家间的合作供应，通过投资建设亚洲基础设施投资银行共同促进“一带一路”建设。2017 年 3 月 5 日，习近平在参加十二届全国人大五次会议上海代表团审议中指出，要努力把上海自由贸易试验区建设成为开放和创新一体的综合改革试验区，成为服务国家“一带一路”建设、推动市场主体走出去的桥头堡。

在 2017 年 5 月举办的“一带一路”国际合作高峰论坛开幕式上习近平提到，目前我国的整体发展正面临新契机，在这种情况下应该进一步推进各项改革政策，进一步推动“一带一路”建设。2017 年 6 月，习近平在《哈萨克斯坦真理报》发表了《为中哈关系插上梦想的翅膀》一文。文中写到，正逢中哈建立外交关系 25 年，在这期间两国一直保持着良好的合作关系。两国将继续这种友好的合作关系，加强“一带一路”合作，实现战略的完美对接，推动“一带一路”国际合作高峰论坛成果的实现。2017 年 6 月，习近平参加上海合作组织成员国元首理事会第十七次会议并发表讲话，提出中国同各国应从巩固团结协作、携手应对挑战、深化务实合作、拉紧人文纽带和坚持开放包容五方面应对国际和地区形势的深刻复杂变化，强化命运共同体意识，建设安全稳定、发展繁荣的共同家园。2017 年 11 月，首届丝绸之路沿线民间组织合作网络论坛在北京开幕，标志着“一带一路”建设落实到实处，取得了显著效果。习近平发表讲话表示民间组织在这其中起到了重要的作用，应构建沿线民间组织合作网络，从而推动各个国家的交流与发展。

2018 年是贯彻落实党的十九大精神的开局之年，也是改革开放 40 周年和“一带一路”提出倡议的 5 周年。在 2018 年“一带一路”知识产权高级别会议上习近平强调，知识产权制度对促进共建“一带一路”具有重要作用。中国坚定不移地实行严格的知识产权保护，依法保护所有知识产权，营造良好的营商环境和创新环境。

2018 年，习主席出访多个“一带一路”沿线国家，提出了重要的思想观点，得到了一些国家的广泛支持和积极响应。2018 年 7 月，习主席在南非媒体发表署名文章，提出加强两国发展战略对接，发挥好双边、中非合作论坛、“一带一路”、金砖国家合作等机制和平台效应，不断深化两国产能、资源能源、基础设施建设、金融、旅游、数字经济等重点领域合作。在访问卢旺达期间，习近平表示中方欢迎卢旺达方面积极参与共建“一带一路”国际合作，鼓励中国企业赴卢旺达投资兴业，助力推动卢旺达工业化和现代化的进程。

2018 年 11 月 16 日，在巴布亚新几内亚，习近平主席说，巴新地处 21 世纪海上丝绸之路自然延伸，是太平洋岛国地区首个同中方签署共建“一带一路”合作协议的国家。12 月 2 日，在阿根廷，习近平主席提出，双方要以未来 5 年两国政府共同行动计划为纲领，在共建“一带一路”框架内加强沟通和合作，对接两国发展规划，统筹推进各层次各领域交流合作。1 天后，在巴拿马，习近平提到，双方政治互信日益深化，以共建“一带一路”为牵引，各领域交往合作快速发展，成效显著。

2019 年，“一带一路”向世界铺展合作共赢新画卷。3 月，习近平对意大利进行国事访问，中意双方签署了中意政府间关于共同推进“一带一路”建设的谅解备忘录。意大利成为首个签署这一协议的“七国集团（G7）”国家。2019 年“一带一路”建设取得的成绩如下：

一是贸易往来持续扩大。2019 年全年中国与“一带一路”沿线国家货物贸易超过 1.3 万亿美元，增长达到 6%，占对外贸易总额比重提升了 2 个百分点，达到 29.4%。贸易通道更加畅通，中欧班列全年开行 8,225 列，增长 29%，累计开行超过 2.1 万列，通达欧洲大陆 18 个国家、57 个城市；陆海新通道建设进程加快，中国与新加坡启动编制陆海新通道建设双边合作规划，西部 12 个省区市与海南、广东湛江共同签署了合作文件。

二是投资合作不断深化。全年对沿线国家非金融类直接投资 150.4 亿美元，占比进一步提高；完成对外承包工程营业额 979.8 亿美元，增长 9.7%，占对外承包工程总额的 56.7%。同时，沿线国家企业也积极来华投资兴业，2019 年在华新设企业 5,591 家，增长 24.8%，直接投资 84.2 亿美元，增长 30.6%。

三是项目和园区建设稳步推进。中老铁路、埃及铁路等一批重大项目取得积极进展，缅甸皎漂特别经济区深水港项目扎实推进，中巴“两大”公路（喀喇昆仑公路、白沙瓦至卡拉奇高速公路）建设顺利推进，中俄同江、黑河大桥合龙，中尼樟木—柯达里口岸恢复通关，阿联酋哈利法港运营。中国企业在沿线国家建设的一批境外经贸合作区也取得积极进展，累计投资 350

亿美元，上缴东道国税费超过30亿美元，为当地创造就业岗位32万个。

四是自贸区建设取得重要突破。区域全面经济合作伙伴（RCEP）15个成员国整体上结束谈判。首次采取负面清单方式开展中韩自贸区服务投资二阶段谈判和中日韩自贸区谈判。结束了与新西兰的自贸协定升级谈判，推动与巴基斯坦自贸协定第二阶段议定书的签署并生效。与东盟、新加坡、智利的自贸区升级议定书生效。

五是合作平台不断拓展。中国国际进口博览会“越办越好”，第二届进博会成交711亿美元，增长23%，国际采购、投资促进、人文交流、开放合作的平台作用不断显现。虹桥国际经济论坛影响力增大，成功举办首届中非经贸博览会、首届中国—中东欧博览会等大型展会。

六是合作机制更加健全。截至2019年年末，中国与8个国家建立了贸易畅通工作组；与40个国家建立了投资合作工作组：与22个国家建立了电子商务合作机制，与14个国家建立了服务贸易合作机制，与14个国家签署了第三方市场的合作文件。

2020年，虽然受新冠肺炎疫情的影响，“一带一路”进程仍然稳中有序、缓缓前进。1月6日，习近平主席在人民大会堂同基里巴斯总统马茂会谈后，共同见证两国共建“一带一路”讲解备忘录的签署，这标志着中国同所有10个建交的太平洋岛国都签署了共建“一带一路”合作文件。2020年尽管全球贸易受新冠疫情打击，前三季度中国对“一带一路”倡议参与国累计进出口总值仍然增长1.5%，高于中国全球整体进出口增速的0.7%。截至目前，中国政府已先后与138个国家、30个国际组织签署了200份共建“一带一路”合作文件。

通过长期追踪和研究“一带一路”倡议的发展动态，“一带一路”倡议顺应全球化发展趋势，正成为推动全球贸易投资转型发展的关键因素。习近平总书记从理念规划、从原则到方案、从历史到未来等方面对“一带一路”合作倡议做了全面深刻论述。作为新时代中国特色社会主义思想的重要组成部分，“一带一路”倡议具有重大理论与实践价值，不仅描绘了新时代中国改革开放再出发的壮丽前景，也对当今经济全球化和世界发展具有重要意义。

附录 19 第二届“一带一路”国际合作高峰论坛成果清单

第二届“一带一路”国际合作高峰论坛于 2019 年 4 月 25—27 日在北京举行，国家主席习近平出席论坛开幕式并发表主题演讲。在高峰论坛期间举行了开幕式，召开了高级别会议，举办了 12 场分论坛和 1 场企业家大会，有来自 150 多个国家的各界代表参加。4 月 27 日，来自 38 个国家的领导人和联合国、国际货币基金组织负责人举行了领导人圆桌峰会。

在会议开幕式中，中国国家主席习近平针对“一带一路”国际合作给予了 1 个评价；提出“一带一路”在建设过程中需要参与国实行 3 个顺应、7 项主张共同绘制“工笔画”、1 个比喻谈新中国成立 70 年、5 个方面促进中国更高水平对外开放、3 个“有利于”谈中国扩大开放。

习近平主席致辞摘要

3 个顺应	3 个有利于
顺应经济全球化的历史潮流	有利于推动经济高质量发展
顺应全球治理体系变革的时代要求	有利于满足人民对美好生活的向往
顺应各国人民过上更好日子的强烈愿望	有利于世界和平、稳定、发展
7 项主张	5 个方面
我们要秉持共商共建共享原则，倡导多边主义，大家的事大家商量着办	更广领域扩大外资市场准入
我们要坚持开放、绿色、廉洁理念，不搞封闭排他的小圈子	更大力度加强知识产权保护国际合作

续表

我们要努力实现高标准、惠民生、可持续目标，引入各方普遍支持的规则标准。要坚持以人民为中心的发展思想，聚焦消除贫困、增加就业、改善民生	更大规模增加商品和服务进口
我们应该构建全球互联互通伙伴关系，实现共同发展繁荣。建设高质量、可持续、抗风险、价格合理、包容可及的基础设施。商品、资金、技术、人员流通，可以为经济增长提供强劲动力和广阔空间	更加有效实施国际宏观经济政策协调
我们要顺应第四次工业革命发展趋势，共同把握数字化、网络化、智能化发展机遇，共同探索新技术、新业态、新模式，探寻新的增长动能和发展路径，建设数字丝绸之路、创新丝绸之路	更加重视对外开放政策贯彻落实
在共建“一带一路”过程中，要始终从发展的视角看问题，将可持续发展理念融入项目选择、实施、管理的方方面面	1 个评价
我们要积极架设不同文明互学互鉴的桥梁，深入开展教育、科学、文化、体育、旅游、卫生、考古等各领域人文合作，加强议会、政党、民间组织往来，密切妇女、青年、残疾人等群体交流，形成多元互动的人文交流格局	共建“一带一路”不仅为世界各国发展提供了新机遇，也为中国开放发展开辟了新天地

以下论坛成果清单包括中方提出的举措或发起的合作倡议、在高峰论坛期间或前夕签署的多双边合作文件、在高峰论坛框架下建立的多边合作平台、投资类项目及项目清单、融资类项目、中外地方政府和企业开展的合作项目，共 6 大类 283 项。

论坛成果清单表

成果类别	具体项目
中方提出的举措或发起的合作倡议	（一）发布《共建“一带一路”倡议：进展、贡献与展望》。 （二）发布《“一带一路”国际合作高峰论坛咨询委员会政策建议报告》。 （三）中国与有关国家、国际组织以及工商界学术界代表共同发起《廉洁丝绸之路北京倡议》。 （四）中国政府将实施“一带一路”人员出入境便利安排。 （五）中国发展丝路主题的债券，便利境内外主体利用债券市场融资支持“一带一路”倡议。 （六）中国国家开发银行、进出口银行继续设立“一带一路”专项贷款。 （七）中国科技部与有关国家科技创新主管部门共同发布《“创新之路”合作倡议》。 （八）中国政府将继续实施绿色丝路使者计划，未来3年向共建“一带一路”国家环境部门官员提供1,500个培训名额。“一带一路”生态环保大数据服务平台网站正式启动。中国生态环境部成立“一带一路”环境技术交流与转移中心。 （九）中国国家发展改革委和联合国开发计划署、联合国工业发展组织、联合国亚洲及太平洋经济社会委员会共同发起“一带一路”绿色照明行动倡议，与联合国工业发展组织、联合国亚洲及太平洋经济社会委员会、能源基金会共同发起“一带一路”绿色高效制冷行动倡议。 （十）中国财政部发布《“一带一路”债务可持续性分析框架》，与共建“一带一路”国家共同提高债务管理水平，促进可持续融资，实现可持续、包容性增长。 （十一）中国海关总署发起设立“一带一路”海关信息交换和共享平台，与智利、巴基斯坦、新加坡、格鲁吉亚等国家共建原产地电子联网，共享项目信息数据。 （十二）中国国家标准化管理委员会发起建立“一带一路”共建国家标准信息平台，加强与有关国家间的标准信息交换和共享。 （十三）中国政府继续实施“丝绸之路”中国政府奖学金项目，增加硕士、博士学位奖学金名额。 （十四）中国科学院宣布实施“一带一路”硕士生奖学金计划。 （十五）中国将开展“一带一路”共建国家发展经验交流项目，未来5年邀请来自共建“一带一路”国家的政党、政治组织、政要和智库、学者、社会组织等1万名代表来华交流。 （十六）中国科技部宣布实施“一带一路”创新人才交流项目，未来5年支持5,000人次中国及其他“一带一路”共建国家人才开展创新交流合作。

续表

成果类别	具体项目
中方提出的举措或发起的合作倡议	（十七）中国将与共建“一带一路”国家共同实施“一带一路”图书馆合作项目和“一带一路”版权贸易合作计划。 （十八）中国与联合国教科文组织合作发起并设立“丝绸之路青年学者资助计划”项目。 （十九）中国国家发展改革委和联合国儿童基金会共同发起“一带一路”沿线国家“关爱儿童、共享发展，促进可持续发展目标实现”合作倡议。 （二十）中国红十字会继续在巴基斯坦推进中巴急救走廊项目。 （二十一）中国将与有关国家共同实施“一带一路”应对气候变化南南合作计划。 （二十二）中国工商银行发行首支“一带一路”银行间常态化合作机制（BRBR）绿色债券，并与欧洲复兴开发银行、法国东方汇理银行、日本瑞穗银行等 BRBR 机制相关成员共同发布“一带一路”绿色金融指数，深入推动“一带一路”绿色金融合作。 （二十三）中国国家汉办举办“一带一路”共建国家青年学生“汉语桥”夏令营活动。 （二十四）中国将启动第一届“一带一路”法治合作研修项目，与世界银行合办企业廉洁合规经营培训班，举办“一带一路”国家反腐败研修班。 （二十五）中国财政部所属上海国家会计学院将与中亚区域经济合作学院、亚洲开发银行、英国特许公认会计师公会等机构联合启动中国中亚会计精英交流项目。 （二十六）中国 2019 年将举办第二届中国国际进口博览会，并于博览会期间举办全球电子商务高峰论坛。
在高峰论坛期间或前夕签署的多双边合作文件	（一）中国政府与赤道几内亚、利比里亚、卢森堡、牙买加、秘鲁、意大利、巴巴多斯、塞浦路斯、也门等国政府签署共建“一带一路”谅解备忘录。 （二）中国政府和塞尔维亚、吉布提、蒙古国、莫桑比克、埃塞俄比亚、巴布亚新几内亚等国政府以及非盟、联合国人居署、联合国非洲经济委员会签署共建“一带一路”合作规划或行动计划。 （三）中国政府将与哈萨克斯坦政府签署《中哈产能与投资合作规划》。 （四）中国政府与肯尼亚、瑞典、智利政府签署税收协定和议定书。 （五）中国政府与巴基斯坦、利比里亚、尼泊尔、格鲁吉亚、白俄罗斯、亚美尼亚、沙特阿拉伯、老挝、哈萨克斯坦等国政府签署交通运输领域合作文件。 （六）中国政府与老挝、保加利亚、拉脱维亚、萨尔瓦多、巴拿马等国政府签署科学、技术和创新领域的合作协定，与以色列政府签署创新合作行动计划。

续表

成果类别	具体项目
在高峰论坛期间或前夕签署的多双边合作文件	（七）中国政府与尼日尔、巴基斯坦、纳米比亚、尼日利亚、毛里求斯、几内亚6国政府签署文化交流合作文件，将与尼泊尔、罗马尼亚两国政府签署关于防止盗窃、盗掘和非法进出境文化财产的合作文件。 （八）中国外交部与联合国亚洲及太平洋经济社会委员会签署关于推进“一带一路”倡议和2030年可持续发展议程的谅解备忘录。 （九）中国国家发展改革委与匈牙利外交与对外经济部签署关于在“一带一路”双边合作规划框架下共同建立中匈合作促进中心的谅解备忘录，与匈牙利创新和技术部签署关于开展“数字丝绸之路”合作的双边行动计划。 （十）中国国家发展改革委与老挝计划投资部签署中老经济走廊合作文件，与缅甸计划与财政部签署中缅经济走廊合作规划，与印度尼西亚海洋统筹部签署关于区域综合经济走廊建设的合作规划。 （十一）中国国家发展改革委与奥地利数字化和经济事务部，瑞士财政部、经济教育与科研部签署关于开展第三方市场合作的谅解备忘录，与新加坡贸易与工业部签署关于加强第三方市场合作实施框架的谅解备忘录。 （十二）中国国家发展改革委与欧盟欧委会发布关于开展中欧基于铁路的综合运输通道研究联合声明。 （十三）中国国家发展改革委与希腊经济发展部签署中国—希腊重要领域三年合作计划（2020—2022年）。 （十四）中国国家发展改革委（“一带一路”建设促进中心）与德国西门子股份公司签署围绕共建“一带一路”加强合作的谅解备忘录。 （十五）中国农业农村部与孟加拉国农业部、柬埔寨农林渔业部、缅甸农业部、尼泊尔农业部、巴基斯坦食品与农业部、菲律宾农业部、泰国农业部、斯里兰卡农业部、越南农业和农村发展部发布《促进“一带一路”合作　共同推动建立农药产品质量标准的合作意向声明》。 （十六）中国、白俄罗斯、德国、哈萨克斯坦、蒙古国、波兰、俄罗斯7国铁路部签署《中欧班列运输联合工作组议事规则》。 （十七）中国交通运输部与国际劳工组织签署《关于通过“21世纪海上丝绸之路”倡议推动〈2006年海事劳工公约〉有效实施的合作谅解备忘录》。中国国家邮政局与伊朗邮政局、匈牙利国际发展部、巴基斯坦邮政局签署《响应“一带一路”倡议加强邮政和快递领域合作的谅解备忘录》。

续表

成果类别	具体项目
在高峰论坛期间或前夕签署的多双边合作文件	（十八）中国人力资源社会保障部与国际劳工组织签署"一带一路"框架下南南合作的谅解备忘录。 （十九）中国应急管理部与国际劳工组织签署关于在"一带一路"框架下开展安全生产领域南南合作的谅解备忘录。 （二十）中国国家监委与菲律宾、泰国反腐败机构签署合作谅解备忘录。 （二十一）中国人民银行与欧洲复兴开发银行签署加强第三方市场投融资合作谅解备忘录。 （二十二）中国商务部与联合国开发计划署签署在埃塞俄比亚、斯里兰卡的可再生能源三方合作项目协议，与越南工贸部签署关于设立贸易畅通工作组的谅解备忘录，与捷克工贸部签署关于相互设立贸易促进机构的备忘录，与智利外交部签署关于建立贸易救济合作机制的谅解备忘录。 （二十三）中国商务部与缅甸投资和对外经济关系部签署关于编制中缅经贸合作五年发展规划的谅解备忘录，与越南工贸部签署关于2019—2023年合作计划的谅解备忘录。 （二十四）中国财政部与日本国金融厅、日本国注册会计审计监管委员会，马来西亚证券监督委员会签署审计监管合作文件，加强跨境审计监管合作。 （二十五）中国银保监会与亚美尼亚中央银行、塞尔维亚国家银行、格鲁吉亚国家银行、哈萨克斯坦阿斯塔纳金融服务局、毛里求斯银行、马来西亚纳闽金融服务局等国金融监管当局签署监管合作谅解备忘录。 （二十六）中国科技部与奥地利交通、创新和技术部，日本国文部科学省，墨西哥能源部，以色列外交部国际合作署，希腊教育、研究与宗教事务部，新西兰商业、创新与就业部签署科技创新领域的合作文件，与乌兹别克斯坦科学技术署、乌拉圭教育文化部、南非科技部、以色列科技部、马耳他科学技术理事会、印尼研究技术与高等教育部签署成立联合研究中心、联合实验室的合作文件。 （二十七）中国工业和信息化部与匈牙利创新和技术部，巴西科技、创新和通信部，智利交通通信部，卢旺达信息通信技术和创新部签署工业和信息通信领域的合作文件。 （二十八）中国海关总署与联合国工业发展组织、柬埔寨海关与消费税总署签署海关检验检疫合作文件，与俄罗斯海关署、哈萨克斯坦财政部、白俄罗斯国家海关委员会、蒙古国海关总局签署关于"经认证的经营者"（AEO）互认合作相关文件。

续表

成果类别	具体项目
在高峰论坛期间或前夕签署的多双边合作文件	（二十九）中国国家能源局与芬兰经济事务和就业部、保加利亚能源部签署能源领域合作文件。 （三十）中国国家航天局与联合国外空司签署关于“一带一路”空间信息走廊合作意向的宣言。 （三十一）中国国家开发银行与安哥拉财政部、白俄罗斯财政部签署关于开展授信合作的协议文件。 （三十二）中国进出口银行与国际电信联盟签署关于加强“一带一路”倡议项下数字领域合作以促进联合国2030年可持续发展议程的谅解备忘录。 （三十三）中国进出口银行与瑞穗银行、渣打银行等同业机构签署“一带一路”项下第三方市场合作协议。 （三十四）中国水利部、国家标准化管理委员会与联合国工业发展组织签署关于协同合作推进小水电国际标准的合作谅解备忘录。 （三十五）中国国家标准化管理委员会与沙特阿拉伯国家标准化机构签署技术合作协议的行动计划（2019—2021）。中俄民机标准协调工作组共同签署中俄民机标准互认目录。中国国家认证认可监督管理委员会与联合国亚洲及太平洋经济社会委员会、意大利农业机械化委员会签署协议备忘录。 （三十六）中国国家广播电视总局与阿拉伯国家广播联盟签署关于共建“一带一路”的合作框架协议。 （三十七）中国国务院发展研究中心与丝路国际智库网络54家国际成员和伙伴共同通过《关于推进丝路国际智库网络发展的三年工作计划（2019—2021）》。 （三十八）中国民间组织国际交流促进会将发起实施“丝路一家亲”行动，未来两年将推动沿线国家社会组织建立500对合作伙伴关系，在沿线发展中国家开展200项民生合作项目。 （三十九）世界旅游城市联合会与西非旅游组织签署合作框架协议。 （四十）更新海上丝路指数体系，发布16+1贸易指数（CCTI）和宁波港口指数（NPI）。 （四十一）中国与俄罗斯开展国际铁路联运“一单制”金融结算融资规则试点。 （四十二）中国与联合国南南合作办公室、南南合作金融中心共同成立“空中丝绸之路南南合作伙伴联盟”，签署合作协议。

续表

成果类别	具体项目
在高峰论坛框架下建立的多边合作平台	（一）中国与埃及、斯里兰卡、阿联酋、拉脱维亚、斯洛文尼亚、比利时、西班牙、斐济、意大利、荷兰、丹麦、罗马尼亚、新加坡13个国家33个政府交通和海关等机构，重要港口企业、港务管理局和码头运营商的代表共同成立“海上丝绸之路”港口合作机制，并发布《海丝港口合作宁波倡议》。 （二）中国与英国、法国、新加坡、巴基斯坦、阿联酋、中国香港等有关国家和地区主要金融机构共同签署《“一带一路”绿色投资原则》。 （三）中国财政部联合亚洲基础设施投资银行、亚洲开发银行、拉美开发银行、欧洲复兴开发银行、欧洲投资银行、泛美开发银行、国际农业发展基金、世界银行集团成立多边开发融资合作中心。 （四）中国国家发展改革委与联合国开发计划署共同发起“一带一路”创新发展平台建设项目，授权开发银行以项目项下的“一带一路”创新发展中心名义执行。 （五）中国与俄罗斯、巴基斯坦、蒙古国、老挝、尼泊尔、新西兰、沙特阿拉伯、叙利亚、越南等国家会计准则制定机构共同建立“一带一路”会计准则合作机制并发起《“一带一路”国家关于加强会计准则合作的倡议》。 （六）中国国家税务总局与哈萨克斯坦财政部国家收入委员会等有关国家（地区）税务主管当局召开首届“一带一路”税收征管合作论坛，签署《“一带一路”税收征管合作机制谅解备忘录》，建立“一带一路”税收征管合作机制。 （七）中国生态环境部与安哥拉、亚美尼亚、柬埔寨、古巴、爱沙尼亚、埃塞俄比亚、芬兰、冈比亚、危地马拉、伊朗、以色列、意大利、肯尼亚、老挝、马尔代夫、毛里求斯、蒙古国、缅甸、尼日尔、巴基斯坦、俄罗斯、新加坡、斯洛伐克、多哥、阿联酋25个国家环境部门，以及联合国环境署、联合国工业发展组织、联合国欧洲经济委员会等国际组织，研究机构和企业共同启动“一带一路”绿色发展国际联盟。 （八）中国国家知识产权局与俄罗斯联邦知识产权局、巴基斯坦知识产权组织、老挝科技部、新加坡知识产权局、波兰专利局、匈牙利知识产权局、马来西亚知识产权局、泰国商务部知识产权厅等49个共建“一带一路”国家的知识产权机构共同发布《关于进一步推进“一带一路”国家知识产权务实合作的联合声明》。 （九）中国与阿尔及利亚、阿塞拜疆、阿富汗、玻利维亚、赤道几内亚、伊拉克、科威特、老挝、马耳他、缅甸、尼泊尔、尼日尔、巴基斯坦、苏丹、塔吉克斯坦、土耳其、委内瑞拉、冈比亚、佛得角、刚果（布）、蒙古国、苏里南、汤加、柬埔寨、乍得、塞尔维亚、吉尔吉斯斯坦、匈牙利28个国家建立“一带一路”能源合作伙伴关系。

续表

成果类别	具体项目
在高峰论坛框架下建立的多边合作平台	（十）中国国家发展改革委（城市和小城镇中心）与联合国人居署、世界卫生组织、世界城市和地方政府组织亚太区、欧洲城市联盟、能源基金会等机构共建“一带一路”可持续城市联盟。 （十一）中国国际贸易促进委员会、中国国际商会与欧盟、意大利、新加坡、俄罗斯、比利时、墨西哥、马来西亚、波兰、保加利亚、缅甸等30多个国家和地区的商协会、法律服务机构等共同发起成立国际商事争端预防与解决组织。 （十二）中国地震局与亚美尼亚、蒙古国、俄罗斯、巴基斯坦、哈萨克斯坦、亚洲地震委员会、非洲地震委员会等13个国家和国际组织共同成立“一带一路”地震减灾合作机制。 （十三）中国海关总署倡议实施“海关—铁路运营商推动中欧班列安全和快速通关伙伴合作计划”（简称“关铁通”）。 （十四）中国国家开发银行成立中国—拉美开发性金融合作机制。 （十五）中国联合国教科文组织全国委员会与联合国教科文组织合作举办“一带一路”青年创意与遗产论坛，并发布《长沙倡议》。 （十六）中国科学院与联合国教科文组织、比利时皇家海外科学院、保加利亚科学院、智利大学、哈萨克斯坦科学院、吉尔吉斯斯坦科学院、奥克兰大学、巴基斯坦科学院、俄罗斯科学院、斯里兰卡佩拉德尼亚大学、泰国科技发展署、欧洲科学与艺术院等37家共建“一带一路”国家的科研机构和国际组织共同发起成立“一带一路”国际科学组织联盟。 （十七）中国国家博物馆与俄罗斯、英国、意大利、阿塞拜疆、埃塞俄比亚等33个国家和地区的157家博物馆或研究所共同成立丝绸之路国际博物馆联盟，并签署《丝绸之路国际博物馆联盟展览合作框架协议》。 （十八）中国国家图书馆与蒙古国、新加坡、文莱、塔吉克斯坦等26个国家和地区的图书馆共同成立丝绸之路国际图书馆联盟，并通过《丝绸之路国际图书馆联盟成都倡议》。 （十九）中国上海国际艺术节与克罗地亚、保加利亚、摩洛哥、沙特阿拉伯等40个国家和地区的159个艺术节和机构共同成立丝绸之路国际艺术节联盟，并发布《2018丝绸之路国际艺术节联盟合作计划》。 （二十）中国对外文化集团有限公司与俄罗斯、欧盟、日本、菲律宾等37个国家和地区的106家剧院、文化机构共同成立丝绸之路国际剧院联盟，并通过《丝绸之路国际剧院联盟共同发展倡议》。

续表

成果类别	具体项目
在高峰论坛框架下建立的多边合作平台	（二十一）中国美术馆与俄罗斯、韩国、希腊、白俄罗斯、哈萨克斯坦、越南、斯里兰卡、乌克兰、立陶宛、保加利亚、孟加拉国、匈牙利、土耳其、摩尔多瓦、亚美尼亚、波兰等18个国家的21家美术馆和重点美术机构共同成立丝绸之路国际美术馆联盟。 （二十二）中国有关智库与哈萨克斯坦纳扎尔巴耶夫大学、印尼战略与国际问题研究中心、保加利亚“一带一路”全国联合会、非洲经济转型中心、新加坡国立大学东亚研究所、韩国“一带一路”研究院、俄罗斯瓦尔代俱乐部、美国哈佛大学艾什中心等智库共同发起成立“一带一路”国际智库合作委员会。 （二十三）中国与有关国家（地区）出版商、学术机构和专业团体共同建立“一带一路”共建国家出版合作体，与有关国家共同组建“一带一路”纪录片学术共同体。人民日报社与有关国家媒体共同建设“一带一路”新闻合作联盟，评选国际传播“丝路”奖。 （二十四）新华社与波兰通讯社、意大利克拉斯集团、俄罗斯国际文传电讯社、阿塞拜疆通讯社等32家机构共同成立“一带一路”经济信息网络。 （二十五）中国与联合国开发计划署共同开展“一带一路”可持续投资促进中心项目，并在埃塞俄比亚等国进行试点。 （二十六）中国科学院启动实施“丝路环境专项”，与沿线各国科学家携手研究绿色丝绸之路建设路径和方案。 （二十七）中国人民银行与国际货币基金组织合作建立的中国—基金组织联合能力建设中心与欧洲复兴开发银行就共同加强共建“一带一路”国家货币当局能力建设达成共识，双方并在基金组织维也纳联合学院举行首次联合培训班。中国工商银行在“一带一路”银行间常态化合作机制下为共建“一带一路”国家成员机构开展经济政策培训。中国银行开展“一带一路”国际金融交流合作研修班。
投资类项目及项目清单、融资类项目	（一）中国国家发展改革委与哈萨克斯坦、埃及、莫桑比克、柬埔寨、老挝、菲律宾等国有关部门签署产能与投资合作重点项目清单，与乌干达有关部门签署产能合作框架协议。 （二）中国国家发展改革委与法国财政总署签署中法第三方市场合作示范清单（第三轮）。 （三）中国国家发展改革委与捷克共和国工业和贸易部签署中捷合作优先推进项目清单（第二轮）。

续表

成果类别	具体项目
投资类项目及项目清单、融资类项目	（四）中国国家发展改革委与缅甸计划与财政部签署中缅经济走廊早期收获项目清单。 （五）中国国家发展改革委与泰国交通部、老挝公共工程与运输部签署政府间合作建设廊开—万象铁路连接线的合作备忘录。 （六）中国交通建设集团有限公司与马来西亚投资促进局签署关于加强东海岸铁路产业园、基础设施、物流中心以及沿线开发合作的谅解备忘录。 （七）中国中铁股份有限公司向缅甸交通与通信部递交木姐至曼德勒铁路项目可行性研究报告（技术部分）。 （八）中国丝路基金与沙特国际电力和水务公司、中国长江三峡集团有限公司和国际金融公司、美国通用电气公司、新加坡盛裕控股集团建立联合投资平台。 （九）中国丝路基金与欧洲投资基金、法国投资机构 Trial 设立共同投资基金，参与美国 KKR 全球影响力基金、美国华平金融基金、非洲基础设施投资基金三期。 （十）中国丝路基金投资阿联酋迪拜光热电站、哈萨克斯坦阿斯塔纳国际交易所、乌兹别克斯坦撒马尔罕国际会展文旅项目和油气合作项目、亚马尔液化天然气项目，与亚投行合作开展阿曼宽带公司贷款项目。 （十一）中国投资有限责任公司与有关国家和企业共同发起新型双边基金，包括中美制造业合作基金、中日产业合作基金、中意产业合作基金、中法产业合作基金。 （十二）中国光大集团与有关国家金融机构联合发起设立“一带一路”绿色投资基金。 （十三）中国投资有限责任公司投资欧洲物流资产、中东欧伙伴基金第五期、新加坡樟宜机场投资平台、同江大桥、越南南定电厂、亚太地区可再生能源项目等项目。 （十四）中国国际金融股份有限公司与莫斯科交易所签署战略合作备忘录，协助哈萨克斯坦国家原子能工业公司完成伦交所全球存托凭证发行上市。 （十五）中国再保险集团与葡萄牙忠诚保险集团签署服务“一带一路”建设商业合作谅解备忘录。 （十六）中国国家开发银行与科威特丝绸城和布比延岛开发机构签署《“丝绸城和五岛”开发建设咨询合作的谅解备忘录》。 （十七）中国出口信用保险公司与地中海航运公司、法国巴黎银行签署战略合作框架协议。 （一）中国国家开发银行与柬埔寨、哈萨克斯坦、土耳其等国有关机构签署公路、矿产、电力等领域项目贷款协议，与白俄罗斯银行、智利智定银行、斯里兰卡人民银行签署融资合作协议。

续表

成果类别	具体项目
投资类项目及项目清单、融资类项目	（二）中国中非发展基金与北汽福田汽车股份有限公司等机构签署福田非洲汽车投资协议。 （三）中国进出口银行与塞尔维亚财政部、柬埔寨经济财政部、哈萨克斯坦国家公路公司签署公路项目贷款协议，与孟加拉国财政部签署桥梁、管道项目贷款协议，与阿根廷财政部、几内亚经济与财政部签署电力项目贷款协议，与玻利维亚发展规划部签署铁矿钢铁厂项目贷款协议，与埃及交通部、尼日利亚财政部签署铁路项目贷款协议，与卡塔尔 ALKhalij 商业银行、巴拿马环球银行签署流动资金项目贷款协议。 （四）中国进出口银行与瑞士信贷银行合作为尼日利亚 MTN 电信项目提供银团贷款，与韩国进出口银行、意大利外贸保险公司、法国贸易信用保险公司等合作为莫桑比克液化天然气项目提供银团贷款。
中外地方政府和企业开展的合作项目	在塞尔维亚投资建设中塞友好工业园区项目，在阿联酋开展中阿（联酋）产能合作示范园产业及科技合作项目，在柬埔寨开展西港特区产业升级及社会发展合作项目，在塔吉克斯坦投资建设中泰新丝路塔吉克斯坦农业纺织产业园项目，在塞内加尔建设加穆尼亚久工业园区二期项目，缅甸曼德勒市政交通基础设施提升改造项目，在阿联酋投资建设“一带一路”迪拜站物流商贸综合体项目，收购塔塔钢铁公司在新加坡、泰国等东南亚国家工厂项目，在辽宁盘锦与沙特阿美建设精细化工及原料工程项目，在巴基斯坦投资塔尔煤田一区块煤电一体化项目，在塞尔维亚投资建设年产 1，362 万条高性能子午线轮胎项目，在尼泊尔新建年产 150 万吨水泥熟料生产线项目，在印度尼西亚开展红土镍矿生产电池级镍化学品（硫酸镍晶体）（5 万吨镍/年）项目，在沙特投资建设石油化工化纤一体化项目，在肯尼亚开展健康医疗诊断集成项目，在乌兹别克斯坦投资建设中乌（兹别克斯坦）医药城项目。

资料来源：新华网

推进“一带一路”建设工作领导小组办公室 2019 年 4 月 22 日发表《共建“一带一路”倡议：进展、贡献与展望》报告。

报告目录表

一、进展	二、贡献	三、展望
（一）政策沟通	（一）共商：从中国倡议到全球共识	（一）和平之路
（二）设施联通	（二）共建：共同打造和谐家园	（二）繁荣之路

续表

一、进展	二、贡献	三、展望
（三）贸易畅通	（三）共享：让所有参与方获得实实在在的好处	（三）开放之路
（四）资金融通	（四）愿景：构建人类命运共同体	（四）绿色之路
（五）民心相通		（五）创新之路
（六）产业合作		（六）文明之路
		（七）廉洁之路

资料来源：新华网

后　记

2013年9月和10月，中国国家主席习近平先后提出共建“丝绸之路经济带”和“21世纪海上丝绸之路”（“一带一路”）的重要倡议，得到国际社会高度关注和有关国家积极响应。截至2020年1月底，已有138个国家、30个国际组织同中国签署了200份共建“一带一路”合作文件，“一带一路”沿线国家正在形成互联互通的新格局。但值得注意的是丝绸之路经济带沿线地区经济金融环境复杂、地缘政治形势多变、发达经济体与欠发达经济体并存，存在各式矛盾与风险。在此情形下推进经济合作，既要尊重现实差异，又要创新合作理念，解决最现实的问题。伴随着征信数据跨境流动的日益普遍，如何促进丝绸之路经济带沿线国家更加繁荣互惠的发展以及带动经济一体化，良好的信用环境便成为保证各种贸易顺利进行的基础条件。开展丝绸之路经济带征信体系建设，既能极大地促进这种信用环境的良性发展，又能激发丝绸之路经济带的巨大潜力，还能成为防范风险的有效手段。为深入分析丝绸之路经济带征信体系建设的战略背景与战略意义，通过全面梳理征信体系建设的理论框架，加强对丝绸之路经济带沿线国家典型区域及国内沿线各省区市征信体系建设与发展的借鉴研究，从而为丝绸之路经济带征信体系建设提出战略构想，我们组织编写了《丝绸之路经济带与征信体系建设》一书。全书大纲由黄萍教授制定，协同相关人员分工研究并成书。

参与本专著撰写的分工情况如下：第一章：黄萍（兰州财经大学金融学院）。第二章：第一节一、第三节，康维义（兰州财经大学金融学院）；第一节二、第二节，马英（中国建设银行兰州电力支行）。第三章：第一节，袁菁（中国邮政储蓄银行汉中市分行）；第二节一、二，康维义；第二节三、四，马英。第四章：第一节、第二节，黄萍、高珲远（四川大学数学学院）；第三节，梁凤鸣（兰州财经大学金融学院）、王南忠（兰州银行城关支行）；第四节，梁凤鸣；附录：袁菁。在各位作者初稿的基础上，由黄萍统稿并进行加工润色。

本专著仅是对丝绸之路经济带与征信体系建设一些重要问题的认识和思考，谬误难免，敬请广大读者批评指正。在本书写作过程中，作者参考了学术界已有的相关研究成果，专著的出版也凝结了中国财政经济出版社、兰州财经大学丝绸之路经济研究院及中国西北金融研究中心相关人员的支持与协助，在此一并诚致谢意！

黄萍

2020年9月于兰州

参考文献

［1］王伟．中国互联网金融征信的二维思考——基于经济学与法学视角［J］．哈尔滨工业大学学报（社会科学版），2017，19（06）：50－55.

［2］周泽超．宁夏丝绸之路经济带文化产业发展的SWOT分析［J］．宁夏社会科学，2017（S1）：97－101.

［3］任宗哲，白宽犁，谷孟宾．丝绸之路经济带发展报告（2017）．社会科学文献出版社，2017.

［4］陈宬旭．新常态下征信助推供给侧结构性改革的实践与思考——以山西省为例［J］．征信，2017，35（11）：66－69.

［5］耿昊．“丝绸之路经济带”建设中甘肃对外贸易SWOT分析［J］．中国市场，2017（32）：97－99＋114.

［6］黄蓉蓉．“丝绸之路经济带”背景下新疆产业开放合作研究［J］．知识经济，2017（20）：23＋25.

［7］王磊，惠施敏．丝绸之路经济带框架下新疆与中亚国家产能契合性研究——基于新疆与哈萨克斯坦的实证分析［J］．新疆农垦经济，2017（09）：24－32.

［8］赵稳成，郑盼盼．借力“一带一路”青海打造经济增长［J］．新产经，2017（08）：86－88.

［9］赵艳．“丝绸之路经济带”战略下西安——中亚贸易发展路径与策略研究［J］．经济研究导刊，2017（20）：157－158.

［10］孙林霞，王俊杰．丝路战略背景下陕西与中亚五国贸易互补性分析［J］．商业经济研究，2017（13）：115－117.

［11］罗明雄，侯少开，全忠伟．金融科技三大支柱［M］．北京：中国财政经济出版社，2018.

［12］王晓明．征信体系构建制度选择与发展路径［M］．北京：中国

金融出版社，2015.

［13］罗明雄，侯少开，于进勇．普惠大脑［M］．北京：中国财政经济出版社，2018.

［14］任保平，马莉莉，师博，等．丝绸之路经济带的合作机制与内陆型改革开放［M］．北京：中国经济出版社，2016.

［15］张鸣春．“丝绸之路经济带”甘肃黄金段建设：战略规划与路径选择［J］．经济论坛，2017（05）：37－40.

［16］杨博．新丝绸之路经济带视角下陕西对外贸易现状及问题研究［J］．全国流通经济，2017（11）：13－14.

［17］黄庆华，刘晗．丝绸之路经济带9省（区、市）的贸易格局［J］．改革，2017（04）：46－58.

［18］王义桅．世界是通的：“一带一路”的逻辑［M］．北京：商务印书馆出版，2016.

［19］何剑波．区块链技术背景下大数据个人征信体系构建的法律问题研究［J］．广东开放大学学报，2019（02）：34－39.

［20］何谐．我国征信立法已具紧迫性［J］．当代金融家，2020（06）：37－38.

［21］赵霞，王志增，朱启航．比较优势、空间差异与区域产业定位——基于偏离—份额模型的丝绸之路经济带沿线省区分析［J］．经济与管理，2017，31（02）：17－26.

［22］万存知．征信体系的共性与个性［J］．中国金融，2017（01）：40－42.

［23］郭晓欣，钟昌标．青海省交通通讯基础设施建设对国际贸易的影响——基于“丝绸之路经济带”背景［J］．科技与管理，2016，18（05）：53－59.

［24］李海龙．丝绸之路经济带：打造甘肃“黄金段”的战略分析［J］．石家庄经济学院学报，2016，39（04）：32－37.

［25］王晓东，王伟康，周聖．“一带一路”跨境征信合作研究——以数据流通为视角［J］．法制与社会，2016（22）：89－90.

[26] 祝福云，高燕霞．陕西与“丝绸之路经济带”沿线国家贸易合作战略研究[J]．西安财经学院学报，2016，29（04）：16－22.

[27] 吴茜茜．“一带一路”视域下青海清真产业发展研究［D］．青海民族大学，2016.

[28] 刘秀玲，朱瑞雪，蔡莉．丝绸之路经济带视阈下宁夏开放型经济发展探讨[J]．大连民族大学学报，2016，18（02）：115－118.

[29] 王永莉．丝绸之路经济带建设中宁夏的优势与困境分析[J]．西南民族大学学报（人文社科版），2016，37（03）：145－150.

[30] 王娜．打造新丝路经济带青海黄金段的建议[J]．内蒙古财经大学学报，2016，14（01）：1－4.

[31] 彭秀坤．“一带一路”下防范主权信用评级风险的法律对策研究[J]．财经理论与实践，2016，37（01）：134－139.

[32] 王霞，马德君．青海深度融入“丝绸之路经济带”的机遇探析[J]．青海师范大学学报（哲学社会科学版），2016，38（01）：8－11.

[33] 赵卫华．“一带一路”的内涵与新丝绸之路经济带建设的机遇及挑战[J]．中国周边外交学刊，2015（02）：100－114.

[34] 李黎．丝绸之路经济带给陕西带来的机遇与挑战探析［D］．西北大学，2015.

[35] 王耀．青海省征信系统建设的实践与思考[J]．时代金融，2015（27）：189－190.

[36] 李濛．积极发展伊斯兰金融　推动“丝绸之路”经济带建设——以宁夏回族自治区为例[J]．国际金融，2015（09）：45－50.

[37] 刘波．陕西、甘肃、宁夏推进“一带一路”的实践及对广西的启示[J]．经济与社会发展，2015，13（04）：1－6＋39.

[38] 于尧．新丝绸之路经济带对陕西对外贸易的影响[J]．中国商论，2015（15）：132－134.

[39] 张原，王珍珍，陈玉菲．基于“丝绸之路经济带”建设的西安外向型经济发展对策研究[J]．西安财经学院学报，2015，28（03）：74－79.

[40] 毛艳华，杨思维．21世纪海上丝绸之路贸易便利化合作与能力建

设[J]．国际经贸探索，2015，31（04）：101－112.

[41] 郭俊丽．对我国征信宣传教育问题的几点思考[J]．征信，2017，35（06）：46－49.

[42] 林平．征信市场发展：国际趋势、我国的差距与对策[J]．南方金融，2016（10）：3－8＋23.

[43] 骆伦良．中国—东盟跨境征信合作平台研究[J]．征信，2011，29（06）：13－17.

[44] 骆伦良．构建中国—东盟跨境征信合作平台研究[J]．区域金融研究，2012（02）：50－54.

[45] 沈芳．互联网征信中被征信人权利保护研究［D］．四川师范大学，2017.

[46] 牛风君，林娟，李明．“丝绸之路经济带”背景下中国新疆与中亚国家征信合作探讨[J]．征信，2015，33（12）：36－38.

[47] 郑周胜．丝绸之路经济带金融合作：进展、前景与策略[J]．吉林金融研究，2016（03）：36－42.

[48] 上官领会．当前经济形势下的中俄金融合作研究［D］．对外经济贸易大学，2016.

[49] 沈霞，杨福伟．信息主体权益保护的国际经验比较与启示[J]．西部金融，2015（03）：20－23.

[50] 谢晓光，生官声．丝绸之路经济带与欧亚经济联盟对接面临的挑战及应对[J]．辽宁大学学报（哲学社会科学版），2016，44（06）：160－166.

[51] 薛志华．金融服务自由化视野下中国—南非金融合作[J]．湖北社会科学，2018（10）78－84.

[52] 高尚．新郑市社会信用体系建设研究［D］．郑州大学，2017.

[53] 梁焯．关于加快推进广西社会信用体系建设的若干思考[J]．市场论坛，2018（03）：1－3＋13.

[54] 穆海韬，黄连慧，李耀玉．中国边疆省份与周边国家征信合作探析——以云南省为例[J]．征信，2015，33（02）：15－20.

[55] 逄国明．“一带一路”框架下中俄合作问题研究 [D]．黑龙江大学，2017.

[56] 梁焯．关于加快推进广西社会信用体系建设的若干思考[J]．市场论坛，2018（03）：1－3＋13.

[57] 房雨晨．丝绸之路经济带建设下青海省与阿富汗、哈萨克斯坦两国贸易研究[J]．科技经济市场，2017（03）：79－81.

[58] 青海省丝绸之路经济带研究院．青海省丝绸之路经济带研究院2016年度大事记[J]．青海师范大学学报（哲学社会科学版），2017，39（02）：11.

[59] 郭玲．“一带一路”背景下我国双边投资保护协定代位条款研究[J]，《上海金融》，2020（7）．

[60] 黄道丽，何治乐．欧美数据跨境流动监管立法的“大数据现象”及中国策略 [J]，《情报杂志》，2017（4）：50－52.

[61] 景欣．互联网征信中个人信息保护制度的比较与借鉴 [J]，西南金融，2020（9）：81.

[62] 刘永峰．对征信监管体系建设的思考[J]．学术纵横，2011（12）：97.

[63] 王晓东，王伟康，周聖，“一带一路”跨境征信合作研究——以数据流通为视角[J]．法制与社会，2016（8）．

[64] 刘新海，丁伟．大数据征信应用与启示——以美国互联网金融公司 ZestFinance 为例[J]．清华金融评论，2014（10）．

[65] 梁薇薇，谢平安，磨雁能，等．中东—东盟征信跨境合作发展研究[J]．征信，2015（07）：16－22.

[66] 陆启木，黄梅君，韦素就．区块链技术应用于跨境征信合作的浅析[J]．区域金融研究，2019（12）．

[67] 时明生．区块链技术在征信业的应用探析[J]．征信，2015（1）：20－24.

[68] 田益豪．“一带一路”倡议下中国与南亚国家跨境征信合作研究[J]．南亚研究季刊，2020（1）：36－42.

［69］王志诚．互联网时代个人征信体系联盟区块链模式分析［J］．征信，2019（8）：26－32.

［70］王学辉，邓稀文．“执行难”背后的信用激励机制：从制度到文化［J］．四川师范大学学报，2020（1）．

［71］王珊珊．大数据跨境电商平台征信体系研究［J］．哈尔滨师范大学社会科学学报，2018（4）．

［72］王秋香．大数据征信的发展、创新及监管［J］．国际金融，2015（9）：66－65.

［73］习近平．携手建设中国—东盟命运共同体——在印度尼西亚国会的演讲［N］．人民日报，2013－10－24（1）．

［74］张涵．推动“一带一路”信息与信用国际合作［M］．北京：中国国情国力，2017（10）．

［75］邹均，张海宁，唐屹．区块链技术指南［M］．北京：机械工业出版社，2016：24－25.

［76］倪元元，宋融秋．“丝绸之路经济带”背景下中国新疆与中亚国家征信合作探讨［J］．重庆交通大学学报，2016（10）：27－38.

［77］王伟．成都参与“一带一路”战略的机遇、挑战和路径研究［J］．党政研究，2016（2）：35－42.

［78］牛风君，林娟，李明．“丝绸之路经济带”背景下中国新疆与中亚国家征信合作探讨［J］．征信，2015（12）：27－34.

［79］穆海韬，黄连慧，李耀玉．中国边疆省份与周边国家征信合作探析——以云南省为例［J］．征信，2015（2）：15－20.

［80］吴晶妹．现代信用学［M］．北京：中国人民大学出版社，2009.

［81］徐欣彦．南非征信体系对我国征信业发展的启示［J］．征信，2010（3）：51－56.

［82］陈亚东．信用担保发展现状与对策——以重庆为例［J］．财政金融，2014（07）：24－29.

［83］郭长平，杜若华．国外公共征信模式研究及对我国的借鉴与启示［J］．理论经纬，2008（05）：11－15.

［84］张国强．“一带一路”战略背景下重庆金融业发展思考［J］．重庆工贸职业技术学院学报，2016（01）：30－34．

［85］骆伦良．构建中国—东盟跨境征信合作平台研究［J］．区域金融研究，2012（2）：50－54．

［86］李蕊含．“一带一路”沿线五国互联互通评价研究［D］．东华大学，2017．

［87］付娉．中国（新疆）与中亚国家征信跨境合作发展探析——以哈萨克斯坦为例［J］．金融发展评论，2017（04）：28－37．

［88］王晓明．征信体系构建：制度选择与发展路径［M］．北京：中国金融出版社，2015．

［89］王景瑞．国际征信数据跨境流动规则的比较研究——基于欧盟和美国的规则和实践［J］．吉林金融研究，2013（04）：46－51．

［90］徐欣彦．南非征信体系对我国征信业发展的启示［J］．征信，2010（03）：53－56．

［91］张世均．四川经济融入“一带一路”战略建设的发展前景与对策［J］．一带一路，2017（01）：131－137．

［92］张颖．构建中国征信体系研究［D］．首度经贸大学，2015．

［93］姚洁．长三角区域信用体系建设研究［D］．华东师范大学，2010．

［94］郭灿灿，孙明剑．重庆市民间借贷信用建设路径［J］．重庆与世界，2015（06）：38－51．

［95］赵锐．我国社会信用体系建设的探讨——剖析、借鉴德国SCHUFA的社会信用体系［J］．电子政务E-GOVERNMENT，2017（04）：84－93．

［96］阿米娜．“一带一路”背景下中国与乌兹别克斯坦经贸合作的策略分析［D］．哈尔滨工业大学，2017．

［97］苑生龙．当前乌兹别克斯坦经济形势及双边合作建议［J］．中国经贸导刊，2016（21）：48－49．

［98］黎业辉．互联网时代中国征信体系的建设［D］．吉林大学，2017．

[99] 王有美，尚英，马建平．我国建立大征信体系的思路探讨[J]．甘肃金融，2018 (05)：27－31.

[100] 鲁晓琳．印度征信体系的发展现状与未来趋势[J]．杭州金融研修学院学报，2017 (10)：57－60.

[101] 牛风君，林娟，李明．“丝绸之路经济带”背景下中国新疆与中亚国家征信合作探讨[J]．征信，2015，33 (12)：36－38.

[102] 伍娅湄．“一带一路”背景下中国与南亚贸易合作研究 [D]．云南财经大学，2016.

[103] 江燕腾．征信制度的演进与我国征信体系完善研究 [D]．江西师范大学，2012.

[104] 邸玉娜，刘艺萌，张凡．“一带一路”背景下中国对俄罗斯直接投资的机遇与挑战[J]．时代经贸，2018 (02)：43－44.

[105] 赵青松．“一带一路”建设下中国与沿线国家的国际金融合作研究[J]．苏州市职业大学学报，2016，27 (01)：8－12.

[106] 沈霞，杨福伟．信息主体权益保护的国际经验比较与启示[J]．西部金融，2015 (03)：20－23.

[107] 孔婷．征信业发展国际经验及借鉴启示[J]．征信，2016，34 (09)：62－68.

[108] 王晓泉．中俄如何在“一带一路”中深化战略协作[J]．人民论坛·学术前沿，2017 (08)：51－58.

[109] 李陆壮．“一带一路”战略布局下的旅游空间优化及产业体系完善——以云南省玉溪市旅游文化产业为例[J]．上海城市管理，2017，26 (01)：79－83.

[110] 梁铭之．广西社会信用体系建设现状审视及对策研究[J]．法制与经济，2017 (03)：30－32.

[111] 屈宇飞，叶子晟，周超．双轮驱动框架下我国个人征信行业发展对策研究——基于百行征信的观察[J]．征信，2019，37 (04)：16－20＋27.

[112] 孙明霞，李全起．社会信用体系建设对加强研究生学术诚信教育

的启示[J]．教育教学论坛，2018（23）：43－44.

[113] 刘敏．征信文化建设的路径选择[J]．征信，2016，34（07）：51－55.

[114] 郑周胜．丝绸之路经济带金融合作：进展、前景与策略[J]．吉林金融研究，2016（03）：36－42.

[115] 胡琴．大数据时代我国个人信息安全法律保护研究［D］．兰州大学，2016.

[116] 梁焯．关于加快推进广西社会信用体系建设的若干思考[J]．市场论坛，2018（03）：1－3＋13.

[117] Liang，F. & Das，V.，et al. Constructing a Data-Driven Society—China's Social Credit System as a state Surveillance Infratructure［J］. Policy & Internet，2018（08）.

[118] Lu，S. Model Framework and Design Implementation of Intelligent Credit Evaluation System［J］. Finance，2019（9）.

[119] Leibkuechler，P. Trust in the digital age—the case of the Chinese social credit system［J］. Dedesigning Organizations，2019（12）.